新编国际贸易理论与实务

（第二版）

孙 玲 黄 婷 主编

内 容 简 介

《新编国际贸易理论与实务(第二版)》是根据教育部《高职高专教育专业人才培养目标及规格》和最新制定的大纲要求,结合高职高专国际贸易专业教学工作的实践经验编写的。

本书充分体现基于工作过程导向的设计理念,坚持理论够用、突出实务的原则,重点突出,系统条理,深入浅出,通俗易懂,并且注重理论与实践相结合。

在体例安排上,本书以国际贸易原理为理论基础,以国际贸易进出口流程实务为重点,每个任务都由"任务简介""任务分解""技能要求""案例思考""拓展提高""小结"等组成,突出了高职高专教学注重能力培养这条主线,有机地融合知识、技术、能力、素质等要素,以方便学生学以致用、学有所成,具有一定的实用性和可操作性。学生学习本书之后可直接把握国际贸易业务的基本理论与业务流程,并提高动手能力、学习能力和创新能力。本书结合第一版的使用经验,以及广大专家、读者的建议,重点在案例、贸易热点、单据等方面进行了修改与完善,以便更好地适应高职高专职业教育教学改革的思路与模式。

图书在版编目(CIP)数据

新编国际贸易理论与实务/孙玲,黄婷主编.—2版.—北京:北京大学出版社,2014.9
(全国职业教育规划教材·国际贸易系列)
ISBN 978-7-301-24811-9

Ⅰ.①新… Ⅱ.①孙… ②黄… Ⅲ.①国际贸易理论—高等职业教育—教材 ②国际贸易—贸易实务—高等职业教育—教材 Ⅳ.①F740

中国版本图书馆 CIP 数据核字(2014)第 212665 号

书　　　　名：	新编国际贸易理论与实务(第二版)
著作责任者：	孙　玲　黄　婷　主编
策 划 编 辑：	周　伟
责 任 编 辑：	周　伟
标 准 书 号：	ISBN 978-7-301-24811-9/F·4045
出 版 发 行：	北京大学出版社
地　　　　址：	北京市海淀区成府路 205 号　100871
网　　　　址：	http://www.pup.cn　新浪官方微博:@北京大学出版社
电 子 信 箱：	zyjy@pup.cn
电　　　　话：	邮购部 62752015　发行部 62750672　编辑部 62754934　出版部 62754962
印 刷 者：	三河市博文印刷有限公司
经 销 者：	新华书店
	787 毫米×1092 毫米　16 开本　16.75 印张　343 千字
	2010 年 8 月第 1 版
	2014 年 9 月第 2 版　2022 年 10 月第 2 次印刷(总第 5 次印刷)
定　　　　价：	38.00 元

未经许可,不得以任何方式复制或抄袭本书之部分或全部内容。
版权所有,侵权必究
举报电话:010-62752024　电子信箱:fd@pup.pku.edu.cn

前 言

"国际贸易理论与实务"是高等院校国际经济与贸易类专业的核心课程,也是从事外贸工作的必修课程。根据国际上最新法规、条例,并结合国际贸易中的现行惯例和习惯做法,我们再版了本书。

本书充分体现基于工作过程导向的设计理念,坚持理论够用、突出实务操作的原则。全书分为"理论部分"和"实务部分"两篇,每篇分别由 3 个项目组成。上篇"理论部分"以案例为载体,通过分析实际案例,对所涉及的基本理论进行阐述讲解,将理论与实际相结合,注重培养学生的拓展思维。下篇"实务部分"以真实的工作任务为载体,做到教学内容与企业实践相结合,课程知识与任务分解相配套。下篇中的 3 个项目都以贸易流程为主线。项目四和项目五以一笔真实的一般贸易工作任务作为学习情境,从头至尾就是一套实际发生的业务案例。每一个知识点、每一步业务环节、每一种单证、每一组业务数据都由这一套案例进行证明和解释。项目六是以模拟一笔加工贸易作为训练项目,以贸易流程为主线,与一般贸易进行比较补充,将加工贸易业务操作贯穿其中。整体来说,教材编写模式新颖,纵向彻底到位,横向宽展有余,可对横向的内容进行调节,因此,它可分别适用于不同学时的高职经管类专业国际贸易理论与实务课程的学习。

本书作为"国际贸易理论与实务"课程立体化教材的组成部分,对提高国际贸易理论与实务课程及其实验实训课的教学效果,缩小不同教师间和同一教师不同内容段的授课质量差异,提供双语教学与案例教学相结合的新型教学手段和教学方法,增强学生的理解能力和应用能力,具有支持作用。

本书的第一版得到了广大读者的认可,本书第二版的修改结合第一版的使用经验,以及广大专家、读者的建议,重点在案例、贸易热点、单据等方面进行了修改与完善,以便更好地适应高职高专职业教育教学改革的思路与模式。

《新编国际贸易理论与实务(第二版)》的编写和出版继续得到了北京大学出版社、校企合作单位——威海科日贸易公司的大力协助,尤其是科日贸易公司的总经理苗延芳女士对教材的再版提出了不少宝贵的意见,在编写的过程中本书还借鉴和吸收了国内外专家和学者的大量研究成果,在此一并表示感谢。

编　者

2014 年 6 月

目 录

理 论 部 分

项目一　国际贸易基本理论 ……………………………………………………………(3)
　任务一　国际贸易的基本概念及分类 ………………………………………………(3)
　任务二　国际分工与世界市场 ………………………………………………………(12)
　任务三　自由贸易理论和保护贸易理论 ……………………………………………(22)

项目二　国际贸易政策与措施 …………………………………………………………(31)
　任务一　国际贸易政策 ………………………………………………………………(31)
　任务二　国际贸易措施 ………………………………………………………………(42)

项目三　国际贸易方式 …………………………………………………………………(72)
　任务一　一般贸易 ……………………………………………………………………(72)
　任务二　加工贸易 ……………………………………………………………………(87)

实 务 部 分

项目四　一般贸易实务之出口流程 ……………………………………………………(97)
　任务一　国际交易磋商 ………………………………………………………………(97)
　任务二　国际贸易合同的签订 ………………………………………………………(105)
　任务三　国际贸易合同的履行 ………………………………………………………(117)
　　子任务1　备　　货 …………………………………………………………………(117)
　　子任务2　落实信用证 ………………………………………………………………(126)
　　子任务3　租船订舱 …………………………………………………………………(142)
　　子任务4　报　　检 …………………………………………………………………(159)
　　子任务5　报　　关 …………………………………………………………………(171)

子任务6　制单结汇 ………………………………………………… (177)
　　子任务7　外汇核销与出口退税 ………………………………… (189)
项目五　一般贸易实务之进口流程 ……………………………………… (202)
项目六　加工贸易实务之进出口流程 …………………………………… (223)
　任务一　进口料件业务 …………………………………………………… (223)
　任务二　出口制成品业务 ………………………………………………… (231)
附录1　专业英语 ………………………………………………………… (241)
附录2　出口流程图 ……………………………………………………… (257)
附录3　进口流程图 ……………………………………………………… (258)
参考文献 …………………………………………………………………… (259)

理论部分

世界의

项目一
国际贸易基本理论

任务一　国际贸易的基本概念及分类

 任务简介

本部分任务是学习整个国际贸易的基础。只有掌握了国际贸易的基本概念及分类等基础知识，才能提高学生学习其他相关知识的敏感程度，增强学生的自学能力以及结合实际案例全面、客观地分析问题的能力。

 案例导入

2013年有关数据资料①

2013年，中国的对外贸易进出口取得了不错的成绩，进出口额再创历史新高。进出口总额4.16万亿美元，进口额1.95万亿美元，出口额2.21万亿美元，进出口总额同比增长7.6%，其中出口同比增长7.9%，进口同比增长7.3%，进出口总额约占全球贸易12%，已成为世界第一大贸易伙伴国。

出口方面，通过贡献率分析发现，2013年通信设备、计算机及其他电子设备制造业是促进我国出口增长的主要行业，拉动出口提高2.7个百分点，贡献率达到了34.9%。促进贸易方式、经营主体和省市区域的转变，加快我国外贸结构调整。在扩大出口的同时适当扩大进口规模，通过调整税项鼓励关键零部件、重大技术装备进口，增加能源、资源类商品的战略储备，在确保粮农产业安全的前提下适度增加改善民生的产品进口。

与此同时，我国同东盟、香港地区、台湾地区和澳大利亚的进出口总额分别增长10.9%、17.5%、16.7%和11.5%，高于同期7.6%的进出口平均增速；同美国、韩国和

---

① http：//www.haiguan.info/files/HotCare/228.aspx，有改动。

巴西的增速低于整体水平;低增速行列中,日本和俄罗斯延续跌势,而欧盟逐渐摆脱上年负增长影响,出现止跌回暖趋势。其中,东盟、"金砖四国"(俄罗斯、巴西、印度和南非)作为新兴国家代表和具有典型意义的瑞士对我国进出口贸易的影响力在加强。

【关键词】对外贸易　进口　出口　贸易差额　一般贸易　加工贸易

分析思考:1. 你知道什么是贸易差额吗?贸易顺差对我国的经济有哪些影响?
2. 全球经济复苏乏力、金融危机和世界格局复杂化的情况对我国的对外贸易产生了怎样的影响?

任务分解

上述案例的核心是进出口统计数据,即国际贸易中的基本概念,重点涉及国际贸易的分类问题,结合涉及的关键词,可将本部分任务分解为以下2个小任务:

任务1:国际贸易的基本概念;

任务2:国际贸易的主要分类。

其中,任务1"国际贸易的基本概念"是重点。

一、国际贸易的基本概念

1. 对外贸易和国际贸易

对外贸易是从一个国家(或地区)来看,本国(或本地区)同另一个国家(或地区)所进行的商品和劳务的交换活动。

国际贸易是从国际范围看,一个国家(或地区)同其他的国家(或地区)所进行的商品和劳务的交换活动。

2. 出口总额(值)与进口总额(值)

出口总额(值),是指一定时期内,一个国家向国外出口商品的总价值。

进口总额(值),是指一定时期内,一个国家从国外进口商品的总价值。

3. 国际贸易额和对外贸易额

国际贸易额,是指世界各国的出口总额或进口总额之和。

对外贸易额,是指一个国家在一定时期内的出口总额与进口总额之和。

4. 贸易差额

贸易差额,是指一个国家在一定时期(一年、半年或一个季度)出口总额与进口总额之差。贸易差额反映一国对外贸易的收支状况,具体有以下三种情况。

(1) 贸易顺差(出超)

贸易顺差(出超),是指一个国家在一定时期内(一年、半年或一个季度)出口总额大于进口总额。

(2) 贸易逆差(入超)

贸易逆差(入超),是指一个国家在一定时期内(一年、半年或一个季度)进口总额大于出口总额。

(3) 贸易平衡

贸易平衡,是指一个国家在一定时期(一年、半年或一个季度)出口总额与进口总额相等。

5. 净进口与净出口

一个国家在同种商品上往往既有进口又有出口。

净进口,是指一国一定时期内如果某种商品的出口数量大于进口数量,其差额部分为净出口。

净出口,是指一国一定时期内如果某种商品的出口数量小于进口数量,其差额部分为净进口。

6. 国际贸易量和对外贸易量

国际贸易量,是指以不变价格计算的国际贸易额。

对外贸易量,是指以不变价格计算的对外贸易额。由于剔除了价格变动的因素,所以,对外贸易量能比较准确地反映不同时期对外贸易的实际规模和变动情况。

7. 国际贸易商品结构和对外贸易商品结构

国际贸易商品结构,是指一定时期内,各类商品在国际贸易中所占的比重。

对外贸易商品结构又称进出口商品结构,是指一个国家在一定时期内各类商品在本国对外贸易中所占的比重。

8. 国际贸易地区结构(国际贸易地理方向)和对外贸易地区结构

国际贸易地区结构(国际贸易地理方向),是指各个国家(或地区)在国际贸易总额中所占的比重。

对外贸易地区结构,是指一个国家进口商品的来源国和出口商品的目的国的分布状况。

9. 国际贸易条件

国际贸易条件,是指出口价格与进口价格的比率,即出口一单位商品可以换回多少单位进口商品。因为国际贸易中的商品种类很多,就常用出口价格指数和进口价格指数之比来表示。

$$国际贸易条件 = 出口价格指数 / 进口价格指数 \times 100$$

【例1-1】某国2000年为基期,2010年出口价格指数下降为95,进口价格指数上升为110,那么这个国家2010年的贸易条件是95÷110×100＝86.36,这说明这个国家从2000—2010年间贸易条件恶化了。

10. 对外贸易依存度

对外贸易依存度又称对外贸易系数,是指一个国家在一定时期内对外贸易总额在该国国民生产总值(Gross National Product,GDP)中的比重。对外贸易依存度反映了本国经济对国外市场的依赖程度。

$$Z=(X+M)/GDP\times 100\%$$

其中,Z代表对外贸易系数,X代表出口总额,M代表进口总额。

(1) 出口依存度

出口依存度,是指一个国家在一定时期内出口总额与GDP之比。

$$Z_X=X/GDP\times 100\%$$

(2) 进口依存度

进口依存度,是指一个国家在一定时期内进口总额与GDP之比。

$$Z_M=M/GDP\times 100\%$$

注意:如果一个国家对外贸易依存度过高,那么国内经济发展就会容易受到国外经济的影响;假如对外贸易依存度过低,则表明该国没有很好地利用国际分工的长处。

二、国际贸易的主要分类

1. 出口贸易、进口贸易和过境贸易

按照货物的流动方向划分,国际贸易可分为出口贸易、进口贸易和过境贸易。

(1) 出口贸易

出口贸易,是指将本国生产或加工的商品运往国外市场销售。

(2) 进口贸易

进口贸易,是指将外国生产或加工的商品输入本国国内市场销售。

(3) 过境贸易

过境贸易,是指凡是一国向另一国出口的商品要通过第三国国境,对第三国来说就是过境贸易。

2. 直接贸易、间接贸易和转口贸易

按照有无第三国参与划分,国际贸易可分为直接贸易、间接贸易和转口贸易。

(1) 直接贸易

直接贸易,是指商品生产国与消费国直接买卖,不存在第三国参与。

(2) 间接贸易

间接贸易,是指商品生产国与商品消费国通过第三国进行买卖,则对于生产国与消费国来说就是间接贸易。

(3) 转口贸易

转口贸易,是指一国进口商品不是为了满足自己的消费,而是向第三国出口(第三国为消费国)。

3. 货物贸易和服务贸易

按照商品形式划分,国际贸易可分为货物贸易和服务贸易。

(1) 货物贸易

货物贸易又称有形贸易,是指初级产品或工业制成品等可以看得见的商品的贸易。

(2) 服务贸易

服务贸易又称无形贸易,是指在商业、通信、建筑、金融、教育、卫生、旅游、娱乐、运输等领域进行无形商品的输入或输出。

4. 总贸易和专门贸易

按照统计标准划分,国际贸易可分为总贸易和专门贸易。

(1) 总贸易

总贸易,是指以国境为标准统计进出口贸易额。凡进入国境的商品一律列为进口,离开国境的商品一律列为出口。总进口额与总出口额之和为总贸易额。采用这种标准的国家有日本、美国、英国、加拿大、澳大利亚及东欧国家。

(2) 专门贸易

专门贸易,是指以关境为标准统计进出口贸易额。凡进入关境的列为进口,凡离开关境的列为出口。当外国商品进入国境后,先放在保税仓库,尚未进入关境的,不列为进口。专门进口额与专门出口额之和为专门贸易额。采用这种标准的国家有德国、意大利、瑞士等。

5. 自由结汇贸易和易货贸易

按照清偿工具的不同划分,国际贸易可分为自由结汇贸易和易货贸易。

(1) 自由结汇贸易

自由结汇贸易,是指以货币作为清偿工具的贸易。

(2) 易货贸易

易货贸易,是指以经过计价的货物作为清偿工具的贸易,即以货抵货。

6. 水平贸易和垂直贸易

按照参与国家经济发展水平的不同进行划分,国际贸易可分为水平贸易和垂直贸易。

(1) 水平贸易

水平贸易,是指经济发展水平比较接近的国家之间开展的贸易活动。

(2) 垂直贸易

垂直贸易,是指经济发展水平不同的国家之间开展的贸易活动。

7. 有纸贸易和无纸贸易

按照有无纸单证进行划分,国际贸易可分为有纸贸易和无纸贸易。

(1) 有纸贸易

有纸贸易,是指在国际贸易交易的过程中,通过纸单证等商业文件的交接进行结算支付并履行合同。

(2) 无纸贸易

无纸贸易即电子数据交换(Electronic Data Interchange),它的产生使整个贸易过程(包括卖方交货和买方付款)的各项数据通过电子计算机在进出口商、海关、银行、船运公司、航空公司、运输商以及政府有关机构之间进行传输和处理,从而取代了纸张单据,因此人们把电子数据交换称为无纸贸易。

8. 我国对外贸易统计中常用的分类

(1) 一般贸易

一般贸易,是指出口利用本国原材料、技术生产的产品,进口外国制造的产品的贸易(强调单边出口或进口)。

(2) 加工贸易

加工贸易,是指从国外进口原材料、技术或零部件,在国内加工、装配之后再出口的贸易。

> **注意**:与加工贸易相比,一般贸易更能反映一个国家在国际贸易中的地位。

 技能要求

1. 能够根据国家统计资料,理解国际贸易中常见的概念和指标。
2. 熟悉国际贸易的各种分类方法,尤其是我国对外贸易中常用的分类统计方法。

案例思考

1. 2013年,我国进出口商品结构进一步优化:机电产品以及劳动密集型产品出口稳步增长;消费品、部分资源产品等进口增长较快。2013年,我国机电产品出口1.27万亿美元,同比增长7.3%,占出口总值的比重为57.3%。同期,纺织品、服装、箱包、鞋类、玩具、家具、塑料制品等七大类劳动密集型产品出口4618.4亿美元,增长10.3%,占出口总值的比重为20.9%。进口方面,2013年,我国进口消费品2322.9亿美元,增长24.6%;进口原油2.8亿吨,增长4%;进口铁矿石8.2亿吨,增长10.2%;进口煤炭3.3亿吨,增长13.4%。

初级产品和工业制成品是对进出口商品的结构按加工程度高低所作的最基本分类。初级产品,是指未经加工的商品、仅经初步加工的产品和加工后的农副产品,包括食品及主要供食用的活动物、饮料及烟类、非食用原料、矿物燃料润滑油及有关原料、动植物油脂及蜡五大类产品。工业制成品,是指经复杂加工的工业产品和商品,包括化学(成)品及有关产品、按原料分类的制成品、机械及运输设备、杂项制品、未分类的(其他)商品五大类。2013年初级产品占总出口的份额略有下降,为4.9%;工业制成品占总出口的95.1%。①

【案例提示】本案例涉及2013年我国对外贸易商品结构。

请问:低迷的世界经济形势已经对我国的外贸结构产生了怎样的影响?

2. 2013年,世界经济仍将延续低速增长态势,但对刺激政策的依赖程度降低,复苏基础趋于稳固。美国经济增速将略高于2012年,欧元区仍难摆脱负增长,日本有望维持低速增长态势,主要新兴经济体增速放缓态势有望扭转。全球金融形势将有所好转,但出现动荡的可能性依然存在。国际大宗商品价格仍将高位震荡,但大幅上涨的可能性不大。主要发达国家财政政策仍将趋紧,货币政策有望继续宽松。我国仍将面临外需不足、贸易摩擦增多、输入性通胀压力增大,以及热钱冲击等严峻挑战。②

【案例提示】本案例涉及2013年世界经济形势。

请问:结合世界经济发展的形势,试分析我国经济的发展前景。

拓展提高

一、我国的外贸依存度

改革开放之初,我国的外贸依存度较低。1980年,我国的外贸依存度仅为12.5%。2001年12月我国加入世界贸易组织(WTO)后,对外贸易进入了迅猛发展阶段:2004年在全球贸易的排位升至第三,对外贸易总量首次超过1万亿美元。在此期间,我国的外贸依存度也经历了一个迅速上升时期。据商务部统计,2002年我国外贸依存度为51%,2003年为60.2%,2005年为63.9%,2007年上升到66.2%,近年来,外贸依存度呈下降趋势,2013年,我国外贸依存度为49%左右,这表明我国经济发展由外需拉动向内需驱动的转变。当前国

---

① http://finance.china.com.cn/news/special/jjsj2013-12/20140110/2113474.shtml,有改动。
② http://www.chinareform.org.cn/open/economy/201305/t20130523_167693.htm。

际经济环境仍不稳固,过度依赖外需难以保持经济持续健康发展。在稳定外需的同时应着重扩大内需,形成扩大内需和拓展外需良性互动,以进一步转变经济发展方式,促进经济结构转型升级,打造中国经济升级版。

持续增长的外贸依存度会给我国的对外贸易和国内经济发展带来不同程度的各种影响,这些影响主要存在于以下三个方面。

1. 贸易摩擦频繁化、常态化

目前,外贸进出口市场的集中和产品结构的单一,使得美国、日本、欧盟等主要贸易伙伴的国内经济增长直接影响我国对该国的外贸进出口。尤其是美国,其经济的繁荣与否不仅对我国的出口产生影响,其对整个世界经济的负面作用也将会影响我国对其他国家的进出口。近年来,我国对美国的贸易依存度由1997年的5.4%上升到2013年的46%。如此高的对美贸易依存度成为近来中美之间不断发生各种形式的贸易摩擦的主要原因。由此可见,中国对外贸易的发展和外贸依存度的不断提高,已经使中国对外贸易不可避免地进入了国际经济摩擦的时代。如何正确和理性地应对已经成为考验中国政府执政能力的一个重要指标。

2. 进口产品的高依存度将可能直接影响国家经济安全

目前,进口产品的结构呈现出资源性产品品种数量不断增大、进口总量不断加大的趋势,这有可能影响我国的经济安全。此外,我国对高技术及其产品的进口依赖也已经凸现。所以,进口商品结构的进一步优化实质上反映的是如何尽快提升我国的产业结构。从我国目前的经济发展态势和产业发展形态上分析,伴随外资规模的进一步扩大,战略物资、关键产品和重要技术的进口比重还将不断上升,进口依存度的不断加大对国家经济安全的影响在一段时期内难以缓解。因此,必须防止当世界经济发生剧烈波动和重大政治事件发生时,由于外贸依存度过高,尤其是某些重要战略资源产品的进口依存度过高对中国经济可能出现的难以预测的冲击和影响。

3. 能源和原材料进口幅度大增演化为所谓"中国威胁论"的一个论据

不可否认,由于国内经济发展迅猛,出口形势良好,使得我国对重要能源和资源性产品的进口数量剧增,导致相关产品的国际市场价格不断攀升。一些别有用心的人指责中国争夺资源,推动价格上涨,鼓噪"中国威胁论"。实际上,中国制成品商品出口额中的绝大部分是由外资企业和合资企业进行的,它们同时也是能源和资源的最为主要的使用者,而出口商品则多数被美国、日本和欧盟等进口国消费了。因此,只把对资源和能源的大量加工消费归因于中国,却忽视最终产品的消费市场实际上才是能源和资源的最终用户的情况,这是完全不公正和不客观的。

二、电子数据交换

电子数据交换,是指通过电子计算机联机或网络化把根据统一标准格式编制的各种信息、数据在国际和国内有关企业和部门之间进行传递和交换的一种先进的电子通信手段和技术。电子数据交换在商贸领域的应用,是指在有关商业机构之间,在电子计算机系统的支持下,通过电子通信手段传输和自动处理结构化数据。与电子数据交换关联的机构涉及销售、生产、运输、仓储、金融、海关、保险、政府等众多领域。结构化的数据涉及各类单证,如询价单、报价单、变价通知、订货单、发货单、发货通知、提货单、装箱单、运货单、进出口许可证、产地证书、报关单、信用证、付款单、保险单等。电子数据交换以电子方式在贸易伙伴以及相关单位间传输上述贸易文件和单据,实现了无纸贸易,是一种新型的贸易方式和商务手段。

1. 电子数据交换的特点

电子数据交换是一种全新的通信技术和信息处理方式,与其他的通信方式和贸易处理方式相比较具有以下特点。

(1) 电子数据交换采用电子方法传递信息和处理数据

电子数据交换一方面用电子传输的方式取代了以往纸单证的邮寄或传递,从而提高了传输效率,另一方面通过电脑处理数据代替人工处理数据,从而减少了差错和延误。

(2) 电子数据交换采用统一标准编制数据信息

要使各相关部门、企业的计算机能识别和处理有关电子单据,就必须采用统一的格式,特别是在国际贸易中,各国均需严格按照公认的国际标准制作各种电子单证。

(3) 电子数据交换是电脑程序之间的连接

电子数据交换实现的是电脑应用程序与电脑应用程序之间的信息内传递和交换。由于电脑只能接受给定程序识别和接收信息,所以,电子单证必须符合标准格式并且内容完整准确。

(4) 电子数据交换系统采用加密防伪手段

电子数据交换系统一般采用加密措施和核实程序来防止电子信息在传递的过程中被泄露或被修改,也采取一些其他的措施严格限制电子数据交换设备的使用范围,这些措施包括可靠性代码、口令、灵辨卡等,有助于防止电子数据交换设备的非法操作与使用。

2. 电子数据交换在商贸领域中的作用

(1) 大幅降低了交易成本

由于电子数据交换以电子单证取代了传统的纸单证,并建立了完善的信息传输和处理系统,因此企业节省了人力、物力、财力,降低了交易成本。

(2) 大大提高了工作效率

通过电子数据交换计算机网络,业务人员足不出户就可以办理订货、报关、投保、租船订舱、结汇等有关业务手续,大大节省了时间,提高了工作效率,同时也缩短了交易周期,推动了贸易规模的扩大。电子数据交换把企业的经理和业务人员从烦琐的程序性工作中解放出来,专心研究企业发展和开拓业务范围,提高了企业经营决策的科学性和管理效率。

(3) 扩大客户关系,巩固竞争地位

电子数据交换作为一种先进的通信手段,在发达国家和部分发展中国家已得到广泛应用,能否使用这种技术并加入国际电子数据交换网络,关系企业能否获得更多的贸易客户及能否巩固与已有客户的贸易关系。由于电子数据交换技术的优越性,绝大多数掌握电子数据交换技术的企业都愿意与其他采用电子数据交换方式的企业进行贸易往来,而不愿意采用旧的贸易做法。

小 结

本部分任务是国际贸易理论的基本内容,是学生学习专业知识和进行外贸工作的基础理论知识,通过我国2013年外贸统计数据的导入,以涉及的关键词为核心,讲解了国际贸易的基本概念和分类,并结合典型的案例思考进行了知识拓展,更好地引导学生强化基本理论,关心国际贸易时事热点问题,理解我国的贸易状况。

任务二 国际分工与世界市场

任务简介

本部分任务是学习整个国际贸易的基础。只有掌握了国际分工与世界市场的基本概念等基础知识,才能提高学生学习其他相关知识的敏感程度,增强其自学能力以及结合实际案例全面、客观地分析问题的能力。

案例导入

亚洲"大米 OPEC"现雏形[①]

泰国前总理沙马对外界表示,泰国已经同意国际市场的主要大米产区、湄公河流域诸国加入大米输出国组织,以便共同研究如何议定国际米价,稳定国际食品安全局势,在国际分工中发挥更大的地区优势。

---

① http://finance.eastmoney.com/news/1351,20120727242030986.html,有改动。

湄公河流域的泰国、印度、越南、老挝、缅甸和柬埔寨是世界主要的大米产区,也是对世界各国大米出口的主要地区。自2012年10月起,泰国政府开始施行大米保护价政策,以推升大米价格、增加粮农收入。这一政策的出台推升了泰国大米的出口价格。数据显示,7月26日,5%白米的出口价格为每吨585美元,而2013年为527美元,相比之下,缅甸出口的5%白米价格仅为405美元。泰国大米出口商协会日前承认,由于在国际市场上失去价格优势,2013年上半年泰国大米出口不敌印度和越南,并且从全年来看,2013年泰国大米出口也难以超越这两个竞争对手。这是近半个世纪以来泰国首次失去全球最大大米出口国地位。

【关键词】国际市场　国际分工　国际米价

分析思考：1. 国际市场米价猛涨的原因有哪些?

　　　　　2. 湄公河流域为什么是世界主要的大米产区?

任务分解

上述案例的核心是进出口统计数据,即国际贸易中国际分工的基本概念,重点涉及国际分工问题,结合涉及的关键词,可将本部分任务分解为以下2个小任务:

任务1：国际分工的含义与影响因素;

任务2：国际市场。

其中,任务1"国际分工的含义与影响因素"是重点。

一、国际分工的含义与影响因素

1. 国际分工的含义

国际分工,是指世界各国(或地区)之间的劳动分工。它是社会分工发展到一定阶段的产物,是国际贸易和世界市场的基础。

2. 国际分工的产生与发展

国际分工的产生和发展大致可分为以下四个阶段。

(1) 萌芽阶段(16世纪初—18世纪中叶)

经过15世纪到16世纪初的地理大发现,国际分工进入到萌芽时期。

(2) 形成阶段(18世纪60年代—19世纪60年代)

第一次产业革命,以机器大工业生产为代表的资本主义生产方式的确立使国际分工进入形成阶段。这时的国际分工基本上以英国为中心。

(3) 发展阶段(19世纪中叶—第二次世界大战)

19世纪中叶发生了第二次产业革命,促进了资本主义生产方式的迅速发展,垄断代替了自由竞争,资本输出成为主要的经济特征之一,世界各国对国际分工的依存性加强,国际分工的中心从英国扩大到一系列发达国家。

(4) 深化阶段(第二次世界大战以后)

第三次产业革命促使国际分工进入深化的阶段。深化阶段的突出特点为:发达国家之间的分工更加细化;跨国公司对国际分工的深化起到巨大的推动作用;发展中国家的国际分工也有了一定的发展。

3. 影响国际分工形成和发展的因素

(1) 社会生产力是国际分工形成和发展的决定性因素。

(2) 自然条件是国际分工产生和发展的基础。

(3) 人口、生产和市场规模影响国际分工的规模。

(4) 国际贸易政策可以推进和延缓国际分工的形成和发展。

4. 国际分工的类型

(1) 垂直型分工

垂直型分工,是指出口原料、进口制成品和出口制成品、进口原料的国家之间的分工形式。发达国家与大多数亚、非、拉发展中国家的分工多为这种形式。垂直型分工实际上是传统的工业国与农矿业国之间的国际分工的延续。

(2) 水平型分工

水平型分工,是指经济技术水平相近的国家之间的分工形式,既有部门之间的分工,也有部门内部的分工。发达国家之间的分工多为此种类型。

(3) 混合型分工

混合型分工,是指和一部分国家之间的分工是垂直型,和另一部分国家之间的分工是水平型。一般来说,发达国家和新兴工业化国家在国际分工中属于这种类型,发达国家之间是水平型,发达国家和发展中国家之间是垂直型。

5. 国际分工促进了国际贸易的发展

(1) 影响国际贸易的发展速度

国际分工影响国际贸易的发展速度。从国际贸易的发展来看,在国际分工发展快的时期,国际贸易也发展快。相反,在国际分工缓慢发展时期,国际贸易也发展较慢或处于停滞状态。

(2) 影响国际贸易的地区结构

国际分工发展的过程表明,在国际分工处于中心地位的国家,在国际贸易中也占据主要地位。

(3) 影响国际贸易的商品结构

随着国际分工的发展,国际商品结构与各国的进出口商品结构不断变化。第二次世界大战后的这种变化表现为:工业制成品在国际贸易中所占比重超过初级产品所占的比重;发展中国家出口中的工业制成品比重增加;中间产品贸易迅猛发展;国际服务贸易发展十分迅速。

(4) 影响国际贸易的利益分配

在资本主义国际分工体系占据主导地位的情况下,发达资本主义国家享有国际贸易的大部分利益。

二、国际市场

1. 世界市场

(1) 世界市场的含义

世界市场又称国际市场,是指世界各国商品交换的场所,是世界各国之间各种交换关系的总体。

(2) 世界市场的形成与发展

世界市场最终形成于19世纪末20世纪初。这个时期垄断替代了自由竞争。第二次科技革命发生,资本输出加强,国际分工进一步发展,促进世界市场的范围继续扩大。

(3) 世界市场的交易形式

① 有固定组织形式的贸易方式,如商品交易所、国际商品拍卖中心、国际商品博览会和展览会等。

② 无固定组织形式的贸易方式,如单纯的商品购销形式、加工贸易、租赁贸易、代理和经销等。

(4) 当今世界市场的特点

① 规模空前扩大

据世界贸易组织的最新统计显示,2013年世界贸易总额为36.667万亿美元,比1950年增长了300多倍。

② 竞争与垄断进一步加剧

区域性经济组织通过划分贸易范围,加强争夺世界市场的竞争能力;跨国公司利用其雄厚的资本、强大的科研和发展能力、遍及世界的销售网和信息网、科学的组织管理技能,进行大规模资本输出,控制市场,使其在国际贸易中的垄断地位不断加强。

③ 国际协调与管理不断加强

世界各国通过参与实现一体化、签订双边和多边贸易协定、国际经济组织首脑的定期会晤等形式对世界市场进行协调和管理。1995年,世界贸易组织成立,成为协调各成员国之间贸易关系的重要机构。

2. 国际价值

国际价值,是指在世界经济现有的条件下,按照世界平均劳动强度和平均劳动生产率生产某种使用价值所需要的劳动时间。商品的国际价值是在国民价值(也称国别价值)的基础上形成的。

3. 国际市场价格

(1) 国际市场价格的含义

国际市场价格也就是国际价格,是指在一定条件下,在世界市场上形成的市场价格。

① 供求因素

商品国际市场价格是由世界市场上供求关系决定的。世界市场上某种商品的供求关系及其变化均会直接影响这种商品的国际价格。若世界市场上某种商品供过于求,则该商品的国际市场价格将下降,反之,若供不应求,则价格将上涨。

② 竞争因素

在世界市场上,商品的竞争包括各国卖主之间的竞争、各国买主之间的竞争和各国买主与卖主之间的竞争。这三方面的竞争均会影响商品的国际市场价格。

③ 垄断因素

在世界市场上,国际垄断组织为了追求最大限度的利润,往往凭借它们所具有的经济力量,通过相互协议或联合,采取瓜分销售市场、规定统一价格、限制商品产量等措施,直接或间接地控制某一部门或几个部门产品的国际市场价格。

④ 商品的质量

在国际市场上,商品一般都按质论价,优质优价,劣质劣价。

⑤ 经济周期的变化

经济周期不同阶段产销的变化直接影响世界市场上商品的供求关系,从而影响商品的国际市场价格。

⑥ 政府的干预

各国政府采取的许多的政策措施(如价格支持、出口补贴、进出口管制、外汇管制、政府采购等)都会对国际市场价格产生很大的影响。

⑦ 非经济因素的出现

自然灾害、战争、政治动乱及投机等非经济因素对国际市场价格也会带来影响。

(2) 当代国际市场价格的种类

当代国际市场价格主要有两种,分别是"封闭市场"价格和"自由市场"价格。

所谓"封闭市场"价格,是指买卖双方在一定的特殊约束关系下形成的价格。世界市场的供求一般不会对价格产生实质性的影响,因此,这种价格具有相对的稳定性,变化幅度很小。国际贸易中的大部分产品的价格属于这种价格。

"封闭市场"价格主要包括以下四种。

① 垄断价格

垄断价格,是指在世界市场具有一定垄断地位的跨国公司利用其经济力量和市场控制力量所决定的价格。

② 转移价格

转移价格也称调拨价格,一般是指跨国公司内部交易时所规定的价格。

③ 国家垄断价格

国家垄断价格,是指发达国家或区域经贸集团对商品实行的垄断和干预价格,多出现在农产品价格方面。

④ 国家间的协定价格

国家间的协定价格有主要出口国和主要进口国之间签订的,如世界上关于锡、咖啡、糖、小麦、可可的主要进出口国之间的价格协定,主要维护价格的稳定和双方的利益;也有主要出口国之间签订的,如石油的主要出口国OPEC之间的协定,主要维护出口国的共同利益。

所谓"自由市场"价格,是指在国际间不受或较少受到国际垄断力量的干扰下,独立经营的买方和卖方之间交易的价格。

技能要求

1. 能够结合时事热点资料,了解主要商品的国际分工状况。
2. 能够根据所学理论,理解国际市场上主要商品的价格走势。

案例思考

一、中国稀土出口忧虑与希望并存

稀土是关系国家安全与世界和平的战略性金属。若继续现有的生产经营模式,也许20~50年后,中国就将变成稀土小国。

为什么"爱国者"导弹能比较轻易地击落"飞毛腿"?为什么尽管美制M1和苏制T-72坦克的主炮直射距离差距并不大,但前者却总是能更早开火,而且打得更准?为什么F-22战斗机可以超音速巡航?

正因如此,稀土的开发利用也孕育了巨大的危险。一方面,越来越多的国家、军事势力为了获得对对手的非对称性控制能力而参与稀土争夺与研发,孕育了军备竞赛的风险;另一方面,获得这种能力的国家更倾向于以威胁或战争解决争端。

中国稀土可开采储量从十多年前的占世界80%,降到了如今的52%。但中国稀土仍占据着几个世界第一:储量占世界总储量的第一,尤其是在军事领域拥有重要意义且相对短缺的中重稀土;生产规模第一,2005年中国稀土产量占全世界的96%;出口量世界第一,中国产量的60%用于出口,出口量占国际贸易的63%以上,而且中国是世界上唯一大量供应不同等级、不同品种稀土产品的国家。可以说,中国是在敞开了门不计成本地向世界供应。据国家发改委的报告,中国的稀土冶炼分离年生产能力20万吨,超过世界年需求量的一倍。而中国的大方造就了一些国家的贪婪。以制造业和电子工业起家的日本、韩国自身资源短缺,对稀土的依赖不言而喻。中国出口量的近70%都去了这两个国家。至于稀土储量世界第二的美国,早早便封存了国内最大的稀土矿芒廷帕斯矿,钼的生产也已停止,转而每年从我国大量进口。西欧国家储量本就不多,就更加珍爱本国稀土资源,也是我国稀土重要用户。

目前,我国稀土产业在世界上资源储量位居第一,占70%左右;产量位居第一,占世界稀土商品量的80%~90%;销售量位居第一,其中60%~70%的稀土产品出口到国外。但是,为什么我们却始终没有价格话语权呢?①

【案例提示】本案例涉及中国稀土出口存在的问题。

请问:本案例中影响中国稀土价格的因素主要有哪些?

二、中国成为世界制造工厂的利弊

战后20世纪60年代,日本在经济上的表现令人咋舌,20世纪50年代就恢复了战前水平,60年代成为世界第二大资本主义经济强国,80年代取代苏联成为世界第二,尽管历经10余年通缩背景下的萧条,依旧坐稳"老二"位置。我国所谓的后发优势,俨然要成为世界工厂,而在近代史上堪为世界工厂的只有英国和日本,说实话,我国要从日本手里接棒,实在是路漫漫其修远兮。世界工厂绝对不是依靠人海战术就能获得的"名号",不能以成本低廉作为世界工厂的标识,拥有多少自主的品牌才是衡量世界工厂的标杆,那么,我国有哪一个品牌是完全自主且真正拥有国际盛名的呢?所以,我国目前充其量不过是"世界加工厂",更像是日本在六七十年代经济腾飞时的水准,轻纺行业对于国际市场犹如洪水猛兽,机电产品也跃跃欲试,可惜与日本不同,核心技术掌握得太少。所以,如果"人海战术"的发展模式在未来没有根本的改善,后发优势将逐渐变成后发劣势,可谓难以预料。②

【案例提示】本案例涉及中国在国际分工中的地位。

---

① http://www.cnree.com/news/pinglun/3/10209.html,有改动。

② http://www.jiaoyanshi.com/article-2105-1.html,有改动。

请问：中国当前成为"世界工厂"与当年英国、日本成为世界工厂有没有实质上的区别？如有，在哪些方面？

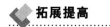

拓展提高

一、区域经济一体化

1. 区域经济一体化的含义

区域经济一体化，是指两个或两个以上的国家或地区通过消除贸易壁垒，实现区域内生产要素的优化配置，促进经济贸易的发展，并最终形成一个经济贸易政策高度统一，甚至发展到政治政策也协调一致的区域性经济组织。

2. 区域经济一体化的分类

（1）特惠贸易协定

成员国之间的贸易障碍比非成员国的要少。也可以这样认为，在成员国之间，协定规定特别优惠的关税，而对非成员国则实行贸易壁垒政策。

（2）自由贸易区

在自由贸易区内，各成员国之间互相取消一切关税和非关税的贸易障碍，实行区域内商品自由流通，但各国仍保留独立的对非成员国的关税和非关税障碍。

（3）关税同盟

成员之间除取消关税和各种贸易壁垒外，还同意了对非成员国的贸易政策，即对非成员国实行共同的、统一对外关税和其他的贸易限制措施。这时候成员国之间不再设海关。

（4）共同市场

在共同市场内部，不仅实行关税同盟的各项政策，即实行成员内部的自由贸易政策和统一对外关税政策，还允许资本、劳动力、劳务等生产要素在成员国之间自由流动。

（5）经济联盟

各成员国除了实行商品与资本、劳动力等生产要素的自由流动外，还包括经济政策（如货币政策、财政政策）和社会政策（如社会福利政策）的协调一致。

（6）完全经济一体化

完全经济一体化比经济联盟更进一步，除了商品和各生产要素自由流动外，还要求在对外贸易政策、货币政策、财政政策、社会政策等方面完全一致，并建立起共同体一级的中央机构和执行机构对所有的事务进行控制。完全的经济一体化是一体化的最高形式。

3. 主要的区域经济一体化组织

(1) 欧盟

欧洲联盟(European Union,以下简称欧盟)的总部设在比利时首都布鲁塞尔,是由欧洲共同体(European Community,又称欧洲共同市场)发展而来的,主要经历了三个阶段:荷卢比三国经济联盟、欧洲共同体、欧盟。1991年12月,欧洲共同体马斯特里赫特首脑会议通过《欧洲联盟条约》,通称《马斯特里赫特条约》。1993年11月1日,《马斯特里赫特条约》正式生效,欧盟正式诞生。欧盟是一个集政治实体和经济实体于一身,在世界上具有重要影响的区域一体化组织。

(2) 亚太经合组织

亚太经济合作组织(Asia-Pacific Economic Cooperation,APEC,简称亚太经合组织)是亚太地区最具影响的经济合作官方论坛,成立于1989年。1989年1月,原澳大利亚总理霍克访问韩国时建议召开部长级会议,讨论加强亚太经济合作问题。1989年11月5日至7日,澳大利亚、美国、加拿大、日本、韩国、新西兰和东南亚国家联盟六国在澳大利亚首都堪培拉举行亚太经济合作会议首届部长级会议,这标志着亚太经济合作会议的成立。1993年6月,亚太经济合作会议改名为亚太经济合作组织。

(3) 北美自由贸易区

北美自由贸易区(North American Free Trade Area,NAFTA)由美国、加拿大和墨西哥三国组成,于1992年8月12日就《北美自由贸易协定》达成一致意见,并于同年12月17日由三国领导人分别在各自国家正式签署。1994年1月1日,协定正式生效,北美自由贸易区宣布成立。

(4) 中国-东盟自由贸易区

中国-东盟自由贸易区是中国与东盟十国组建的自由贸易区。2010年1月1日,贸易区正式全面启动。2013年,东盟已成为中国的第三大贸易伙伴,中国则是东盟最大的贸易伙伴,双方还建成了世界上最大的发展中国家自由贸易区。

二、世界贸易组织

世界贸易组织成立于1995年1月1日,总部设在日内瓦。

世界贸易组织是一个独立于联合国的永久性国际组织。1996年1月1日,它正式取代关贸总协定临时机构。世界贸易组织是具有法人地位的国际组织,在调解成员争端方面具有更高的权威性。它的前身是1947年订立的关税及贸易总协定。与关税及贸易总协定相比,世界贸易组织涵盖货物贸易、服务贸易以及知识产权贸易,而关税及贸易总协定只适用于商品货物贸易。世界贸易组织与世界银行、国际货币基金组织一起被称为当今世界经济体制的"三大支柱"。

1. 世界贸易组织的宗旨

促进经济和贸易发展,以提高生活水平、保证充分就业、保障实际收入和有效需求的增长;根据可持续发展的目标合理利用世界资源、扩大商品生产和服务;达成互惠互利的协议,大幅度削减和取消关税及其他贸易壁垒并消除国际贸易中的歧视待遇。2014年6月,该组织有成员国160个。作为正式的国际贸易组织,世界贸易组织在法律上与联合国等国际组织处于平等地位。它的职责范围除了关税及贸易总协定原有的组织实施多边贸易协议以及提供多边贸易谈判场所和作为一个论坛之外,还负责定期审议其成员的贸易政策和统一处理成员之间产生的贸易争端,并负责加强同国际货币基金组织和世界银行的合作,以实现全球经济决策的一致性。

2. 世界贸易组织的最高决策权力机构

世界贸易组织的最高决策权力机构是部长会议,至少每两年召开一次会议。下设总理事会和秘书处,负责世界贸易组织日常会议和工作。总理事会设有货物贸易、非货物贸易(服务贸易)、知识产权三个理事会和贸易与发展、预算两个委员会。总理事会还下设贸易政策核查机构,监督各个委员会并负责起草国家政策评估报告。对美国、欧盟、日本、加拿大每两年起草一份政策评估报告,对最发达的16个国家每四年一次,对发展中国家每六年一次。上诉法庭负责对成员间发生的分歧进行仲裁。

3. 世界贸易组织的基本原则

(1) 最惠国待遇原则

最惠国待遇,是指一成员方将在货物贸易、服务贸易和知识产权领域给予任何其他第三方(无论是否为世界贸易组织的成员)的优惠待遇,立即和无条件地给予其他的缔约各成员方。

(2) 国民待遇原则

国民待遇,是指在本国境内对其他成员方的产品、服务或服务提供者及知识产权所有者和持有者所提供的待遇,不低于本国同类产品、服务或服务提供者及知识产权所有者和持有者所享有的待遇。

(3) 自由贸易原则

自由贸易原则,是指通过多边贸易谈判,减低关税,以关税作为唯一的合法保护手段,取消非关税贸易壁垒,最大限度地相互开放市场。

(4) 扩大市场准入原则

市场准入原则,是指一国允许外国的货物、劳务与资本参与国内市场的程度,是国家通过实施各种法律和规章制度对本国市场向外开放程度的一种宏观控制,体现一国的法律精神。此原则允许缔约方根据发展水平,在一定的期限内,逐步开放市场,最终实现贸易自由化。

(5) 公平竞争原则

公平竞争原则,是指成员方应避免采取扭曲市场竞争的措施,纠正不公平贸易行为,在货物贸易、服务贸易和与贸易有关的知识产权领域,创造和维护公开、公平、公正的市场环境。

(6) 鼓励发展和经济改革原则

世界贸易组织认为,发达成员方有必要认识到促进发展中成员方的出口贸易和经济发展,从而带动整个世界贸易和经济的健康发展。因此,在各项协议中允许发展中成员方在相关的贸易领域,在非对等的基础上承担义务。

(7) 贸易政策法规透明度原则

为保证贸易环境的稳定性和可预见性,世界贸易组织除了要求成员方遵守有关市场开放等具体承诺外,还要求成员方的各项贸易措施(包括有关法律、法规、政策及司法判决和行政裁决等)保持透明。

小 结

本部分任务是国际贸易理论的重要内容,是学生学习专业知识和进行外贸工作的基础,通过 2013 年国际米价风波案例导入,以涉及的关键词为核心,讲解了国际分工、国际市场和国际市场价格等基本内容,并结合课堂教学涉及的区域经济一体化和世界贸易组织进行了知识拓展,更好地引导学生强化基本理论,关心国际贸易时事热点问题,了解国际市场主要商品的价格状况。

任务三 自由贸易理论和保护贸易理论

任务简介

本部分任务是国际贸易理论部分的核心内容之一,通过梳理亚当·斯密和大卫·李嘉图等古典经济学家关于分工和贸易的思想脉络,了解国际贸易理论的产生和发展,并为学习国际贸易政策和措施打基础。

案例导入

长期以来,受国际贸易中比较优势理论的影响,我们一直把"劳动力成本优势"视为对外贸易中的"比较优势",并相应地大力发展诸如纺织企业等众多以出口为导向的劳动密集型企业。但是,随着高新技术产品日益成为世界贸易的主要品种,加之国际市场上劳动密集型产品严重供过于求,我国的劳动密集型产品在国际市场上的竞争力正日渐下降,它们赖以生存的低成本"比较优势"越来越不成其为"优势"。

之所以出现这种格局,是因为这两类产品往往属于制造业的范畴,一般不具备较高的技术含量,而且往往具有极强的替代性,其对生产国的经济贡献主要是吸纳大量的就业工人。相反,如果进口产品属于该国难以生产的高技术产品或者是该国不屑于生产的重污染型产品,它们往往就会具有极强的进口依赖。由于贸易歧视政策维护了该国一些特定产业和相关阶层群体的利益,就使得这些贸易保护国敢于视国际贸易规则于不顾,单方面设置进口壁垒。

传统的比较优势理论建立在完全竞争的市场结构假设前提下,产品是同质的,不存在非价格竞争,比较优势直接体现为价格竞争优势,并形成对外贸易的有利条件。该理论的核心思想是压低工人的工资,形成产品出口价格的比较优势。在此情况下,劳动力的数量成为竞争优势发挥的保障。但是,在现实中,国际贸易市场结构往往是不完全竞争的,而且越来越表现为非价格因素方面的竞争。尤其是20世纪90年代以来,全球经济逐渐进入一个以智力资源和知识要素占有、分配、生产和消费的知识经济时代,知识总量、人才素质和科技实力将代替资本成为竞争的根本要素,智力资源的丰缺程度将成为国际分工和国际贸易的决定性因素,自然禀赋状况的重要性日益被削弱,以自然资源为中心的分工体系逐渐被以知识技术为中心的国际分工所替代,科学技术知识将成为国际贸易反倾销战的新的重要动因。在这种情况下,规模经济、技术进步成为引发国际贸易的重要因素,传统劳动密集型比较优势难以形成竞争优势。如果我们仅仅按照比较优势进行国际贸易,过于强调劳动力成本优势,忽略出口结构中的非价格因素,就会陷入"比较优势陷阱"。

【关键词】比较优势理论　比较优势陷阱　竞争力

分析思考:中国是劳动力成本优势的国家吗?

任务分解

上述案例的核心是我国劳动密集型产品在国际市场上的竞争力正日渐下降,"劳动力成本优势"正在逐步丧失。结合涉及的关键词,本部分任务可以分解为以下 2 个小任务,分别是:

任务 1:自由贸易理论;

任务 2:保护贸易理论。

其中,任务 2"保护贸易理论"是重点。

一、自由贸易理论

1. 绝对成本理论

绝对成本理论是由英国古典经济学家亚当·斯密提出的。绝对成本理论从生产的绝对成本的差别为出发点,认为各国应按照各自在绝对成本方面上的优势进行分工,生产并出口绝对成本低的商品,进口绝对成本高的商品,即"以己之所长,换己之所需"。

亚当·斯密在《国富论》中写道:"如果其他国家提供的某种商品,比我们自己生产更便宜,那么,与其我们自己来生产它,还不如输出我们最擅长生产的商品,去跟外国交换。"如苏格兰可以在暖房中种植葡萄,酿造出上等的美酒,但它的成本比国外要贵 30 倍。这种情况下,如果为了鼓励在苏格兰生产酒类而禁止所有外国酒的进口显然是愚蠢的。这正如裁缝不想自己做鞋子而要向鞋匠购买,鞋匠不愿意自己做衣服而要雇佣裁缝制作。

2. 比较成本理论

比较成本理论是由英国资产阶级古典政治经济学的杰出代表和完成者大卫·李嘉图提出的。比较成本理论认为,参与国际分工和国际贸易的双方不一定都要有某一商品的生产成本绝对低,只要各自生产相对成本较低的商品进行交换,双方就都可以获利,即"两优取其最优,两劣取其次劣"。

比较成本理论的优点是一个国家无论处于什么发展阶段,无论经济力量是强还是弱,都能确定自己的比较优势,即使处于劣势的也能找到劣势中的优势。各国只要根据自己的比较优势进行分工,让优势国家生产优势更大的产品,劣势国家生产劣势较小的产品,然后两国开展贸易,则贸易双方都可以用较小的消耗创造出更多的财富。

3. 生产要素禀赋论

生产要素禀赋论是瑞典经济学家伊·菲·赫克歇尔和他的学生贝蒂·俄林提出建立的,又称"赫克歇尔-俄林原理",或简称"赫-俄原理"(H-O 原理)。

生产要素禀赋论是用各国生产要素丰裕程度的差异解释国际分工的原因和结构的理

论。各种产品的生产是生产要素的有机结合,生产要素主要包括土地、劳动力和资本。各国生产要素的丰裕程度是不同的。有的国家劳动力比较丰裕,有的国家资本比较丰裕,一国要充分使用本国的全部生产要素,就形成了各国专门生产某种产品的倾向性。资本比较丰裕的国家倾向于生产资本密集型产品,劳动力比较丰裕的国家倾向于生产劳动密集型产品,结果形成了建立在要素丰裕程度不同基础上的国际分工。

4. 里昂惕夫之谜

美国著名经济学家里昂惕夫为了验证"赫-俄原理",利用投入-产出分析法对1947年美国200个行业的进口替代品和出口产品中的资本-劳动要素比率进行了统计调查分析,因为美国进口的外国产品数据不全,里昂惕夫被迫使用美国进口替代品的数据。按照生产要素禀赋论,资本丰裕的美国应该出口资本密集型产品,进口劳动密集型产品,但事实上却正好相反,美国进口的是资本密集型产品,出口的是劳动密集型产品。用传统理论解释不了此种现象,所以,学术界将这种现象用它的发现者命名,称之为"里昂惕夫之谜"。

二、保护贸易理论

1. 重商主义学说

重商主义学说是15—17世纪欧洲资本原始积累时期代表商业资产阶级利益的经济思想,分为早期重商主义和晚期重商主义。重商主义学说的根本观点是金银为社会的唯一财富,主张国家实行贸易保护政策,保持贸易中的顺差。

(1) 早期重商主义(15世纪—16世纪中期)

早期重商主义的中心思想是货币差额论(即重金主义),强调少买。该时期的代表人物为英国的威廉斯·塔福。早期重商主义者主张采取行政手段,禁止货币输出,反对商品输入,以贮藏尽量多的货币。一些国家还要求外国人来本国进行交易时必须将其销售货物的全部款项用于购买本国的货物或在本国花费掉。

(2) 晚期重商主义(16世纪中期—17世纪中期)

晚期重商主义的中心思想是贸易差额论,强调多卖。该时期的代表人物为托马斯·孟。他认为对外贸易必须做到商品的输出总值大于输入总值(即卖给外国人的商品总值应大于购买他们商品的总值),以增加货币流入量。16世纪下半叶,西欧各国力图通过实施奖励出口,限制进口,即奖出限入的政策措施,保证对外贸易出超,以达到金银流入的目的。

2. 保护幼稚工业理论

1841年,德国经济学家李斯特提出了"幼稚工业保护论",主要包括以下内容。

(1) 对外贸易政策的目的是发展生产力。

(2) 对外贸易政策取决于该国该时期的经济发展水平。根据国民经济完成程度,李斯特把国民经济的发展分为原始未开化时期、畜牧时期、农业时期、农工业时期、农工商时期五个阶段。其中,农工业时期需要实行保护贸易政策,以避免与先进国家进行竞争。

(3) 主张国家通过关税干预对外贸易。

(4) 保护对象与时期的选择。

李斯特认为一国的农业不需要保护,一国的工业虽然幼稚,但在没有强有力的竞争时也不需要保护;只有刚刚开始发展且有强有力的外国竞争者的幼稚工业才需要保护,保护时间以30年为最高期限,在此期间内被保护的工业还扶植不起来时,不再予以保护,任其自行垮台。

3. 对外贸易乘数理论

对外贸易乘数理论是凯恩斯的追随者马克卢普和哈罗德等人在凯恩斯的投资乘数原理基础上引申提出的。

凯恩斯认为投资的增加对国民收入的影响有乘数作用,即增加投资所导致的国民收入的增加是投资增加的若干倍。

马克卢普和哈罗德等人把投资乘数原理引入对外贸易领域,分析了对外贸易与增加就业、提高国民收入的倍数关系。他们认为,一国的出口和国内投资一样,属于"注入",对就业和国民收入有倍增作用;而一国的进口则与国内储蓄一样,属于"漏出",对就业和国民收入有倍减效应。当商品劳务输出时,从国外获得货币收入,会使出口产业部门的收入增加,消费也随之增加,从而引起其他的产业部门生产增加、就业增多、收入增加。如此反复下去,收入增加将为出口增加的若干倍。当商品劳务输入时,向国外支付货币,使收入减少,消费随之下降,国内生产缩减,收入减少。因此,只有当对外贸易为顺差时,才能增加一国的就业量,提高国民收入。此时,国民收入增加将为投资增加和贸易顺差的若干倍。这就是对外贸易乘数理论的含义。

根据对外贸易乘数理论,凯恩斯主义积极主张国家干预经济,实行保护贸易政策。凯恩斯主义的对外贸易乘数理论在一定程度上揭示了对外贸易与国民经济发展之间的内在规律性,因而具有重要的现实意义。这一理论对于认清国民经济体系的运行规律,制定切实有效的宏观经济政策也有一定的理论指导意义。

技能要求

1. 能够阐明各国际贸易理论的代表人物及其理论的主要内容。
2. 能够根据所学的理论分析国际贸易理论发展的趋势。

案例思考

2007年6月,当时美国厂商Titan联合工会工人提出申诉,要求对中国轮胎产品征收反倾销税。2008年8月,美国国际贸易委员会(ITC)发布终裁结果:对河北兴茂、贵州轮胎、天津联合3家企业征收幅度分别为14%、2.45%、6.85%的反补贴税;对其他23家单独应诉企业征收税率为12.58%,未应诉企业惩罚性税率为210.48%。河北兴茂及其美国母公司GPX不服,随即进行申诉。商务部公平贸易局负责人介绍,世贸组织上诉机构于2011年3月11日裁定美方涉案双反措施违反世贸规则。同时,中方认为美方的做法也缺乏美国国内法依据。2008年9月,河北兴茂等中国企业将美商务部诉至美国际贸易法院,商务部代表中国政府以"原告介入方"身份参加诉讼。2010年10月,美国际贸易法院做出判决要求美国商务部停止征收对中国涉案企业的反补贴税。2010年11月29日,美商务部将该案上诉至美联邦巡回上诉法院。经过一年的审理,美上诉法院做出判决,完全支持了中方的抗辩意见。①

【案例提示】本案例涉及WTO的基本原则。

请问:结合本案例,谈谈应该如何看待公平贸易中的补贴问题以及公平贸易当中的"公平"。

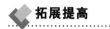

拓展提高

一、新技术贸易理论(技术差距论)

1961年,美国经济学家波斯纳在《国际贸易与技术变化》一文中提出了新技术贸易理论(技术差距论)。技术差距论把国家间的贸易和技术差距的存在联系起来,认为当一国通过技术创新研究开发新产品后,它可能凭借这种技术差距形成的比较优势向其他的国家出口这种新产品,这种技术差距将持续到外国通过进口此新产品或技术合作等方式逐渐掌握了该先进技术,能够模仿生产而减少进口后才逐渐消失。波斯纳经研究发现,第二次世界大战后,美国与其他发达国家之间的很大一部分贸易都源于新产品和新工艺的发明和引进。这就使得创造发明新技术、新产品的厂商和国家在世界市场上暂时处于领先垄断地位,而一旦这种新技术产品商业化,发明创造新技术、新工艺的厂商和国家就具有出口竞争优势。这种出口竞争优势不是建立在比较成本优势上的,而是建立在技术优势差别之上的。所以,技术本身的差异和暂时的技术垄断可以是国际贸易的直接起因,它与生产成本的大小无关。现实中,这种暂时的技术垄断优势通常是凭借专利或者版权法律制度来维护的。

技术差距论证明:即使在因素禀赋和需求偏好相似的国家间,技术领先也会形成比较优势,从而产生国际贸易。这也比较好地解释了实践中常见的技术先进国与落后国之间技术密集型产品的贸易周期。但它只解释了技术差距会随时间的推移而消失,并未解释其产

---

① http://epaper.jinghua.cn/html/2011-12/22/content_744079.htm。

生和消失的原因,而雷蒙德·弗农的产品生命周期理论可以说是技术差距论的继承、总结和发展。

二、产品生命周期理论

1966 年,美国经济学家、哈佛大学教授雷蒙德·弗农在《产品贸易》一文中提出产品生命周期理论,并由威尔斯和赫希等人加以发展。

该理论在技术差距论的基础上,将一种国内市场营销学的概念引入国际贸易理论,认为能够进入国际贸易的新型工业化消费品都有一个生命周期,这个生命周期划分为五个阶段。在不同的阶段上,新型工业化消费品的产品特性、国际生产区位和贸易格局各有不同的特点。

1. 第一阶段:新产品阶段

由于新产品刚刚出现,产品设计没有定型,生产技术和加工方法需要不断调整,要素配合比例经常变化,需要生产者和消费者不断地反馈信息,仅仅在创新国(如美国)生产和消费。只限于试生产试销售,新技术产品一般不出口。

2. 第二阶段:产品成长阶段

创新国对新产品进行了改进,以满足国内外市场不断增长的需求,产量迅速提高。在这一阶段,国外还不能生产这种产品,故创新国在国内市场和国际市场拥有完全的垄断地位。而这阶段的出口主要是面向与创新国经济发展水平相似的国家(如西欧、日本等发达国家)。

3. 第三阶段:产品成熟阶段

新产品在创新国已经标准化,国内市场基本饱和,国际市场需求迅速扩大。这时候,新技术和新产品的创造发明者发现授权本国和外国的其他生产厂家生产这种技术产品更加有利可图,于是国际技术转让就开始了。其他的新技术模仿国可以在国内生产并满足国内市场的需要,技术创新国的出口竞争优势受到削弱,出口规模缩小(但由于规模经济、工人技术熟练和管理优势,创新国仍然有出口竞争优势和控制国内市场的能力)。

4. 第四阶段:其他发达国家参与新产品出口竞争阶段

由于技术和产品的完全标准化,技术和品牌优势在国际竞争中的重要性已经不存在,国际竞争优势主要依赖于成本和价格竞争。这时候,新技术模仿国的生产规模迅速扩大(同时销路逐渐打开,市场不断扩大),而且凭借其劳动成本优势和其他成本优势开始向第三国市场出口新产品。新技术发明国的生产和出口竞争优势受到严重挑战,产量开始减少并部分进口该产品。

5. 第五阶段:创新国成为该产品的进口国

由于新技术模仿国的工资较低,以及大规模生产带来的成本降低的经济效益超过了向技术创新国出口所需的运费和关税,其产品最终进入技术创新国的市场,技术模仿国取代了技术创新国成为国际市场的主要出口供给者,这样新产品在技术创新国的生命周期结束,技术创新国又会致力于新技术革新以引入新产品。新产品的生命周期虽然在技术创新国结束,但其他生产这一产品的发达国家可能处于周期的第三阶段或第四阶段。同时,发展中国家很可能在国内才开始生产这种产品,并逐渐向发达国家增加出口。

三、收入偏好相似理论

收入偏好相似理论又称需求论,是著名的瑞典经济学家林德在1961年出版的《论贸易与变化》一书中提出的。他一反传统的由供给方面寻找国际贸易的根源而转从需求角度入手来分析国际贸易的流向。林德认为,不同的国家由于经济发展水平不同,需求偏好也不相同。生产要素禀赋论只适用于解释初级产品贸易,而制成品贸易则需从需求方面去研究。国际间制成品贸易的发生往往是先由国内市场建立起规模和竞争能力,然后再拓展国外市场,因为厂商总是出于利润动机,首先为其所熟悉的本国市场生产新产品,当发展到一定程度,国内市场有限时才开始开拓国外市场。由此,两国的经济发展水平越接近,人均国民收入越接近,需求偏好越相似,相互需求也就大,贸易量越大。相反,国家间人均国民收入的差距大反而成了阻挡国际贸易的障碍。如一国根据本国国内需求开发生产出的产品,但由于别的国家收入水平较低而对该产品缺乏需求,或者由于别国的收入水平过高而对此产品不屑一顾,彼此间的贸易自然无法开展。

收入偏好相似理论得出的结论是:工业制成品的贸易在具有相同或相似发展水平的国家间更易于开展。

四、产业内贸易理论

产业内贸易理论的代表人物是巴拉萨、格鲁拜尔、劳埃德等人,特别是1975年格鲁拜尔和劳埃德合作出版《产业内贸易:差别产品的国际贸易理论和计量》对产业内贸易理论作了系统化表述。他们认为,当代国际贸易从产品内容上看,大致可分为两种基本类型,一种是产业间贸易,也称部门间贸易,即一国进口和出口属于不同产业部门生产的商品;另一种是产业内贸易,也称部门内贸易,即一国既进口又出口某种或某些同类产品,或者说双方交换的是同一产业所生产的产品,如美、日、欧相互输出汽车、电脑、饮料等。

产业内贸易理论的突出特点是用国际贸易产品异质性和差别性、需求偏好的相似性和多样性、专业化分工和规模收益递增等概念来解释同一产业部门内部同种类产品的国际贸易问题。

小　结

本部分任务是国际贸易理论的基本内容之一,是学生学习专业知识和进行外贸工作的基础理论知识,通过案例导入,讲解了自由贸易理论和保护贸易理论,并结合典型的案例思考进行了知识拓展,更好地引导学生强化基本理论,理解当前的国际贸易状况。

项目二
国际贸易政策与措施

任务一　国际贸易政策

📎 任务简介

国际贸易政策是各国对外贸易政策的总称。国际贸易政策是一个国家的经济政策与对外政策的重要组成部分,是国际分工加深、经济全球化发展过程中,一国调整国际收支、保持经济稳定与发展的重要手段。本部分任务通过对国际贸易政策的内涵和分类等的介绍,使学生掌握国际贸易政策的相关知识。

📎 案例导入

美国《2013年总统贸易政策议程》出台①

"为美国产品打开世界市场,促进美国经济增长和就业"一直是美国的目标。美国奥巴马政府2013年3月1日向国会提交《2013年总统贸易政策议程》报告,提出继续推进5年出口翻番计划、跨太平洋战略经济伙伴协定谈判、跨大西洋贸易与投资伙伴协定谈判等工作重点,旨在打开美国出口市场和维护美国在国际贸易领域的领导地位。

报告说,5年出口翻番计划推出3年来,美国出口持续攀升。特别是在主要出口市场需求疲弱的情况下,美国出口在2012年达到历史新高。当年的商品与服务出口与2009年相比增长也超过39%,其中,服务出口增长24%,制造业出口增长47%,农业出口增长44%,共为美国创造了100多万个就业岗位。在2013年,奥巴马政府将继续推进5年出口翻番计划,消除贸易壁垒和扩大市场准入。

---

① http://news.xinhuanet.com/world/2013-03/02/c_124406364.htm。

报告还说,奥巴马政府将继续推动跨太平洋战略经济伙伴协定谈判,争取在2013年与谈判伙伴达成"雄心勃勃的"协定。报告说,亚太地区贸易额占全球的40%以上,到2016年经济增速预计将超过世界平均水平,这个高标准的地区贸易协定将加强美国与亚太地区新兴经济体的联系。

奥巴马在2月份的国情咨文讲话中表示,将与欧盟商谈全面的跨大西洋贸易与投资伙伴协定。报告说,谈判达成后,不仅会打开商品、服务与投资市场,也将推进贸易规则制定和削减非关税贸易壁垒,进而加强美欧之间紧密的战略伙伴关系。美国贸易代表罗恩·柯克曾告诉记者,预计谈判将于2013年6月份启动,希望能在两年内达成协定。

【关键词】自由贸易　保护贸易　贸易政策　贸易协定

分析思考:谈谈你对美国《2013年总统贸易政策议程》的看法。

任务分解

上述案例的核心是美国2013年的贸易政策议程,即美国在2013年度要采取的对内对外贸易政策,结合涉及的关键词,本部分任务可以分解为以下3个小任务,分别是:

任务1:国际贸易政策的含义及构成;

任务2:国际贸易政策的类型;

任务3:国际贸易政策的制定与执行。

其中,任务3"国际贸易政策的制定与执行"是重点。

一、国际贸易政策的含义及构成

国际贸易政策是一国政府在一定时期内为实现一定的政策目的而对进出口贸易所制定和实行的政策。国际贸易政策是一国总的经济政策的组成部分,规定了该国对外贸易活动的指导方针和原则,是为该国的经济基础和政策服务的。

一般来说,国际贸易政策包括以下三个方面的主要内容。

1. 对外贸易总政策

对外贸易总政策即一国根据本国国民经济的整体状况及发展战略并根据其在世界经济总体格局中所处地位而制定的政策,通常会在一个较长时期内加以贯彻执行,如一国某一时期实行的是相对自由的贸易政策或倾向于保护性的贸易政策。对外贸易总政策是一国对外经济关系的基本政策,是整个对外贸易活动的立足点。

2. 进出口商品政策

进出口商品政策是以对外贸易总政策为基础,根据本国的经济结构和国内市场的供求状况而制定的政策,主要表现为对不同的进出口商品给予不同的待遇。如使用关税或非关税壁垒来限制某些商品的进口,有意识地扶植某些出口部门以扩大本国此种商品的出口。

3. 对外贸易国别政策

对外贸易国别政策即区别对待政策,是指一国根据对外贸易总政策,结合国际经济格局及社会政治、经济和外交关系,对不同的国家和地区制定的不同政策。

国际贸易政策三个方面的内容相辅相成、不可分割。进出口商品政策和对外贸易国别政策离不开对外贸易总政策的指导,而对外贸易总政策也只有通过具体的进出口商品政策和对外贸易国别政策才能体现出来。各国的国际贸易政策因各国的经济体制、发展水平、产品竞争力等不同而各有所不同,并随着经济实力的变化而不断变化,但其国际贸易政策的基本目的大体上是一致的,主要有保护本国市场、扩大本国产品的出口市场、促进本国产业结构的改善、积累资金及维护本国对外的政治关系。

二、国际贸易政策的类型

从国际贸易产生和发展的实践来看,国际贸易政策总体上可分为以下四种类型。

1. 自由贸易政策

自由贸易政策即国家对贸易行为不加任何干预,既不鼓励出口,也不限制进口,使商品自由进出口,在国际市场上自由竞争。

2. 保护贸易政策

保护贸易政策即政府广泛地利用各种限制进口的措施保护本国市场免受外国商品的竞争,并对本国出口商品给予优待和补贴以鼓励商品出口。

3. 超保护贸易政策

超保护贸易政策是垄断竞争时期资本主义的贸易政策特征。20世纪30年代资本主义大萧条使贸易政策向垄断资本利益倾斜,保护的对象是高度发达的工业或出现衰落的夕阳工业,在垄断国内市场,保护的不是一般的工业资产阶级,而是垄断资本的利益。超保护贸易政策也称侵略性保护贸易政策,是国际贸易中垄断竞争日益激烈的产物,成为第二次世界大战后国家垄断干预贸易、争夺世界市场和霸权的手段。

4. 中性贸易政策和偏向性贸易政策

中性贸易政策,是指政府干预措施的综合效果是对一切可贸易产品和非贸易产品、可出口产品和可进口产品、国内市场和出口市场采取无倾向性的对策。偏向性贸易政策有内向型贸易政策和外向型贸易政策之分。外向型贸易政策倾向于鼓励出口和促进出口加工生产的措施,属于较为开放的政策。内向型贸易政策重视内销生产,轻视供出口的生产。内向型贸易政策一般采用如进口许可证、数量限制等直接控制办法,对制造业实行高度保护,对进口和投资实行直接控制等。这种政策促使需求转向本国制造的产品。出口则由于进口投入成本的上涨而受到制约。

需要指出的是,一国即使实行的是自由贸易政策,也并不意味着完全的自由,西方发达国家在标榜自由贸易的时候,总是或明或暗地对某些工业进行保护,自由贸易口号往往成为一种进攻的武器,即要求别国能够实行自由贸易。问题的实质在于只有贸易双方都同意开放市场,自由贸易政策才能付诸实施。另外,实行保护贸易政策并不意味着完全封闭不与别国开展贸易,而是对某些商品的保护程度高一些,对某些商品的保护程度低一些,在保护国内生产者的同时维持与世界市场的某种联系。

三、国际贸易政策的制定与执行

1. 制定国际贸易政策应考虑的影响因素

(1) 经济实力的强弱

一般来说,经济比较发达、国际竞争力较强的国家,倾向于自由贸易政策,主张在世界范围内进行自由竞争与合作,反之则采用保护贸易政策。当然,一国国际竞争力相对地位的变化也会影响其贸易政策的选择。

(2) 经济发展战略的选择

如果一国采取外向型经济发展战略,就会制定比较开放和自由的政策,一国的对外贸易依存度越高,就越会主张在世界范围内实行贸易的自由。

(3) 国内利益集团的影响

不同的贸易政策对不同的利益集团会产生不同的利益影响。实施自由贸易政策有利于进出口商和消费者,但会给某些竞争集团带来竞争的压力和利益的损失。而利益集团对外贸政策的走向影响很大,往往是某一利益集团在政治方面和经济方面占上风时,制定外贸政策的过程中就会充分考虑该利益集团的需要,以促进或阻碍某些特定商品的进出口来谋求该利益集团的最大利益。

(4) 国际政治、经济环境和外交政策

外贸政策和外交政策有着相互服务、相互促进的关系。在某些场合,对外贸易要服从外交的需要,而在更多的场合,外交是为外贸打通道路、提供保护的。

总之,一国选择什么样的国际贸易政策取决于本国的具体情况和国际环境,但各国都把既要积极参与国际贸易分工,又要把获取贸易分工利益的代价降低到最低程度作为制定国际贸易政策的基本出发点。

2. 国际贸易政策的执行

各国对外贸易政策的制定与修改是由国家立法机构进行的,而立法机构在制定和修改有关对外贸易的法令之前一般都要广泛地征求各经济集团的意见。最高立法机关所颁布的对外贸易各项政策,既包括一国较长时期内对外贸易政策的总方针和基本原则,也包括规定某些重要措施及给予行政机构的特定权限。对外贸易政策的具体实施过程则由行政机构负责,政府部门根据有关的法令来制定具体的实施细则,主要有以下三种方式。

(1) 通过海关对进出口贸易进行监督管理。海关是国家行政机关,是设置在对外开放口岸的进出口监督管理机关,负责对进出国境的货物和物品、运输工具进行监督管理,稽征关税和代征其他的税费,查禁走私等。

(2) 国家广泛设立各种行政机构,负责促进出口和管理进口。

(3) 以政府名义参与各种与国际贸易有关的国际机构和组织,促进国际贸易、关税等各方面的协调工作。

技能要求

1. 熟悉国际贸易政策的构成及类型。

2. 掌握国际贸易政策的制定与执行,并且能够根据有关资料,理解各国实行的国际贸易政策的意义。

案例思考

2012年7月24日,欧洲光伏制造商向欧盟提起对华"反倾销"调查申请。由于欧盟市场的重要性,中国光伏企业感受到了前所未有的危机。

2012年7月26日,英利、尚德、天合及阿特斯四大中国光伏企业,代表光伏发电促进联盟和中国光伏行业正式发表联合声明,强烈呼吁欧盟慎重考虑对华光伏发起"反倾销"调查,呼吁中国政府积极维护国内企业的合法权益,力求阻止欧盟立案。

2012年8月13日,商务部紧急召见英利、尚德、天合以及阿特斯等中国光伏企业入京,共商对策。四巨头提交了《关于欧盟对华光伏产品实施"反倾销"调查将重创我国产业的紧急报告》。

2012年8月17日,商务部受理了对欧盟多晶硅企业的双反申请,将在一个月后宣布是否立案。

2012年8月30日,在距离欧盟是否对中国光伏产品进行反倾销立案不足10天的关键时刻,默克尔4年之内第6次访华,当天,与外界"默克尔将避谈光伏"的猜测截然相反,利好消息最终传出:中国与德国同意通过协商解决光伏产业的有关问题,避免反倾销,进而加强合作。

2012年8月31日，欧盟向中国驻欧盟使团发出照会，确认将对中国企业出口欧洲的太阳能电池及其组件发起"反倾销"调查。

2012年9月4日，商务部临时取消与四大巨头的光伏业会议，业内揣测事情可能有所转机。

2012年9月6日，中国等来了欧盟委员会对中国光伏产业"反倾销"调查的正式立案。

2012年9月10日，中国商务部援引原商务部部长陈德铭的话透露，商务部将派出副部长级代表团赴德国、法国和欧盟，就光伏电池案与后者交涉。

欧盟贸易总司司长表示，此案是欧委会根据企业申请并依法律程序立案调查，不对结果有任何预判；欧方愿意在世贸组织规则和欧盟法律框架下，在立案调查的同时与中方进行磋商讨论。

2012年9月14日，中国商务部国际贸易谈判副代表崇泉率中国政府代表团，在布鲁塞尔与欧盟贸易总司司长德马迪就欧盟对中国太阳能电池反倾销案进行磋商。

2012年9月17日，德国总理默克尔在柏林举行的新闻发布会上表示，尽管欧盟委员会已经针对中国光伏产品启动"反倾销"调查程序，但她仍然坚持通过对话政治解决中欧光伏贸易争端。

2013年7月27日，欧盟委员会贸易委员德古赫特宣布，经过谈判，中国与欧盟就光伏贸易争端已达成"友好"解决方案，该方案近期将提交欧委会批准。这一谈判结果对于中欧双方意义重大。

【案例提示】本案例涉及反倾销问题。

思考：试分析此次欧盟对华光伏反倾销的实施过程，并指出我国有效解决类似争端的途径。

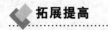

拓展提高

一、国际贸易政策的演变

一国的国际贸易政策随着世界政治、经济与国际关系的变化、本国在国际分工体系中地位的变化以及本国产品在国际市场上的竞争能力的变化而不断变化。因此，在不同的时期，一个国家往往实行不同的对外贸易政策，在同一时期的不同国家也往往实行不同的对外贸易政策。

1. 资本主义生产方式的准备时期

16—18世纪是资本主义生产方式的准备时期，为了促进资本的原始积累，西欧各国在重商主义的影响下，实行强制性的贸易保护政策，通过限制货币（贵金属）的输出和扩大贸易顺差的办法来积累财富。

2. 资本主义自由竞争时期

18世纪末到19世纪末,资本主义生产方式占统治地位,资本主义进入自由竞争时期。由于各国的发展水平不同,所采取的贸易政策也不完全相同,但自由贸易政策是这一时期国际贸易政策的基调。

在产业革命后,英国的工业迅速发展,"世界工厂"的地位得以确立并巩固,其产品具有强大的国际竞争力;英国需要以工业制成品换取原材料。所以,英国当时实行的是自由贸易政策。与此同时,一些后进的资本主义国家(如美国、德国等)则推行保护贸易政策。因为这些国家在此期间工业发展水平不高,经济实力和商品竞争能力都无法与英国相抗衡,需要采取相应的政策措施保护本国的幼稚工业,因而实行了一系列鼓励出口和限制进口的措施。

3. 第二次世界大战前的垄断资本主义时期

19世纪末到第二次世界大战之前,资本主义进入垄断时期,各国普遍完成了产业革命,工业得到迅速发展,世界市场的竞争开始变得激烈,尤其1930—1933年的世界性经济危机使市场矛盾进一步尖锐化,各主要资本主义国家为了垄断国内市场和争夺国外市场,纷纷实行超保护贸易政策。超保护贸易政策具有明显的侵略性和扩张性,与自由竞争时期的保护贸易政策相比,有着明显的区别。

(1) 超保护贸易政策不是保护国内的幼稚工业,而是保护已高度发展或正出现衰退的垄断工业。

(2) 超保护贸易政策不是为了培养自由竞争的能力,而是为了巩固和加强对国内外市场的垄断。

(3) 超保护贸易政策不是防御性地限制进口,而是在垄断国内市场的基础上向国外市场进攻。

(4) 保护措施不只限于关税和贸易条约,还广泛采用各种非关税壁垒和奖出限入的措施。

总之,在这一时期,保护贸易政策成为争夺世界市场的手段,成为攻击而不是防卫的武器,从而导致保护贸易盛行,世界经济秩序混乱,世界贸易规模不断缩小。

4. 第二次世界大战后到20世纪70年代

第二次世界大战以后,世界政治经济力量重新分化组合,美国强大的经济实力使其既有需要又有能力冲破当时发达国家的高关税政策。同时,日本和西欧随着经济的恢复和发展,也愿意彼此放松贸易壁垒扩大出口。此外,国际分工进一步深化,推动了生产国际化,资本国际化和跨国公司的迅速兴起也迫切需要一个自由贸易环境。于是,这一时期发达资本主义国家的对外贸易政策先后出现了自由化倾向。

这一时期的贸易自由化倾向主要表现在大幅度削减关税和降低或撤销非关税壁垒。其中,关贸总协定缔约方的平均最惠国税率下降至5％左右;欧共体实行关税同盟,对内取消关税,对外减让关税,使关税大幅度下降。此外,在发展中国家的努力下,发达国家给予发展中国家普遍优惠制待遇,还不同程度地放宽了进口数量限制,放宽或取消外汇管制,实行货币自由兑换,促进了贸易自由化的发展。然而战后的贸易自由化倾向主要反映了垄断资本的利益,它在一定程度上和保护贸易政策相结合,是一种有选择的贸易自由化。工业制成品的贸易自由化程度超过农产品,机器设备等资本品的贸易自由化程度超过工业消费品,发达国家之间的贸易自由化超过其对发展中国家的贸易自由化。因此,这种贸易自由化倾向的发展并不平衡,甚至是不稳定的。当本国的经济利益受到威胁时,保护贸易倾向必然重新抬头。

5. 20世纪70年代以后

20世纪70年代中期以后,随着西欧和日本的经济迅速赶超美国,发达国家经济发展不平衡加剧,期间资本主义国家经历了两次经济危机进入滞胀的困境,就业压力增大,市场问题日趋严重,尤其是随着美国贸易逆差的不断加大,国内贸易保护的呼声增加,以美国为代表的新贸易保护主义因此兴起。与传统的贸易保护主义相比,新贸易保护主义具有以下特征。

(1) 被保护的商品范围不断扩大

保护对象由传统产品、农产品转向高级工业品、劳务部门及知识产权等。工业品方面,从纺织品、鞋、陶瓷、胶合板等"敏感商品"到钢铁、彩电、汽车、计算机、数控机床、半导体等皆被列入保护范围。服务贸易方面,很多发达国家在签证申请、投资条件、收入汇回等方面做出保护性限制,以培育和确保自己的优势。

(2) 贸易保护措施多样化

① 按照有效保护设置逐步升级的关税,即对制成品、半制成品的进口税税率高于原材料等初级产品,以增强保护效果。

② 非关税壁垒不断增加,非关税措施从20世纪70年代末的800多种增加到20世纪80年代末的2500多种,并且各国纷纷给非关税壁垒施以法律地位,如反倾销、反补贴立法等。

(3) 贸易政策措施向制度化、系统化和综合化方向发展

贸易保护制度越来越转向管理贸易制度,不少的发达国家越来越把贸易领域的问题与其他经济领域的问题甚至包括非经济领域的问题联系起来,进而推动许多国家的贸易政策明显向综合性方向发展。

所谓管理贸易政策,是指国家对内制定各种对外经济贸易法规条例,加强对本国进出口

贸易有秩序的发展的管理;对外通过磋商,签订各种对外经济贸易协定,以协调和发展缔约国之间的经济贸易关系;是一种以协调为中心、以政府干预为主导、以磋商为手段,政府对对外贸易进行干预、协调和管理的贸易制度。

(4) 从国家贸易壁垒转向区域性贸易壁垒

新贸易保护主义是贸易活动在政府的干预下,借助立法、磋商、双边协调和多边协调等手段,实行区域内的共同开放和区域外的共同保护。它在一定程度上有利于缓解国际贸易矛盾,改善国际收支状况和保护新兴产业,但也产生了很多的不利影响,如削弱多边贸易体系,降低资源的配置效率,带有一定的歧视性、排他性和不平等性,不利于国际贸易秩序的稳定,加剧了贸易上的歧视性待遇等。

6. 发达国家贸易政策的发展趋势

进入20世纪90年代以后,西方发达国家经济逐渐走出低谷,其贸易政策呈现出一些新的特点和趋势。

(1) 管理贸易日益成为贸易政策的主导内容。在美国的示范和推动下,管理贸易已逐渐成为西方发达国家基本的对外贸易制度,各国政府更加强调政府积极介入对外贸易的作用。由于贸易结构的不断升级,管理贸易所包括的商品种类逐渐增多。20世纪90年代以后,管理的商品不仅包括劳动密集型产品和农产品,还包括劳务产品、高科技产品和知识产品等。

(2) 对外贸易政策与对外关系相结合的趋势在加强,各国把对外贸易看成是处理国家关系越来越重要的手段,美国是这方面的典型代表。美国利用人权、民主、军事控制等问题干扰贸易的举措时有发生。西方国家未来的贸易政策势必与其他的经济政策和非经济领域的政策更大程度地融合,朝着综合性方向发展。

(3) "公平贸易""互惠主义"将代替发达国家一贯标榜的"自由贸易"和"多边主义"。西方发达国家一方面反对贸易保护主义,另一方面又强调贸易的公平性。这种公平贸易与高筑壁垒抑制外国竞争的保护主义或放任自流的自由主义政策都有所不同,它是指在支持开放性的同时,以寻求公平的贸易机会为主旨,主张贸易互惠的"对等"与"公平"原则。具体表现为:进入市场机会均等,判定的标准为双边贸易平衡,不仅仅以是否满足双方的进入要求为标准;贸易限制对等,即以优惠对优惠,以限制对限制;竞争规则公平。

(4) 以非关税壁垒为主要手段。由于发达国家的关税在总体水平上降至较低的水平,正常关税已起不到保护的作用。因此,西方发达国家的对外贸易政策措施中,单纯的关税措施以及直接的非关税措施都会相应减少,但各种新型的更灵活、更隐蔽的非关税壁垒会不断出现,成为贸易政策的主体。

(5) 建立经济一体化,实行共同的对外贸易政策。20世纪90年代以来,区域经济集团化发展迅猛,发达国家通过建立各种一体化形式加强成员国之间的贸易自由化,并以联合的经济实力和共同的对外贸易政策来对付外界的贸易攻势。

总之,西方发达国家的外贸政策不可能背离贸易自由化这股世界潮流,甚至还会成为贸易自由化的推动力量。但基于各国经济、贸易发展的不平衡,以及追求自身利益的方式和策略的变化,它们又会进一步采取更为隐蔽和巧妙的手段,出台一些保护色彩较浓的贸易措施,而且极可能推行的是一种有管理的、可调节的自由贸易政策。其中,在政策协调的基础上实施某些保护措施会成为其外贸政策的一个重要特点。不完全的自由贸易政策和不断装饰的保护贸易政策将长期并存,不仅在不同的情况下发挥着各自的作用,而且有时交汇融合,共同支配或影响一个国家的对外贸易活动。

二、发展中国家的对外贸易发展战略

第二次世界大战以前,亚洲、非洲、拉丁美洲的大多数国家都是殖民地或半殖民地国家,长期以来形成了单一、畸形的经济结构,经济发展水平很低,人们生活贫困。战后它们在政治上获得独立,并开始致力于工业化和民族经济的发展,使发展中国家的经济发展问题成为西方经济学,尤其是发展经济学研究的重大课题。发展经济学家认为,发展中国家的政治、经济条件千差万别,没有一个共同的发展道路,但对外贸易采取何种战略对经济发展的影响重大。因此,他们对发展中国家的对外贸易发展战略进行了研究和探讨,提出了不同的对外贸易战略模式。

1. 初级产品出口导向战略

初级产品出口导向战略,是指发展中国家通过出口农、矿等初级产品以换取外汇进口制成品,从而推动经济增长。提出该战略的发展的经济学家认为,发展中国家的工业基础薄弱,制成品缺乏国际竞争力,农矿产品生产在国民经济中占举足轻重的地位,所以,发展中国家应根据这种实际情况,大力发展初级产品出口,使国民收入、国民投资、国民消费及政府税收都随之增加,从而推动经济增长。

在外向型经济发展的初期,一些资源丰富的国家采取初级产品出口导向战略是比较现实的,而且历史上确有成功的先例。如宗主国与殖民地之间的贸易格局,英国的自然资源贫乏,为了发展工业,大量从美国、加拿大、澳大利亚等殖民地国进口粮食、原材料等初级产品,殖民地国出口的增长通过乘数作用带动其他经济部门的成长,从而推动了经济的发展。第二次世界大战后直到20世纪60年代以来也有很多的发展中国家采用这种贸易战略。

但是,初级产品出口导向战略只能作为外向型经济的起步而在短期内采用。由于初级产品需求弹性较小,而且合成替代品及生产技术的提高也使初级产品的需求大大减少,因而初级产品的出口面临贸易条件恶化的境况。片面依赖初级产品出口不但经济增长潜力有限,而且不利于发展中国家的工业化,难以享受工业化所带来的动态利益。因此,到20世纪50年代末至20世纪60年代初,很多的发展中国家已开始改变这种战略。发展中国家要彻底摆脱贫穷和落后,在国际市场上与发达国家展开竞争,就必须实现工业化和现代化,其围绕工业化所采取的贸易战略可分为进口替代战略和出口替代战略。

2. 进口替代战略

所谓进口替代战略,就是在保护本国工业的前提下,通过引进必要的技术和设备,在国内建立生产能力,发展本国的工业制成品以替代同类商品进口,实现本国的工业化,带动经济增长,改善国际收支状况。进口替代战略的实施可以对发展中国家的经济发展起到积极的推动作用。

(1) 有利于扶植、培育发展中国家的幼稚产业

由于进口替代战略采用贸易保护政策,为本国的幼稚产业提供了一个有保护的、有利可图的市场,使其工业得以迅速成长,将潜在的比较优势转化为现实优势,有利于发展中国家建立独立的工业体系和国民经济体系。

(2) 有利于发展中国家获得工业化所带来的动态利益

一国经济的工业化可以促进管理人员、技术人员的培养,发明、创新的增加,人均收入水平的提高等,因而可以不断地为发展中国家带来动态发展的利益。

(3) 有利于发展中国家引进外资

进口替代战略的贸易保护政策主要是限制工业制成品进口,因而会促使发达国家为了绕过贸易壁垒而对发展中国家进行直接投资。外资的流入对发展中国家的经济发展会起到积极的推动作用。

从20世纪50年代开始,很多的发展中国家相继采用了进口替代战略,也取得了一定的成就,但随着工业化的进一步发展,进口替代面临着一系列严重的问题。因此,很多的发展中国家在实践中认识到出口工业制成品的重要性,开始转向了出口替代战略。

3. 出口替代战略

所谓出口替代战略,是指采取各种放宽贸易限制和鼓励出口的措施,大力发展工业制成品和半制成品的出口以代替传统的初级产品,以增加外汇收入,带动工业体系的建立和国民经济的持续发展。出口替代战略的贸易保护措施比较宽松,并且与鼓励出口措施相结合。与进口替代战略相比,出口替代战略的开放度要大一些。出口替代战略一般也经历了两个阶段:第一阶段以劳动密集型制成品替代初级产品出口;第二阶段转向机器设备、电子仪器等技术密集型工业制成品。

20世纪60年代中期前后,东南亚和东亚的一些国家和地区(如新加坡、韩国、中国台湾地区)都开始实行出口替代战略。此后,巴西、墨西哥、菲律宾、马来西亚、泰国、印度、巴基斯

坦、土耳其等也先后不同程度地转向出口替代战略。

总之，从初级产品出口到进口替代，再到出口替代，具有由低级到高级的阶段性。由于每一种战略各有利弊，各发展中国家在历史背景、自然条件、经济发展水平、政治体制等各方面的情况不同，因此所走的道路也不尽相同。一国一定时期内采取何种贸易战略，反映了其在这一时期对外贸易政策的总趋势。

小　　结

本部分任务是国际贸易理论的重要内容，是学生学习专业知识并根据所学知识分析实际贸易政策问题的基础。通过对贸易政策相关理论的深入讲解，培养学生关注当今国际贸易的热点问题的兴趣，并提高他们分析问题的能力。

任务二　国际贸易措施

任务简介

在国际贸易实践中，贸易各方会采用不同的贸易措施来实现其根据不同时期特点而出台的国际贸易政策。本部分任务通过典型贸易案例的介绍与深入分析，使学生重点掌握国际贸易的关税措施与非关税措施以及鼓励出口措施等内容，拓宽实务学习的理论思路。

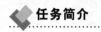

案例导入

案例导入一　中美轮胎特保案[①]

2009年6月29日，美国国际贸易委员会（ITC）以中国轮胎扰乱美国市场为由，建议美国将在现行进口关税（3.4%—4.0%）的基础上，对中国输美乘用车与轻型卡车轮胎连续3年分别加征55%、45%和35%的从价特别关税。根据美国的调查程序，在8月7日的听证会后，美国总统将于9月17日前做出是否采取措施的最终决定。

---

① http://news.xinhuanet.com/electricity/2011-09/07/c_121990738.htm，有改动。

此案是奥巴马时代美国首起对华特保案,也是针对中国的最大特保案,可能导致其他国家和地区抵制中国的产品。该案也是奥巴马对华贸易政策的风向标。2009年4月20日,美国钢铁工人联合会向美国国际贸易委员会提出申请,对中国产乘用车轮胎发起特保调查。其在诉状中声称,从中国大量进口轮胎损害了当地轮胎工业的利益;若不对中国轮胎采取措施,到2009年年底还会有3000名美国工人失去工作。

轮胎特保案,是指美国国际贸易委员会于2009年6月29日提出建议,对中国输美乘用车与轻型卡车轮胎连续3年分别加征55%、45%和35%的从价特别关税。根据程序,2009年9月11日,美国总统奥巴马决定对中国轮胎特保案实施限制关税为期3年。2010年12月13日,世界贸易组织驳回中国提出的美国对其销美轮胎征收反倾销惩罚性关税的申诉,仲裁小组表示美国在2009年9月对中国销美轮胎采取"过渡性质保护措施"征收惩罚性关税未违反世界贸易组织的规定。2011年9月5日,世界贸易组织裁定中国败诉。

【关键词】贸易保护 反倾销 损害

分析思考:1. 如何理解反倾销?

2. 中国的出口产品又便宜又好,为什么还会遭遇反倾销、反补贴?

案例导入二 中国玩具出口面临召回风险①

2014年3月,我国的玩具产品被大量召回,引起玩具出口企业的普遍关注。前来参加第115届广交会的玩具出口企业普遍表示,产品召回事件严重影响了我国玩具产品的出口形势。全球各地区严格玩具质量检测标准,意味着我国玩具生产企业只有不断提高生产技术,才能突破出口瓶颈。

"我国玩具生产企业应不断提高产品质量,达到欧盟质量检测的标准,虽然这样做成本高、难度大,但只有这样才能出口更多的玩具产品。"汕头市合兴塑胶玩具实业有限公司的负责人表示。据了解,2013年欧盟非食品类消费品快速预警系统(RAPEX)共发布对华产品通报251项,其中玩具类产品被通报的频率最高,共计101项,占40.2%。3月6日,美国消费品安全委员会(CPSC)和DesignIdeas有限公司联合宣布对中国产磁性玩具实施自愿性召回,原因在于小磁铁易从玩具中脱落,如果被儿童吞食,磁铁引发的内在损伤可能对健康产生严重危害。

美国消费品安全委员会3月19日发布2例通报,宣布召回几款中国产毛绒玩具。第一例通报的玩具风险在于其眼珠容易脱落,如幼儿吞咽易造成窒息。第二例通报的

---

① http://finance.ifeng.com/a/20140429/12232592_0.shtml,有改动。

玩具风险在于其尾巴易脱落,如幼儿吞咽易造成窒息。

4月3日,加拿大卫生部和OrkidToys公司联合宣布对中国产毛绒玩具实施自愿性召回。此次被召回的产品名称是Meebie毛绒玩具,颜色为紫色,2011年1月至2013年12月在加拿大销售。召回原因为,产品所含细小部件或配件容易导致儿童窒息,存在安全隐患。

据世界贸易组织检验检疫总局消息,近期,欧盟委员会公布了一份"技术资料指导性文件",以帮助欧盟本地及进口玩具的制造商和进口商提交综合性技术资料来证明其每种玩具都符合欧盟玩具安全指令。新法规将于2015年12月27日生效,企业出口至欧盟的玩具都需要提供技术档案。"不仅仅是欧盟严格了玩具的质量检测标准,其他地区也相继抬高了玩具进口门槛。"厦门凯迪尔进出口有限公司的参展人员说。该参展人员举例说,2013年2月,以色列修订玩具安全相关强制标准SI562,增加了儿童无制动机构骑乘玩具、电气骑乘玩具等新要求;香港地区发布了《玩具及儿童产品安全(附加安全标准或规定)规例》,规定儿童用品及玩具的相关安全要求,特别是新引入关于邻苯二甲酸盐的限量和特别标识要求;台湾地区标准检验局2013年3月增列了儿童玩具中"甲酰胺残留量的强制检验项目,只有通过检验的玩具才能在市面上销售。

"出口风险加大了!"广东一家玩具生产商许先生说,如果产品不符合进口国法规要求,一旦被抽检到,随之而来的损失很难承担。"国内1块钱人民币的东西卖到美国就是1美元,但是如果被检出不合格,严重的话就强制你全部召回,召回价格还是1美元!碰到小的企业,很容易就因此倒闭了!"。

OfficeDepotChina公司的徐建平表示:"要督促供应商重视了,还要对他们进行辅导,产品不符合要求坚决不要了!"

"企业不能只埋头搞生产,还要抬头看清路"广东省社科院产业经济研究所副所长黎友焕强调,在目前的背景下,出口企业提高防范意识,加强对国际市场的跟踪与对接,保证产品质量,积极调整,实现跟进口国标准、法规相适应。

曾啸虎认为,一系列法规的出台或生效,这就要求企业不仅要高度关注国际技术法规要求变化,更要从内部生产流程抓起,从原辅材料到加工产品过程中强化质量安全的控制,以保证出口产品符合各类环保法规的要求。"这也是设立更高的门槛,一些技术含量低、品质不达标的企业将会被淘汰出这些市场。这也未必是坏事。新一轮行业洗牌或将到来。"

【关键词】 绿色法规　技术性贸易壁垒　环保要求　贸易标准

分析思考：1. 如何理解"绿色壁垒"？

2. 怎样减少"非关税壁垒"，扩大出口？

案例导入三　日本如何利用补贴政策赢得比较优势[①]

日本农户一半以上的收入来自日本政府的补助。经济合作与发展组织（OECD，以下简称经合组织）对关税、补贴等保护措施带来的收入在各国农业收入中所占比重进行了计算。结果显示，日本在2012年为55.9%，同比上升4.5个百分点，是经合组织成员平均水平（18.6%）的3倍。

经合组织的生产者补贴等值（Producer Support Estimate，PSE）总额把国家规模考虑进去看PSE的GDP比例，日本是1%，美国是0.4%，欧盟是1.2%。日本和美国相比虽然保护水准较高，但和欧盟相比的话，还很难说是农业保护型。然而尽管如此，日本在WTO/FTA有关农业问题的谈判中持消极态度（尤其是反对降低关税），且受到国内外"最严重的农业保护主义国家"的批评，其原因在于保护方法上的错误。通过经济立法，日本农业获得了国家补贴和财政补贴，大大促进了日本农业的发展。

日本战后为了缩小农民与工人之间的工资差距，提高农业利益，采取的不是结构改革，而是提高农产品价格的价格支持政策，日本的农业成为重视生产者而将负担转嫁给消费者的消费者负担型。其结果是农村富裕了，但带来了粮食自给率下降与失去国际竞争力等副作用，换言之，日本农村的富裕是以失去"农业的生机"为代价的。现在看来，日本的消费者负担型农业政策存在如下问题：作用甚微，由于农户需要负担肥料、农药等价钱，所以并不能直接给农户带来收入的增加；低效，产生供需不平衡等副作用；不公平，贫困的消费者也需负担，只是拥有富裕土地的少数农户可以受益。日本是以消费者负担来保护农业，所以和欧美相比农业的财政负担小是必然的。财政负担程度低并不意味着保护程度低。

【关键词】财政补贴　进口限制　出口补贴　生产补贴

分析思考：1. 日本主要采用了哪些鼓励出口的措施？

2. 这些措施为日本赢得了哪些比较优势？

任务分解

上述案例的核心是中日两国在发展国际贸易过程中遇到的一些问题以及处理方法，重

[①] http://www.sdny.gov.cn/art/2008/1/18/art_1795_34024.html，有改动。

点涉及国际贸易措施问题,结合涉及的关键词,本部分任务可以分解为以下 4 个小任务,分别是:

任务 1:国际贸易措施之关税措施;

任务 2:国际贸易措施之非关税措施;

任务 3:国际贸易政策之鼓励出口措施;

任务 4:国际贸易政策之出口控制措施。

其中,任务 1"国际贸易措施之关税措施"和任务 2"国际贸易措施之非关税措施"是重点。

一、国际贸易措施之关税措施

1. 关税的含义

关税是进出口商品经过一国关境遇时,由政府所设置的海关向进出口商所征收的税收。

征收关税是海关的重要任务之一。海关征收关税的领域叫关境或关税领域,它是海关所管辖和执行有关海关各项法令和规章的区域。一般来说,关境和国境是一致的,但有些国家在国境内设有自由港、自由贸易区和出口加工区等,这些地区不属于关境的范围之内,这时关境小于国境。这些国家组成关税同盟,参加关税同盟的国家的领土即成为统一的关境,这时关境大于各成员国的国境。

案例导入一"中美轮胎特保案"中所涉及的税率是指美国商务部对中国的轮胎企业征收的关税税率。

2. 关税的主要特点

(1)关税的征收对象是进出关境的货物和物品

货物,是指贸易性的商品。物品包括入境旅客随身携带的行李和物品,个人邮递物品,各种运输工具上的服务人员携带入境的自用物品、馈赠物品以及以其他方式进入国境的个人物品。

(2)关税的纳税人的范围

关税的纳税人包括贸易性商品的纳税人,还包括物品的纳税人,具体指上述物品的持有人、所有人和收件人。

(3)关税具有较强的社会性

贸易关系不仅反映简单的经济关系,而且成为一种政治关系。这样,关税政策、关税措施往往和经济关系、外交关系紧密相关。

中国海关实行垂直管理体制。中华人民共和国海关总署是中国海关的最高领导机关,是中华人民共和国国务院下属的正部级直属机构,统一管理全国海关。

3. 关税的主要种类

(1) 进口税、出口税和过境税

按照征收对象划分,关税可分为进口税、出口税和过境税。

① 进口税

进口税是进口国家的海关在外国商品输入时,对本国进口商征收的关税。进口税是关税中最主要的税种,因此又被称为正常关税。进口税一般是在外国商品进入本国关境时征收,当一国设有保税区或保税仓库时,则在外国商品从保税区、保税仓库进入国内市场时予以办理海关手续,征收进口税。各国征收进口税的目的主要是防止外国商品竞争,保护国内市场。通过对进口商品征收进口税可以提高进口商品的价格,削弱进口商品的竞争力,从而相对提高了本国同类产品的竞争力,对本国产品的生产和销售十分有利。

进口税通常分为最惠国税和普通税两种。最惠国税适用于与该国签订有最惠国待遇原则的贸易协定的国家和地区所进口的商品,普通税适用于与该国没有签订这种贸易协定的国家或地区所进口的商品。最惠国税率比普通税率低,两者的差幅往往较大。如在美国,两者相差少则3倍,多则10倍。第二次世界大战以后,大多数国家已成为关税与贸易总协定的缔约方,或者签订了双边的贸易条约和协定,相互提供最惠国待遇,享受最惠国税率。

② 出口税

出口税是出口国家的海关在本国商品输出时,对本国的出口商所征收的关税。由于征收出口税会增加出口商品的成本,提高本国产品在国外市场的销售价格,降低出口商品的竞争力,不利于出口的扩大,进而影响本国生产和经济发展,所以,目前大多数国家对出口商品不征收出口税。英国、德国、法国、日本、荷兰等国早已宣布废除出口税。

③ 过境税

过境税又称通过税,是指一国对通过其关境或国境而运往另一国的外国货物所征收的税。

(2) 财政关税和保护关税

按照征收目的划分,关税可分为财政关税和保护关税。

① 财政关税

财政关税又称收入关税,是指以增加国家的财政收入为目的而征收的关税。

② 保护关税

保护关税,是指以保护本国生产和市场为目的而征收的关税。

(3) 进口附加税、差价税、特惠税和普遍优惠制

按照差别待遇和特定的实施情况划分,关税可分为进口附加税、差价税、特惠税和普遍优惠制。

① 进口附加税

进口附加税,是指对进口商品除了征收正常的进口关税以外,根据某种目的再加征的额外进口税。进口附加税可以对所有的国家、所有的进口商品征收,也可以对个别国家或个别商品征收。进口附加税不同于正常关税,它通常是一种为特定目的而设置的临时性措施,因此进口附加税又称特别关税(案例导入—"中美轮胎特保案"中涉及的进口附加税,就是美国为了限制中国的轮胎出口而做出的临时性措施,也是一种特别关税,旨在保护本国的轮胎行业)。

征收进口附加税的主要目的有以下三种。

第一,应付国际收支逆差,维持进出口平衡。

第二,防止外国的商品低价出售。对实行补贴或倾销的进口商品征收进口附加税,可以削弱其低价优势,抵消其补贴额或倾销幅度。

第三,对某个国家实行歧视或报复。一种情况是本国出口商品、船舶、企业、投资或知识产权受到某国歧视性待遇,对来自该国的进口商品除征收正常关税外,加征报复性进口附加税;另一种情况是某种进口商品违反双边贸易协定或单方面的承诺,大量涌入进口国的市场,进口国对该种商品征收惩罚性关税。进口附加税最常见的有反补贴税和反倾销税两种。

- 反补贴税

反补贴税又称抵消税或补偿税,是指对直接或间接接受任何补贴的外国进口商品所征收的一种进口附加税。所谓直接补贴,是指出口国出于价格因素的考虑,以货币形式给予该商品的补贴。所谓间接补贴,是指出口国通过一些特殊的优惠措施给予该商品的一种事实上的补贴,如减免出口税或某些国内税,降低运费,对于为加工出口而进口的原料、半制成品实行免税或退税,间接补贴显然具有较大的隐蔽性。反补贴税的税额一般按补贴或津贴的数额征收。征收的目的在于使进口商品的价格提高,抵消其所享受的补贴数额,削弱其竞争力,使其不能在进口国的国内市场上进行低价竞争,以保护本国的生产和市场。

- 反倾销税

反倾销税,是指实行倾销的进口商品所征收的一种进口附加税。进口国政府为了保护本国产业免受外国商品倾销的冲击,就有可能考虑对实施倾销的产品征收反倾销税(案例导入—"中美轮胎特保案"中涉及的核心内容就是反倾销税。)

在国际贸易中,人们所反对的"不公平贸易"主要集中在两个方面:一是补贴;另一个是倾销。然而,事实上许多的发达国家一方面反对其他的国家进行补贴,另一方面却对本国的农产品和其他产品进行大量的补贴。与此同时,许多的国家已经将反倾销作为一种贸易保护主义的工具。

倾销的构成条件:一项产品从一国出口到另一国,该产品的出口价格在通常的贸易过程中低于出口旨在用于本国消费时相同产品的可比价格,也即以低于其正常价值进入另一国的商业市场,则该产品将被认为是倾销。

倾销的经济影响:对进口国产业的损害有直接损害和间接损害。直接损害,是指倾销产品对进口国国内生产同类产品的产业的损害。大量廉价的倾销产品的进入会使进口国的消费者减少对国内产品的购买量,从而使国内相关产业的市场份额不断减少甚至消失,进而造成国内同类产业的利润下降、生产率下降、工人失业甚至企业倒闭。间接损害,是指倾销商品对进口国与倾销商品无直接竞争关系产业的损害。进口国的产品尽管不与倾销商品直接竞争,但因倾销商品的价格低廉,将消费者的注意力转向了倾销商品,使国内产业蒙受损害。

倾销中幅度的确定:倾销属于不正当竞争行为,会对进口国的国内竞争产业造成严重损害。因此,反倾销本身无可厚非,甚至理所当然。然而,世界上越来越多的国家正在滥用反倾销,即以反倾销之名行贸易保护之实。根据《世界贸易组织规则》的规定,反倾销必须具备三个必要条件:存在倾销;存在损害;倾销与损害之间存在因果关系。但实际操作仍存在许多的问题导致反倾销的滥用。那么,如何确定倾销,什么是正当的反倾销行为,什么行为属于滥用反倾销呢?根据《反倾销协议》的规定,以产品从一国出口到另一国的出口价格低于其正常价值,则该产品被视为倾销。因此,出口价格和正常价值的确定就显得十分重要。所以,案例导入一"中美轮胎特保案"的核心关键也在于此。

② 差价税

差价税又称差额税,是指当进口商品的价格低于本国生产同类产品的国内价格时,按国内价格与进口价格的差额征收的关税。由于差价税是随着国内外价格差额的变动而变动的,因此它是一种滑动关税。征收差价税的规定各国不一,有的国家规定直接按价格差额征税,有的国家规定在征收正常关税以外另行征税,这些差价税实际上属于进口附加税。征收差价税的目的是使该种商品的税后价格保持在一个预定的价格标准上,以稳定进口国内该种商品的市场价格。差价税多用于对农产品的价格保护。

③ 特惠税

特惠税又称优惠税,是指一国政府对从某国或某地区进口的全部产品或部分产品,给予特别优惠的低关税或免税待遇,其他的国家或地区不得引用最惠国待遇原则要求享受这种优惠待遇。特惠税可以是互惠的,也可以是非互惠的。

④ 普遍优惠制

普遍优惠制简称普惠制。与特惠税不同,普遍优惠制不是某些国家对另一些国家的输入产品提供优惠待遇,而是指发达国家承诺对从发展中国家或地区输入的产品,特别是制成品和半制成品普遍给予的关税优惠待遇。普惠制有三项基本原则,即普遍的、非歧视的、非互惠的。

(4) 从量税、从价税、混合税和选择税

按照征税方法划分,关税可分为从量税、从价税、混合税和选择税。

① 从量税

从量税,是指以商品的计量单位(如重量、数量、容积、长度、面积等)为标准计征的关税。如每一尺布征收 0.20 元,每一双鞋征收 2 元,每一吨钢征收 200 元等。然而,按照商品的重量征税时,有的是按照毛重征税,也就是商品加上外包装和内包装;有的是按照半毛重征税,也就是商品加上内包装;有的是按照净重征税,也就是去掉外包装和内包装,按照商品的净重征税。

假定某一个国家对进口汽车征收从量税,每一辆车的销售价格为 18 万元。如果出口商削价倾销,每一辆车的价格降低至 12 万元,但是一辆车仍然征收 1.8 万元的关税,关税在价格中的比重,前者为 10%,后者为 15%,关税税率增加了 5%。

② 从价税

从价税是以商品的价格为标准而征收的关税。经海关审定的作为计征关税依据的价格称为完税价格。从价税的计算公式为

$$从价税额 = 商品总值(完税价格计算) \times 从价税率$$

与从量税比较,从价税的优点非常显著。

第一,税额随商品档次与价格高低的变化而增减,税负公平。它既不具有累进性也不具有累退性。按照商品的价格制定一定的比例征税。同一商品,价格高,征收的税额较多;价格低,征收的税额较少。所以,人们普遍认为,从价税比较公平。

第二,税率明确,便于各国比较。

第三,关税的保护作用随着价格的上涨而增加。

另外,一些特殊商品,种类相同但是价格相差极其悬殊,根据从量税征收关税十分困难,如果按照从价税征收关税,税率不需要变化,比较容易征收。从价税也有缺点,对于海关来说,征收从价税的操作比较复杂。

③ 混合税

混合税又称复合税,是指同一种进口商品采取从量税和从价税两种税率计征的关税。混合税的计算公式为:

$$混合税额 = 从价税额 + 从量税额$$

由于从价、从量两种计税标准各有优缺点,两者混合使用可以取长补短,有利于关税作用的发挥。有些国家常对一些敏感商品或需要保护的商品使用复合税,制定复合税时,其从价、从量两个计税标准的比例不一定是各占 1/2,可根据政策需要或以从价为主,或以从量为主。混合税常用于本身较重的原材料或耗用原材料较多的工业制成品的进口计税。

④ 选择税

选择税,是指对同一种商品同时规定从量税和从价税两种税率,选择其中一种征收的关税。海关一般选择税额较高的一种,当然有时也可能选择税额较低的计征。

物价上涨时,因从量税的单位应税额不能及时调整,税额相对降低,则可选择从价计税;在物价下降时,从价计税税额相对降低,则可选择从量计税;对质次价廉的进口商品或商人低报价格的商品均可按从量标准计征关税。即进口商品价格低于其预定水平的则从量计征,高于此水平的则从价计征,以保持关税的财政收入和保护作用不致降低。有些国家有时对某些敏感或需保护的商品使用选择税标准,也有些国家在使用优惠关税时用选择税标准选择其较低者征税。

4. 海关税则与通关手续

（1）海关税则

海关税则又称关税税则,是一国对进出口商品计征关税的规章和对进出口的应税商品和免税商品加以系统分类的一览表。海关税则是海关征税的依据,是一国关税政策的具体体现。

从内容上来看,海关税则一般包括两部分:一部分为海关征收关税的规章、条例和说明;另一部分为关税税率表。关税税率表主要包括税则号、商品名称、关税税率等栏目。

根据关税税率栏目的多少,海关税则可分为单式税则和复式税则。

单式税则又称一栏税则。在这种税则中,每个税则只有一种税率,该税率适用于来自任何国家的商品,不存在差别待遇。

复式税则又可称多栏税则。在这种税则下,每一税则都有两个或两个以上,即3个或4个不等的税率。这主要是对来自不同国家的同一种商品区别对待,适用不同的税率。目前,世界上绝大多数国家实行的是复式税则。根据海关税则中税率制定的不同,海关税则可分为自主税则和协定税则两种。

根据现行的《中华人民共和国进出口关税条例》的规定,我国目前实施复式税则,对进口关税设置最惠国税率、协定税率、特惠税率、普通税率、关税配额税率等税率。

（2）通关手续

通关手续又称报关手续,是指出口商或进口商向海关申报出口或进口,接受海关的监督与检查,履行海关规定的手续。通关手续通常包括货物的申报、查验、征税和放行环节。

二、国际贸易措施之非关税措施

1. 非关税措施的含义及特点

非关税措施,是指各国政府除关税措施以外的对外贸易管理手段。由于一些国家往往将非关税措施用于限制他国产品的进口,所以,也称之为非关税壁垒。

非关税壁垒具有灵活性、有效性、隐蔽性、歧视性的特点。正由于这些特点,非关税壁垒取代关税壁垒成为贸易保护主义的主要手段有其客观必然性。案例导入二"中国玩具出口面临召回风险"中涉及的各个企业就是遭受非关税壁垒引起了贸易摩擦。

2. 非关税措施的种类

非关税措施名目繁多、内容复杂,从其限制进口的方法来看,可分为直接限制和间接限制两种。

所谓直接限制,是指进口国直接规定商品进口的数量或金额,或通过施加压力迫使出口国自己限制商品的出口,如进口配额制、"自动"出口限制、进出口许可证等。

所谓间接限制,是指进口国利用行政机制,对进口商品制定苛刻的条例和标准,从而间接限制商品的进口,如进口押金制、外汇管制、最低进口限价、海关估价制度、歧视性政府采购政策以及有关健康、卫生、安全、环境等过于苛刻繁杂的标准等。

据统计,目前发达国家所实施的非关税措施已达2000多种。下面对主要非关税措施作一些简要介绍。

(1) 进口配额制

进口配额制又称进口限额制,是一国政府在一定时期内,对进口的某些商品的数量或金额加以直接限制。在规定的期限内,配额以内的货物可以进口,超过配额的不准进口,或者征收较高关税后才能进口。因此,进口配额制是许多国家实行进口数量限制的重要手段之一。进口配额制主要有绝对配额和关税配额两种形式。

① 绝对配额

绝对配额,是指在一定时期内,对某些商品的进口数量或进口金额规定一个最高限额,在这个数额内允许进口,达到这个配额后便不准进口。绝对配额按照其实施方式的不同又有全球配额和国别配额两种形式。

● 全球配额

全球配额属于世界范围内的绝对配额,对某种商品的进口规定一个总的限额,对来自任何国家或地区的商品一律适用。具体做法是一国或地区的主管当局在公布的总配额之内,通常按进口商的申请先后或过去某一时期内的进口实际额发放一定的配额,直至总配额发完为止,超过总配额就不准进口。同时,邻近国家或地区因地理位置接近的关系到货较快比较有利,而较远的国家或地区就处于不利的地位。这种情况使进口国家在限额的分配上难以贯彻国别政策,因而不少的国家转而采用国别配额。

● 国别配额

国别配额即政府不仅规定了一定时期内的进口总配额,而且将总配额在各出口国家和地区之间进行分配。与全球配额不同的是,实行国别配额可以很方便地贯彻国别政策,具有很强的选择性和歧视性。实行国别配额可以使进口国根据它与有关国家或地区的政治经济关系分配给予不同的额度。为了区分来自不同国家和地区的商品,通常进口国规定进口商必须提交原产地证明书。

② 关税配额

关税配额是对商品进口的绝对数额不加限制,而在一定的时期内,在规定配额以内的进口商品,给予低税、减税或免税待遇;对超过配额的进口商品则征收较高的关税,或征收附加税或罚款。

按商品进口的来源,关税配额可分为全球性关税配额和国别关税配额。按征收关税的目的,关税配额可分为优惠性关税配额和非优惠性关税配额。优惠性关税配额对关税配额内进口的商品给予较大幅度的关税减让,甚至免税,而对超过配额的进口商品征收原来的最惠国税率。欧盟在普惠制实施中所采取的关税配额就属此类。非优惠关税配额在关税配额内仍征收原来的进口税,但对超过配额的进口商品则征收极高的附加税或罚款。

(2) "自动"出口限制

"自动"出口限制,是指出口国家或地区在进口国的要求和压力下,"自动"规定在某一时期内某些商品对该国的出口限额,在该限额内自行控制出口,超过限额即禁止出口。

(3) 进口许可证制

进口许可证制,是指国家规定某些商品的进口必须得到批准,领取许可证后方能进口的措施。没有许可证的商品一律不准进口。许可证常与配额外汇管理等结合使用。

进口许可证按照其与进口配额的关系可分为以下两种。

① 有定额的进口许可证

有定额的进口许可证即进口国预先规定有关商品的进口配额,然后在配额的限度内,根据进口商的申请对每笔进口货物发给一定数量或金额的进口许可证,配额用完后即停止发放。

② 无定额的进口许可证

无定额的进口许可证不与进口配额相结合,即预先不公布进口配额,只是在个别考虑的基础上颁发有关商品的进口许可证。由于这种许可证的发放权完全由进口国的主管部门掌握,没有公开的标准,因此更具有隐蔽性,给正常的国际贸易带来困难。

进口许可证按照进口商品的许可程度又可分为以下两种。

● 公开一般许可证

公开一般许可证又称自动进口许可证,对进口国别没有限制,属于这类许可证的商品,只要进口商填写一般许可证后便可以进口。

- 特别许可证

特别许可证又称非自动进口许可证,进口商必须向政府机构提出申请,经严格审查批准后方可进口。这种许可证大多规定进口国国别和地区。

(4) 技术性贸易壁垒

技术性贸易壁垒,是指一国或区域组织为了限制商品进口所规定的复杂的技术标准、卫生检疫规定、合格评定程序以及商品包装和标签规定。一国或区域组织采取一些强制性或自愿性的技术性措施来维护其基本安全、保障人类及动植物的生命健康及安全是合理的和必要的。但是由于其规定得十分复杂且经常变化,往往使外国的产品难以适应,从而阻碍了其他的国家或区域组织的商品的进入。随着全球关税水平的不断降低,技术性贸易壁垒越来越多地被用作贸易保护的手段,成为贸易发展的障碍。

技术性贸易壁垒的主要表现有以下三个方面。

① 技术标准

政府对于进口产品制定和实施技术的统一标准提出健康和安全的最低标准的要求,提出保护和环境的标准等,这些都是合理和必要的。但是愈来愈多的国家将这些标准作为限制进口的措施和手段,使其成为贸易保护主义的工具。许多的发达国家对制成品都规定了十分复杂严格的技术标准,不符合其标准的不准进口;对某些商品还制定独特的技术标准,规定采用或不采用制成品的某种既定结构或某种原料生产,甚至把制成品的某种性能过分提高到高于其他国家通用的性能水平,以限制外国的商品进入本国市场。

② 卫生检疫规定

发达国家有关卫生检疫的规定日趋严格。如美国规定进口的食品、饮料、药品及化妆品必须符合《联邦食品、药品及化妆品法》,如果发现不符合规定的商品,海关将扣留或销毁。日本在食品中禁止使用化学品和其他的食品添加剂。

③ 商品包装及标签规定

许多的国家对进出口商品的包装材料、包装形式、标签甚至包装的器皿形状、规格都有具体的规定和要求。

(5) 绿色壁垒

① 绿色壁垒的含义

绿色壁垒就是以保护自然资源、生态环境和人类健康为名,通过制定一系列复杂苛刻的环保制度和环保标准,对来自其他国家和地区的产品及服务设置障碍,从而限制进口,以保护本国市场为目的的新型非关税壁垒。

② 绿色壁垒的特征

- 名义上的合理性

随着"可持续发展"观念不断地深入人心,现代人类对环保的要求越来越高,污染使人们对环境问题越来越敏感。关注生态环境,人们的环保消费心理逐步增强,越来越认同绿色保护措施。

- 形式上的合法性

实施绿色壁垒的国家往往用其公开的立法加以规定,一些绿色保护措施都是以国际、国内公开立法作为依据。多数国家在制定、实行这类措施时都倾向于援引关贸及贸易总协定的"一般例外条款"作为其法律依据。

- 保护内容具有广泛性

为了保护生态环境和人类的健康,国际社会组织颁布了很多的保护公约,不仅涉及资源环境和人类健康有关商品的生产、销售方面的规定和限制,而且对工业制成品的安全、卫生、防污等标准做出了要求。

- 保护方式的巧妙性和隐蔽性

绿色壁垒从表面上看不存在配额问题,也没有具体到哪个国家,这是第一个巧妙性和隐蔽性;二是它们都是高科技基础上的检验标准,发展中国家难以做出判断;三是把贸易保护的视线转移到人类健康的保护上,具有更大的隐蔽性和欺骗性。

- 保护技术上的歧视性

通常认为,尽管绿色壁垒属于贸易保护措施,但由于是以环境保护为目的,因此,只要在国内外同种产品都实施同一环保标准的限制时,就视为做到了贸易政策的"公平、公正"。然而,在现阶段以发达国家的环保标准去要求发展中国家,这显然是极端不合理的,是对落后国家的技术歧视。

③ 绿色壁垒的表现形式

- 绿色关税制度

进口国以保护环境为理由,对一些污染环境、影响生态环境的进口产品除征收一般正常关税外,再加征额外的关税。这其实是一种进口附加税,又称环境进口附加税。

- 环境配额制度

国际上有些环保主义者主张,根据某一出口国某种产品环保实绩来确定其在本国市场的销售配额,即按时期分配给相关出口国输入本国该产品的最高数量。这种做法对发展中国家和各国的小企业具有很大的歧视性。

- 环境许可证制度

环境许可证制度要求在取得许可证的基础上才能允许进口或出口,也就是在出口前要获得进口国的"预先通知同意"。

- 禁止进口与环境贸易制裁

环境贸易制裁是绿色壁垒中极端严厉的措施,轻者实施禁止输入,重者则实施报复。国际上对违反环保规则采取强制性措施的案例非常之多,举不胜举。

- 绿色补贴制度

一些发展中国家和一些中小企业自身的实力往往有限,无力解决环境污染问题。当企业无力投资于新的环保技术、设备或无力开发清洁技术产品时,政府需要采用环境补贴来帮助筹资以控制污染,这些方式包括专项补贴、使用环境保护基金、低息优惠贷款等。这类补贴行为引起一些进口国以其造成价格扭曲因而违反世界贸易组织自由贸易原则为由,征收相应的反补贴税,从而导致因围绕环保补贴问题而引起的贸易纠纷。

- 环境成本内在化制度

商品在生产、使用的过程中造成环境破坏和资源流失,由此形成的成本即为环境成本。将环境成本纳入生产成本,即为环境成本内在化。所谓外部经济,是指某项经营活动对他人或社会造成影响,而又未将此计入生产成本或交易成本。

- 繁杂苛刻的环保技术标准

发达国家的科学技术水平较高,处于技术垄断地位,它们在环境保护的名义下,通过立法手段,制定严格的强制性环保技术标准,限制国外商品的进口,有些国家甚至执行内外有别的环保标准。很多的环保标准对发展中国家来说是根本在短期内无法达到的。案例中涉及最多的就是环保标准。

- 复杂苛刻的绿色检验检疫措施

随着环境污染物的变化,各国制定的相关检疫标准以及检疫对象也在发生变化。发达国家对食品的安全卫生指标十分敏感,尤其对农药残留、放射性残留、重金属含量的要求日趋严格。企业过这些关口要付出多大的代价。

- 绿色包装和标签制度

通常人们认为绿色包装是指包装材料节省资源,用后可以回收利用,焚烧时无毒害气体产生,填埋时少占地,并能生物降解和分解的包装。在环境保护浪潮的推动下,很多的国家都以立法形式规定生产者必须使用绿色包装。

- 绿色环境标志和认证制度

环境标志是贴在商品或其外包装上的一种图形,是根据有关的环境标准和规定,由政府管理部门或民间团体依照严格的程序和环境标准办给企业,附印于产品及包装上,向消费者表明,该产品或服务从研制、开发到生产、使用直至回收利用的整个过程均符合环境保护的要求,对生态系统和人类无危害或危害极小。

三、国际贸易政策之鼓励出口政策

国际贸易政策之鼓励出口政策一般包括财政政策、信贷政策、倾销政策、资本政策、特区政策及组织措施等几个方面。

1. 财政政策

（1）出口补贴

出口补贴，是指政府无偿地给予本国出口商以财政津贴。出口补贴的主要目的在于降低本国出口商品的成本和价格，提高其国际市场竞争力。

出口补贴包括直接补贴和间接补贴。直接补贴，是指政府对出口商予以直接的现金补贴。间接补贴，是指政府通过各种措施，给予出口商以财政运输方面的优惠待遇。

（2）出口奖励

出口奖励，是指政府对出口商按其出口业绩给予各种形式的奖励。出口奖励的目的在于鼓励出口商进一步扩大出口规模，增加创汇能力。

出口奖励的形式一般以现金奖励为主，也有外汇分红和出口奖励证等其他形式。

（3）出口减税

出口减税，是指政府对出口商品的生产和经营减免各种国内税和出口税。出口减税的作用在于帮助出口商降低产品成本，提高其国际市场竞争能力。

出口减税具体包括减免各种国内直接税、间接税和免征出口税。

2. 信贷政策

信贷政策主要包括出口信贷和出口信贷国家担保制等。

（1）出口信贷

出口信贷，是指出口国政府对本国出口商、外国进口商和进口方银行提供的优惠贷款。出口信贷的主要形式有卖方信贷和买方信贷。

出口信贷的特点主要有：出口信贷的利率一般低于相同条件的资金贷放市场利率，利差由国家贴补；出口信贷的发放与信贷保险相结合；国家成立专门发放出口信贷的机构，制定政策，管理与分配国际信贷资金。

（2）出口信贷国家担保制

国家为了扩大出口，对于本国出口厂商或商业银行向外国进口商或银行提供的信贷，由国家设立的专门机构出面担保，当外国债务人拒绝付款时，这个国家机构即按照承保的数额给予补偿。这种鼓励出口的措施即为出口信贷国家担保制。

3. 倾销政策

（1）商品倾销

商品倾销，是指出口商以低于国际市场价格、国内市场价格甚至生产成本价格的方式，集中地或持续地、大量地向国外市场抛售商品的行为。商品倾销的目的各有不同，有的是为了维护原有市场的竞争地位，有的是为了开辟新的销售市场，有的是为了转嫁国内"过剩"危机,有的是为了控制民族国家的政治经济。但是,从根本上说,都是为了打击竞争对手,占领国外市场。

按倾销方式的不同,商品倾销可分为持续性倾销、间歇性倾销和临时性倾销。

持续性倾销,是指长期地、持久地以低于国际市场价格、国内市场价格的方式在国际市场大量推销本国的商品。

间歇性倾销,是指频繁地使用倾销手段控制产品的销售价格,大量地推销本国的商品。

临时性倾销,是指因为销售旺季已过或企业改营其他业务,把"剩余产品"在外国抛售。

(2) 外汇倾销

外汇倾销,是指出口国政府通过本国货币对外贬值来提高本国出口商品的价格竞争力,从而扩大商品出口的一种方法。外汇倾销是西方国家长期以来惯常使用的出口鼓励政策。

4. 资本政策

资本政策主要是指出口国政府通过资本输出来带动本国出口贸易的发展。

资本输出分为生产资本输出和借贷资本输出两种形式。

生产资本输出也称对外直接投资,是指一个国家的厂商以独资、合资或合作等形式在外国直接开办厂矿、公司或者购买所在国的企业。

借贷资本输出,是指有价证券投资和直接对外贷款。有价证券投资,是指投资购买外国发行的股票、债券或其他金融资产。直接对外贷款,是指把货币资本直接贷放给国外的厂商或外国政府。

5. 特区政策

经济特区,是指实行特殊的经济贸易政策的地区。经济特区通常是由政府在本国境内划出一定的范围,在这个范围内实行各种特殊的优惠政策特别是关税政策,发展出口加工贸易、转口贸易,推动本地区和邻近地区经济贸易的发展。经济特区一般有自由贸易区、出口加工区和保税区等几种主要类型。

四、国际贸易政策之出口控制措施

1. 出口控制政策的含义

出口控制政策,是指出口国政府通过各种经济的和行政的办法及措施对本国的出口贸易实行管制的行为总称。

2. 出口控制政策的目的

出口控制的目的有经济目的和政治目的。从经济目的上看,出口国为了保护国内的稀缺资源或非再生资源,维持国内市场的正常供应,促进国内有关产业部门或加工工业的发展,防止国内出现严重的通货膨胀,保持国际收支平衡,以及稳定国际市场商品的价格。从政治目的上看,出口国为了干涉和控制进口国的政治经济局势,在外交活动中保持主动地位,遏制敌对国或臆想中的敌对国的经济发展等,往往以出口控制手段给进口国施加压力或对进口国进行经济制裁,逼其在政治上妥协或就范。

3. 出口控制的对象

(1) 战略物资及与军事有关的先进技术设备和技术资料。

(2) 国内生产所需的各种原材料、半制成品以及国内供不应求的商品。

(3) 实行自动出口限制的商品。

(4) 历史文物和艺术珍品。

(5) 被列入对进口国进行经济制裁范围的出口商品。

(6) 被出口国垄断的部分商品。

4. 出口控制的方式

(1) 单方面出口管制

出口国根据本国的需要和对外关系的考虑独立对本国某些商品的出口进行控制。

(2) 多边出口管制

多边出口管制是几个国家联合对某些商品的出口进行控制,共同制定实施出口管制措施。

技能要求

1. 能够结合时事热点资料,理解关税的种类,如案例导入中涉及的进口附加关税等,重点是倾销与反倾销、补贴与反补贴措施。

2. 熟悉关税的计税方法,尤其是最常用的计税方法。

3. 能够结合相关国际贸易资料理解非关税措施的主要种类,如进口配额制、技术性贸易壁垒、绿色壁垒等。

4. 理解鼓励出口的常用措施。

5. 关注当前中国鼓励出口的措施情况,能够进行简要的案例分析。

案例思考

一、美国对华钢钉反倾销调查

2012年9月26日,美国商务部对华钢钉进行反倾销行政复审立案调查,调查期为2011年8月1日至2012年7月31日,涉案产品海关编码为7317.00.65、7317.00.75等。

根据在调查记录中对相关信息的分析和从各利害关系方收到的相关评论,美国商务部已经对兴亚集团的倾销幅度计算结果做出修改,并且对最初裁决中所使用的几个替代价格进行了重新评估,修改过的估值包括替代纸板箱、盐酸、不锈钢盘条和工资比率的估值。此外,初裁做出后,美国商务部具体针对各公司做出了很多变更,在合适的范围内采纳了初裁后所发生的并且已经核实的种种澄清和变化,并且对兴亚集团的笔误做出了更正。

2014年4月8日,美国商务部对华钢钉做出第4次反倾销行政复审终裁,裁定倾销幅度为3.92%~118.04%,涉案企业包括史丹利集团、迦拿(天津)五金制品有限公司、德州华鲁德五金制品有限公司、天津市中联五金制品有限公司等30家。[①]

【案例提示】本案例涉及反倾销案件。

请问:(1)什么是反倾销税;(2)我国在对外贸易中应该如何应对反倾销调查?

二、连续11年中国蘑菇罐头遭美国反倾销

美国反倾销大棒挥舞,轮胎、钢管、金属丝网托盘等行业相继"中棒",就连一向不引人注目的蘑菇罐头也未能幸免。在长达11年的反倾销压制下,这个行业中的不少企业被迫转型、转向或者倒闭,留下了11年的"愤怒"。

2010年1月4日,美国国际贸易委员会发布公告,将对原产于中国、智利等国的蘑菇罐头进行反倾销快速日落复审(即期终复审)调查。

值得注意的是,这是一场长达11年多的反倾销压制的延续。中国世界贸易组织研究会常务副秘书长任以峰表示,如此长时间的反倾销措施并不多见,"无论是哪一个行业,在漫长的消耗中都会受到严重的损害。"

1. 企业10年应诉身心俱疲

这场漫长的拉锯战始于1998年。1998年2月2日,美国商务部发布公告,对原产于中国的蘑菇罐头进行反倾销调查;12月18日,美国商务部对该案做出反倾销终裁,裁定中国涉案企业的倾销幅度为123.16%~198.63%。2009年10月1日,美国商务部对该案进行第2次反倾销日落复审。

吉邦食品(云南)有限公司(以下简称吉邦公司)董事长符气雄回忆说,"美国的市场通道被突然'卡断',公司的产销形势瞬间变得严峻和窘迫。"

资料显示,1998年美国的进出口记录是7000个20英尺集装箱,中国和印尼分别占到了60%和20%。

吉邦公司的一位员工介绍,当时吉邦公司向美国的出口约为1400多吨,而裁决结果出来后降到了3.2吨,"种植面积也从35.94万平方米减少到2万平方米,工厂和菇农的损失达到了700多万元,我们觉得企业几乎倒闭了。"

[①] http://zhejiang.acs.gov.cn/sites/zhejiang/con7.jsp?contentId=2789527653628,有改动。

"吉邦公司在美国的进口商要我们积极应诉,而且还会请美国当地的律师给予帮助。另外,当时的蘑菇罐头在美国的市场是 1.2 亿美元,对我们也有诱惑。我们决定打一场持久战。"符气雄说,吉邦公司其后经历了多次复审。在几年的应诉过程中,律师费用就高达 34.8 万美元。最新的复审终裁结果中,吉邦公司的反倾销税率为 142.11%。符气雄说,现在吉邦公司已经不做蘑菇罐头生意了,对不断的应诉已经身心俱疲。

2. 反倾销经验还很欠缺

在 1998 年被美国进行反倾销调查的 36 家企业各自也有着不同的命运。

漳州罐头食品总厂作为当初参与联合应诉的公司之一,已于 2004 年依法宣布破产,现在还在清算资产。有业内人士认为,美国进行蘑菇罐头反倾销调查很可能是漳州罐头食品厂破产的原因之一。

有些公司在联合应诉败诉后放弃了上诉,等于放弃了美国市场。然后"进行企业转型,产业升级和结构调整,以及新产品的开发"。

厦门古龙进出口有限公司的林副总说,"此事导致公司当时大约损失了一两千万美元。"

福建省莆田罐头食品集团有限公司和厦门古龙进出口有限公司目前都已经转型以生产猪肉罐头为主。

当然,也有积极应诉而打赢官司的公司,但打官司的历程也与吉邦公司一样艰辛而漫长。

中国罐头工业协会工作人员表示,如今国内菌类罐头市场规模已有所萎缩。有国际贸易专家表示,长达 11 年的反倾销调查表明,我国的产业政策存在一定问题,"不应该让企业受到这么多不公正的待遇。"该专家表示,我国在面对外国的反倾销调查上经验还十分欠缺,"这需要由政府主导给产业和企业制定发展路线图,单凭企业自身不可能对抗强势国家的。"①

【案例提示】本案例涉及进口附加税中的反倾销税。

请问:(1)进口附加税包含哪几种类型;(2)我国应该如何应对来自国外的反倾销和反补贴?

三、美国国际贸易委员会终裁对中国电热毯征收高额反倾销税

2010 年 7 月 28 日,美国国际贸易委员会做出最终裁定,以所谓中国产机织电热毯对美国相关产业造成实质损害为由,同意对中国输美机织电热毯实施最高达 174.85% 的反倾销制裁。

根据美国国际贸易委员会的肯定性损害终裁,美国商务部将对中国产机织电热毯发布

---

① http://www.cacs.gov.cn/cacs/newcommon/details.aspx?navid=&articleId=77962。

反倾销措施令。按照美国商务部6月28日做出的裁决,除宁波维科联合贸易集团有限公司、宁波极发电器有限公司和宏国电子(深圳)有限公司3家公司将被征收77.75%的反倾销惩罚性关税外,其余中国厂家将被征收的税率均高达174.85%。

按照美国的相关程序,美国商务部裁定主要涉及是否有倾销发生、倾销比例是多少;美国国际贸易委员会裁定主要涉及是否对美国产业造成损害。如果双方都最终裁定外国商品倾销成立,商务部即可命令海关对相关产品实施制裁。

美方统计资料显示,2007—2009年,美国从中国进口的机织电热毯的数量增加了70%。2009年,美国从中国进口了总值5591.9万美元的机织电热毯。

据业内人士介绍,电热毯产品的出口利润大约在4%~5%,如果被征收77.5%,甚至174.85%的反倾销税,美国客户肯定承受不了这个涨幅,中国不少的相关企业只能被迫退出美国市场。

自2009年奥巴马政府上台后,美国屡屡对中国产品高举贸易大棒,有中国官方媒体评论称,美对华发动一波又一波反倾销、反补贴制裁,几乎达到了"每周一案"甚至"每周数案"的程度。

对于美国的贸易保护主义行为,中方多次进行严正交涉,并要求美方恪守双方达成的共识,反对贸易保护主义,共同应对金融危机。中国商务部强调,中方坚决反对任何滥用反倾销规则、助长贸易保护主义的做法。[①]

【案例提示】本案例涉及国际贸易关税措施中的反倾销措施。

请问:(1)中国遭反倾销裁定的主要原因是什么;(2)中国企业如何应对这种不利情况?

四、海尔集团如何应对技术性贸易壁垒

海尔洗衣机对《家用洗衣机ErP法规草案》的3条修改意见提案被欧盟采纳,成为取得该草案提出修改意见"话语权"的唯一中国企业。

欧盟ErP指令原为EuP指令(2009年欧盟委将其升级为ErP指令),是继WEEE、ROHS指令之后,欧盟另一项主要针对能耗的技术壁垒指令,即"能耗产品生态设计要求指令"。该指令聚焦于产品对资源能量的消耗和对环境的影响,侧重对耗能产品从整个生命周期进行规范。通常情况下,EUP指令会对洗衣机产品的出口造成影响,它要求产品从设计开始,一直到生命周期结束都必须遵循绿色环保的要求,这就使得很多不达标企业被淘汰出局。

国际标准委员会专家称,欧盟的这种家电法案的制定或修改一般只有世界顶尖级的检测检验机构或技术水准达到世界一流的企业才能参与进来。此次,欧盟能够采纳海尔洗衣

---

① http://www.ce.cn/cysc/newmain/jdpd/hglc/201006/30/t20100630_20424134.shtml,有改动。

机的修改提案,是对海尔洗衣机技术研发实力的认可。比如,我们所熟知的双动力、不用洗衣粉以及最新的复式系列,这些产品及技术都在国际上具有超前的领先性,是中国制造的骄傲。同时,自 2006 年海尔洗衣机全球总工吕佩师成为亚洲首位国际电工委员会(IEC)专家组专家起,海尔洗衣机就开始与欧美的专家共同参与制定全球洗衣机行业的通用国际标准。比如,2012 年 2 月份出炉的 IEC60456 国际洗衣机标准中,就充分融入了海尔洗衣机的智慧。

"为了更好地参与国际标准及法案的制定,海尔洗衣机已成立了专门的实验中心,用于研究新技术、新材料、新工艺等,并与全球顶尖企业展开跨界合作,将技术研发水平提升到一个新的高度。"海尔洗衣机全球总工吕佩师说。

国家质量监督检验总局相关负责人也表示:作为取得该草案提出修改意见"话语权"的唯一中国企业,海尔洗衣机提出的修改意见都被采纳,也代表了中国应对技术性贸易壁垒方面能力的进步。伴随着在技术领域的不断突破,海尔洗衣机在拥有全球洗衣机行业绝对话语权的同时,带动了整个中国制造国际地位的提升。我们也希望能有更多的中国企业能像海尔一样,成为中国制造的骄傲。

【案例提示】本案例涉及绿色壁垒中复杂苛刻的绿色检验检疫措施。

请问:(1)什么是 SPS/TBT 贸易壁垒;(2)我国的企业应该如何应对国外的技术性贸易壁垒?

五、纺织业"曲线出口"暗藏隐忧

面对欧美国家频繁启动保护措施和设立贸易壁垒,一些纺织企业正在利用中国-东盟自由贸易区的各种优惠条件加快"走出去"步伐,在越南、缅甸、老挝和柬埔寨等国家投资建厂以实现"曲线出口"。由于贸易保护的多变性、投资环境的复杂性等多方面因素,我国纺织业掀起的"东盟热"背后暗藏诸多隐忧。

2012 年,中美、中欧之间围绕纺织品的贸易摩擦接二连三,纺织行业就像坐上了"过山车"。为了绕过壁垒,不少专家给陷入困境的纺织企业支招:中国同东盟国家的纺织业存在互补关系,中国纺织业出口主要是向欧美等地区提供服装等消费品,而与东盟国家的纺织品贸易则更多地集中在纱线、棉布、化纤布等半成品方面。我国纺织行业的国际竞争能力比较强,不少东盟国家也把纺织业作为招商引资的重点领域,在东盟国家投资建厂发展纺织品加工业,可以有效规避贸易摩擦,降低贸易风险。

目前,这种取道东盟"曲线出口"的做法正在被企业纷纷采用。宁波申洲针织集团有限公司最近表示,将斥资 3000 多万美元在柬埔寨建立服装工厂,产品将从那里直接出口美国市场。商务部的统计数据显示,到 2012 年年底,中国在柬埔寨、越南、老挝等地投资的企业已超过 1300 家,其中相当部分是纺织品企业。

事实上,欧美设置贸易壁垒的对象并不是仅仅针对中国,东盟国家也同样可能遭遇来自发达国家的"阻击"。我国的纺织企业在海外寻求"避风港"的意图一旦被发达国家识破,投资所在国必然也会遭到反倾销等手段的指控。

此外,由于东盟国家的投资环境差异性很大,急于寻找出口新渠道的我国纺织企业很容易陷入"走出去易、站得稳难"的尴尬局面。东盟各国的投资体制、产业基础、配套条件和劳动力素质等各不相同,有些看似充满商机的"乐土"却是布满危机的"泥潭"。

中越边境城市崇左市商务局副局长严耀新说,事实上,外商在越南申请办理投资项目和生产经营活动过程中会遇到诸多意想不到的问题,如进口关税政策多变,越南进口关税政策经常会随着其产业政策的调整或为保护其国内企业利益而变动,而企业在申请投资和生产经营的过程中,除按规定应交付的各种费用外,大量的其他额外收费现象普遍存在。①

【案例提示】本案例涉及纺织业的出口导向战略。

请问:(1)中国纺织企业利用中国-东盟自由贸易区"曲线出口"的原因;(2)"曲线出口"遇到了哪些问题?

六、韩资撤离凸现地方政府招商引资弊端

来自韩国驻青岛总领事馆调查的数据显示:从 2003—2012 年,仅山东省就有共 368 家韩资企业非正常撤离中国。这种"非正常撤离"对中国的地方政府长期以来"以政绩为导向"的对外招商引资政策敲响了警钟。这样的政策引导下,造成了土地资源、环境污染、电力紧张和劳动力短缺等问题。

曾一度被烟台市政府视为明星企业的韩资企业——世刚纤维有限公司的 30 多名韩国高管集体逃回韩国之后,对导致韩资企业"逃逸"的原因舆论大多锁定在中国劳动力、土地和生产成本上涨,以及人民币升值等因素上。然而,创新不足、污染严重的劳动密集型企业不适应中国当前产业升级的时代需要才是韩资企业被迫撤离的真正原因。

更多的"韩资企业逃逸"事件正在胶州、青岛、烟台等地方发生,韩资企业密集的青岛市城阳区和胶州市更是"重灾区"。由于引入的韩资企业往往规模很小,对环境的污染却很严重。在当下环保要求日益提高的时代,越来越多的上述韩资企业无法容身。一位韩国工艺品协会的人士表示:"从 2008 年 5 月份开始,一个韩资企业撤离中国的高潮即将来临。"这不仅给中方相关企业带来经济损失,也无疑令基层政府的招商引资工作和地方经济发展都面临困境。

据了解,目前很多的韩国企业打算把工厂迁到山东省更为内陆的地区,或者是安徽、江

---

① http://www.tnc.com.cn/info/c-012001-d-61949.html。

西、河南等中部省份,甚至一部分韩国企业已经前往越南、老挝等国家去考察了。"别的地方不仅给韩资企业的优惠政策比胶州市要好很多,而且人力成本也比这里低,听说安徽、河南等地只需要支付我们这一半的工资就能雇到工人,也不用担心招不到人。"

事实上,非法撤离的韩资企业主要集中在首饰加工、纺织和皮革生产等技术含量低、高污染、高能耗的传统劳动密集型产业。人民币升值、实施的新《中华人民共和国劳动合同法》或多或少增加了企业的用工成本,工人工资上涨、外企税制改革降低了对外企的优惠程度,控制污染的要求更为严格,生产资料价格高涨等因素,都大大地提高了企业的生产成本,而上述劳动密集型企业对于成本的变化恰恰最为敏感。

如何面对生产成本上升所推动的大规模国际产业转移,如何利用外资撤离提高开放质量并推进产业升级,这不仅仅是青岛市面临的问题,也是全国各省市都要面对的问题。在考核批准项目、引进资金数量的同时,逐步把社会效益、投资效益、税收贡献,特别是地方税收贡献也纳入考核内容,增加投资针对性,提高投资项目质量。①

【案例提示】本案例涉及发展中国家的对外招商引资的问题。

请问:(1)韩资企业非正常撤离中国的主要原因是什么;(2)中方企业遭遇经济损失的原因是什么?

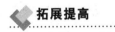
拓展提高

一、中国商品遭受反倾销指控的原因

在国际贸易中,人们所反对的"不公平贸易"主要集中在两个方面:一是补贴;另一个是倾销。然而,事实上,许多发达国家一方面反对其他国家进行补贴而对本国的农产品和其他产品进行着大量的补贴。与此同时,许多国家已经将反倾销作为一种贸易保护主义的工具。

反倾销是针对倾销而言的。根据世界贸易组织的统计,1995—2013 年,世界贸易组织成员的反倾销立案累计达 4103 起,除日本外,世界主要贸易体都越来越频繁地使用反倾销。

非常不合理的是,尽管中国目前的出口占世界出口总额的比重很低,但却成为世界上遭受反倾销最多的国家。根据世界贸易组织的统计,1995—2013 年,中国遭受其他世界贸易组织成员反倾销立案次数为 654 起,占世界贸易组织成员反倾销总量的 14.7%,其中 2010 年竟然高达 19.2%;遭受最终反倾销措施 332 起,占世界贸易组织成员反倾销总量的 16.5%,其中 2007 年竟然高达 26.6%。而同期中国出口占世界出口总额的比重却非常低,2006 年也只有 6%,这表明中国出口受到国际反倾销损害的频率大大高于一般国家,与其占

---

① http://news.163.com/08/0421/11/4A259NGD00011SM9_2.html,有改动。

世界出口总额的比重非常不相称。不仅如此,中国遭受国外反倾销最终措施的案件数占全部立案数的比重也明显高于世界平均水平。根据世界贸易组织的统计,1995—2013年,中国遭受国外反倾销最终措施的案件数占全部立案数的比重为71.3%,而世界平均水平只有62.5%。这一现象进一步表明中国出口所受到的国外反倾销的损害要比世界一般国家严重得多。

1. 外国对中国出口商品反倾销的特点

自1979年欧共体对中国提起首例反倾销调查以来,外国对华反倾销案件数量呈明显上升趋势。

(1) 反倾销案件迅速增多。从发生的总数看,20世纪70年代仅2起,20世纪80年代增加到平均每年6起,进入20世纪90年代以后的反倾销案件数量剧增,平均每年25起左右。

(2) 反倾销国家越来越多。

(3) 反倾销涉及产品的范围越来越广泛。在20世纪80年代,中国被调查的产品大多是低附加值或劳动密集型的简单加工产品,而现在已涉及中国各大类出口商品。1993年4月15日开始,墨西哥对中国进行大规模反倾销调查,涉及的产品包括了十大类4500多种商品,成为迄今世界贸易史上最大的反倾销案。

(4) 对中国产品倾销的确定带有很大的主观性和歧视性。长期以来,国外对中国产品进行反倾销调查时均采用"替代国"方法计算倾销幅度,这种做法具有很大的不合理性,并往往导致中国本来没有倾销的产品被裁定为倾销,或本来只有轻微倾销的产品被裁定为高额倾销幅度。如2000年欧盟对深圳等地企业的节能灯的反倾销调查中,就是用第三国墨西哥的相同产品来计算中国产品的正常价值。在中国市场经济建设已取得实质性成就的今天,大多数国家仍然或继续将中国视为非市场经济国家,或通过立法将中国视为"市场经济转型国家",同时规定严格标准,在某一具体案件中,只有中国企业符合这些标准后才可以取消"替代国"方法的使用。这种歧视性的反倾销政策和做法不但使大量的中国产品因征税而退出当地市场,更严重的影响在于它客观上鼓励了进口国当地产业不断通过反倾销手段压制中国产品,从而导致案件数量居高不下。

2. 中国商品遭受反倾销指控的原因

(1) 世界贸易组织限制非关税措施的使用时反倾销的作用更加突出。

中国商品频遭外国反倾销的原因非常复杂,既有内因也有外因,既有客观原因也有主观原因,既有经济因素的影响也有法律因素的制约。其中,最重要的原因在于世界贸易组织对非关税措施的限制导致反倾销作用的强化。近十几年来,欧美等西方发达国家的贸易逆差不断上升,客观上使它们倾向于贸易保护主义政策。可是20世纪80年代后经过关贸总协定八轮谈判,各国关税大幅下降,非关税壁垒受到很多的限制,于是实施贸易保护的"重任"

就顺理成章地落到了"反倾销"这一为世界贸易组织所认可的手段上了。由于中国的产品一般成本较低,因此当其以较低的价格迅速占领他国市场时,尤其是在他国经济不景气、失业增加时,他国就寻找各种理由,说明中国出口商品危及其国内同类或相似产品的产业,于是在国际反倾销法的支持下,在不违背自由贸易的精神下,对中国出口商品反倾销,行贸易保护之实。另外,区域经济集团化的加强也使集团内国家抱有"肥水不流外人田"的心态,富国往往更乐意把本国的中低档产品市场让给集团内的穷国,而不是外来的"第三者",于是联合"反倾销"也成为可能。

(2) 国外歧视性反倾销政策导致对华倾销案件的增多。

由于中国在改革开放前实行计划经济体制,因此,尽管经过 30 多年的改革,在市场化方面已取得了巨大的成就,但许多的国家仍以带有政治色彩的"有色眼镜"看待中国,将中国视为"非市场经济国家",这就使外国对华倾销有很大的随意性和歧视性,无视中国出口商品的价值构成,而采用所谓的替代国制度,替代国的选择又极具随意性。在没有合适的第三国相同产品以供类推时,它们甚至还可以采取其他的所谓"合理方式",甚至包括使用调查国家本身的产品销售价格作为被调查产品的正常价值。这种极不合理的构成价格计算方法具有很大的随意性,很容易得出中国出口产品倾销的结论。诚然,1988 年以后,美国对中国开始以"非市场经济"的定义取代"国家控制经济",而欧共体则于 1998 年 4 月宣布把中国、俄罗斯从"非市场经济国家"的名单中删除,列为"特殊市场经济国家",在反倾销调查方面决定采取个案处理的办法,视情况而定。即只要中国企业能证明出口产品的价格和成本是由市场决定的,"其出口不存在法律和事实上的政府控制",欧共体就不再参照第三国,而是依据中国国内的正常价格作比较,从而中国企业就有可能获得分别税率待遇。但迄今为止,中国出口企业和出口产品能在欧盟享受市场经济待遇的仍然为数极少。

(3) 国际市场竞争日趋激烈,中国出口竞争力的相对提高导致反倾销措施的滥用。

(4) 国内个别企业低价竞销。

除了国外方面的原因外,"内因"也不可忽视,国内企业的种种做法也确实容易授人以柄。低廉的劳动力和原材料价格使中国的劳动密集型产品具有天然的比较优势,这本来不是坏事,可问题是中国的企业又往往以"薄利多销"为指导原则,以价格竞争为手段抢占市场,往往造成内部互相杀价,低价促销,降价争销,不顾市场行情地低价出口,于是引起国外反倾销。

(5) 国内部分企业不积极应诉。

另外还有一个十分关键的原因就是中国企业面对国外的倾销指控往往不应诉或应诉不力。其间原因十分复杂。专家认为,被起诉企业打赢官司难度很大是一大原因。因为一旦立案,被起诉企业必须提供大量的资料,耗费很多的时间来完成那个旷日持久和代价高昂的行政和司法程序,这往往会影响企业的正常经营,尤其对中小企业来说是几乎不可能承受这种人力、物力、财力的巨大耗费。加之中国企业法律意识淡薄,自我保护意识差,客观上又缺乏应诉经费和反倾销专业人才,所以,在面对反倾销调查时多采用"消极避战"的态度。这种自动弃权行为当然只能导致败诉的结果。

尽管1994年原外经贸部颁布了《关于中国出口产品在国外反倾销案件中的应诉规定》,规定了出口商与生产商应积极应诉,不参加国外的反倾销案件应诉的要通报批评,取消其部分或全部申领出口配额与许可证的权利,严重的可取消部分或全部的外贸经营权并处以罚款。而且,鉴于应诉情况并不理想,1997年原外经贸部又颁布了《关于加强中国出口产品反倾销应诉的通知》,但是中国企业仍然存在应诉不积极的情况。更令人担心的是,由于中国企业的不合作态度或低程度的合作,导致了中国产品最终被征收反倾销税的可能性大大提高,而这种可能性的提高又诱使外国企业更频繁地申请对中国出口产品提起反倾销投诉并导致反倾销调查。

二、中国对进口丙烯酸实施反倾销拯救了企业

随着我国加入世贸组织,国内产业面临着双重压力:一方面中国企业的出口产品频遭进口国反倾销调查,征收反倾销税的案例数量逐年增加;另一方面,中国产业国内市场受到国外倾销产品的冲击。

当国内企业纷纷穷于应付来自国际社会对我国倾销诉讼的时候,上海华谊丙烯酸有限公司拿起了反倾销的武器,主动出击,通过反倾销机制的建立和运作,对国外公司丙烯酸产品的倾销提出诉讼,维护了企业的合法权益。

上海华谊丙烯酸有限公司是我国最大的专业生产系列产品的厂家之一。原来资产1000万元,引进了日本三菱的技术,实际产量为3万吨,总投资12亿元,负债2.3亿元。公司投产资本结构极为不合理,全部负债经营,1000万元资金要拉动12亿元的债务,负债已经高达90%,每年的财务费用将近1.3亿元,产品成本居高不下。同时,国外产品大幅度倾销,进口量占到国内需求的40%,产品的价格一路下滑,经营形势十分严峻。1997年亏损4400万元,1998年亏损5400万元,1999年亏损4600万元,连续3年亏损,公司处于破产的边缘。在生死存亡的重要关头,公司领导感到外部要有公平的竞争环境,内部要走改革创新之路,发展是硬道理,科学技术是第一生产力,只有形成具有自主知识产权的技术才能使企业走出困境。

公司领导的思想统一以后,带领全体员工在国家有关部门的大力支持下,通过反倾销争取时间和空间,兢兢业业搞科技创新,认认真真抓管理,扎扎实实走发展之路,终于使企业摆脱了困境。依靠全体员工的共同努力,由1997—1999年连续3年亏损,变为2000年实现产

值 6.6 亿元，利润 388 万元；2001 年产值 9.3 亿元，利润 1400 万元；2002 年产值为 11.8 亿元，利润 2600 万元；2003 年实现产值 13.8 亿元，销售收入 14.3 亿元，利润 9018 万元，人均劳动生产率 2600 万元，还清了原项目建设的 12 亿元债务。

丙烯酸第一次反倾销，该公司是通过取得国外产品在中国倾销的有力证据，1999 年 8 月向原国家外经贸委提交反倾销调查的书面申请，1999 年 12 月 12 日，原外经贸部发布公告，对原产于美国、日本、德国三国进口的丙烯酸进行反倾销调查。国家反倾销调查机构经过立案、论证、实地核查等程序，2002 年 12 月 31 日做出存在倾销的终裁，决定向原产于日本、美国、德国的丙烯酸开始实行反倾销措施。经过听证会核查和论证，2000 年 9 月 6 日，原外经贸部发出公告：从 2000 年 12 月 3 日起，中华人民共和国海关将对产于日本、美国、德国的丙烯酸征收 31％～65％不同的反倾销税，最终，这些企业的丙烯酸退出了中国的市场。

根据 2000 年中国海关的统计数据，又对韩国 LG 石化工公司、日本东亚株式会社和新加坡控股的株式会社等进口的丙烯酸提起反倾销。这是我国第一次对同一个产品两次进行反倾销调查，充分表明了我国政府运用国际通行的规则合理保护国内产业的坚定立场。

在反倾销以后，该公司抓住机遇，立即着手强化企业管理。1998 年取得 ISO9002 质量管理体系认证，2003 年通过 ISO90012000 认证和 ISO140010、HSIS12001 等环境质量健康管理体系的认证。公司把建设标准化管理体系作为重要的目标。

该公司认识到，只有严格按照发展是硬道理、坚持走科技兴企的道路，不断创新，才能在市场竞争中立于不败之地。公司利用自有资金，累计投入 5600 万元对技术进行重大的改造，实现跨越式的发展，并形成自己的核心技术，取得了国家 9 项专利。目前，公司正在按一体化的理念建设华谊集团科技体系，不断发展壮大。

丙烯酸两次反倾销成功的案例，再次证明了反倾销规则成为国内行业保护自己利益的强有力的武器。[①]

三、耐克的营销组织变革

耐克公司成立于 1964 年，由一位会计师菲尔•奈特和一位运动教练比尔•鲍尔曼共同创立，现已成为领导性的世界级品牌。当年，菲尔•奈特先生仅仅化了 35 美元请一位学生设计了耐克的标志，如今那个著名的弯钩标志价值已超过 100 亿美元。50 年的发展，耐克已成为一个商业传奇，它的成功之道人所共知，就是虚拟生产的商业模式，耐克以优良的产品设计和卓越的营销手法控制市场，保持持续的、出类拔萃的创新能力，经过其营销组织的不

---

① http：//www.china.com.cn/chinese/2000/Nov/11761.htm，有改动。

断变革,使"耐克"成为世界顶级的运动品牌。

2007年,耐克大力扩张产品线,并增加了新的品牌。耐克的主力商品原来以篮球鞋为主,最近几年则推出高尔夫运动用品系列,并以老虎伍兹为代言人,同时加强足球鞋的推广,以迎合足球运动人口的增加。目前,足球运动用品系列的营业额已高达10亿美元,占有全球25%的市场,在欧洲市场更是拥有高达35%的市场占有率。耐克先后并购了高级休闲鞋名牌COLEHAAN、曲棍球名牌BAUER、第一运动鞋名牌CONVERSE和滑溜板名牌HURLY,并放手让各名牌独自经营,取得了不俗的成绩。

根据2013年9月最新公布的公司财务年报,耐克公司2012年销售额为253.13亿美元,年净利润为24.85亿美元,员工人均销售额为53.02万美元,员工人均净利润为5.05万美元。但是,作为一个股票公开上市的公众公司,增长是永远的压力,华尔街只关注你今后的增长来自哪里。耐克的董事长和首席执行官迈克·帕克充满自信:耐克现在正面临着前所未有的发展机遇,耐克具有将消费者的洞察力转化为优势产品的独特能力,这正是耐克成为全球行业领袖的重要原因。

迈克·帕克的自信源于耐克的营销组织变革。2006年8月,耐克品牌总裁查理·丹森宣布耐克将进行营销组织和管理变革,以强化耐克品牌与新兴市场、核心产品以及消费者细分市场的联系。实施这一变革,使耐克从以品牌创新为支撑的产品驱动型商业模式,逐步转变为以消费者为中心的组织形式,通过对关键细分市场的全球品类管理,实现有效益的快速增长。查理·丹森认为,这是一个消费者掌握权力的时代,任何一个公司都必须转向以消费者为中心。这种消费者为中心的模式已经开始发挥作用,如在耐克的专卖店现已经有"耐克+iPod"的销售组合,以满足追求时尚的青年消费者。

耐克为此强化了4个地区运营中心,新设立了5个核心产品运营中心,4个地区运营中心是美国、欧洲、亚太、中东及非洲,5个核心产品运营中心是跑步运动、足球、篮球、男士训练、女士健康。这是一个矩阵式的管理,目标是把企业的资源向关键区域、核心产品集中,去抓住企业最大的市场机会。与传统的矩阵管理不同,关键是要实现跨地区、跨部门的协同。实际上,耐克公司已经有成功的经验,正是采用这种协同矩阵的管理方式,耐克公司组建了一支专门的队伍,将公司足球用品市场的经营额从1994年的4000万美元扩大到今天的15亿美元。查理·丹森说:通过这种方式,耐克可以更好地服务于运动员,更好地加深与消费者的联系,更好地扩大耐克的市场份额,实现有效益的增长,增强耐克的全球竞争力。如中国的篮球运动市场就由亚太区运营中心和全球篮球运营中心协同开拓。①

---

① http://finance.sina.com.cn/leadership/case/20071229/10144351669.shtml,有改动。

小 结

本部分任务是国际贸易理论的重要内容,是学生学习专业知识和进行外贸工作的基础理论知识,通过典型案例的导入,以涉及的关键词为核心,讲解了国际贸易措施的相关内容,引导学生进一步理解国际贸易中的各种措施,培养学生的经济学思维,进而拓展对国际贸易理论的学习兴趣。

项目三

国际贸易方式

任务一 一般贸易

◆ 任务简介

国际贸易方式是国际贸易中所采用的各种具体交易办法的总称,即通过什么渠道、途径、方法和形式迅速有效地将商品销售出去或买进合适的商品。目前,进行交易的方式多种多样,主要有一般贸易、加工贸易以及接受委托生产等。本部分任务主要介绍在国际贸易中最为常见的一种方式——一般贸易。

◆ 案例导入

独家代理引起的纠纷

国内A公司与日本B公司签订一份独家代理协议,指定日本B公司为某产品独家代理。在订立协议时,国内A公司正在试验改进现有产品。不久,国内A公司的试验获得成功,并把这项改进后的同类产品指定日本另一家C公司作为独家代理。结果,国内A公司与日本B公司发生了纠纷。

【关键词】代理　独家代理

分析思考:国内A公司能签订第2份独立代理协议吗,为什么?

◆ 任务分解

本部分任务可以分解为以下5个小任务,分别是:

任务1:一般贸易方式之经销与代理;

任务 2：一般贸易方式之招标与投标；

任务 3：一般贸易方式之拍卖、寄售与展卖；

任务 4：一般贸易方式之对销贸易；

任务 5：一般贸易方式之期货交易。

其中,任务1"一般贸易方式之经销与代理"、任务 2"一般贸易方式之招标与投标"和任务 3"一般贸易方式之拍卖、寄售与展卖"是重点。

一、一般贸易方式之经销与代理

1. 经销的含义及其种类

经销,是指进口商(即经销商)与国外出口商(即供货商)订立经销协议,承担在规定的期限和地域内销售指定商品义务的一种方式。

经销方式有两种:一种是独家经销,也称包销,是指经销商在协议规定的期限和地域内,对指定的商品享有独家专营权的经销方式;另一种是一般经销,也称定销,是指经销商不享有独家专营权,供货商可在同一时间、同一地区内,确定几个商家经销同类商品。

2. 经销的特点

经销业务中的经销商是买方,供货商是卖方,两者是买卖关系。在这种关系下,供货商按照协议的规定向经销商供应指定的商品,经销商以自己的名义买进商品,自行销售,自负盈亏。即使经销商在协议规定的区域内转售此类商品时也是以自己的名义进行,接受转售商品的客户与国外供货商不构成合同关系。

3. 经销协议

经销协议是经销商和供货商规定双方权利和义务、确立双方法律关系的契约。经销协议一般包括以下内容:经销商品的范围;经销的区域;经销的数量和金额;作价方法;经销期限和终止;经销商的其他义务,如广告宣传、市场调研和维护供货商的权益等。除此之外,还应规定不可抗力及仲裁等一般交易条件,其规定方法与一般买卖合同大致相同。另外,经销协议也有定销和包销两种,具体要求也要视具体情况而定。

4. 代理的含义和种类

代理,是指代理人按照委托人的授权,代表委托人与第三人订立合同或实施其他法律行为,由委托人直接负责由此而产生的权利与义务的贸易方式。

国际贸易中的代理按照委托人授权的大小分为总代理、独家代理和一般代理。

总代理是委托人在指定地区的全权代表,其有权代表委托人从事一般商务活动和某些非商务性事务。

独家代理是在指定地区和期限内单独代表委托人从事代理协议中规定的有关业务的代理人。

一般代理又称佣金代理,是指不享有独家经营权的代理,即在同一地区和期限内可以有几个代理人同时代表委托人从事有关业务。

代理按照行业性质的不同又可分为销售代理、购货代理、运输代理、广告代理、诉讼代理、仲裁代理、银行代理和保险代理等。这里只介绍进出口业务中最常见的销售代理。

5. 代理的特点

在国际贸易中的代理方式中,双方当事人是委托人与代理人的关系,这与经销方式中经销商与供货商之间的买卖关系有着本质的区别。代理人是接受委托人的指定,并根据委托人的指示行事;代理人有积极推销指定商品的义务,但没有必须购买指定商品的责任;代理人只居间介绍,所获得的酬劳是佣金并非赚取差价,其对经营上的盈亏不负任何责任。

6. 销售代理协议

销售代理协议是明确规定委托人和代理人之间权利与义务的法律文件。销售代理协议主要包括以下内容。

(1) 订约双方名称、地址及订约的时间、地点。

(2) 定义条款,即对代理人经营的商品种类、地区范围以及商标等内容予以明确限定。

(3) 代理的委任、受任及法律关系。

(4) 委托人的权利与义务,主要包括:关于接受和拒绝订货的权利;关于维护代理人权益的义务;关于向代理人提供广告资料,包括样品、样本、目录等推销产品所需资料的义务;关于向委托人对当地客户的违约行为进行诉讼所付费用予以补偿的义务;关于保证向代理人支付佣金的义务等。

(5) 代理人的权利与义务,主要包括:关于代理人的权利范围;关于代理人积极促进产品销售的义务;关于代理人保护委托人财产、权利的义务;关于代理人的推销组织方式;关于代理人对客户资信情况进行调查的义务;关于代理人提供售后服务的义务;关于代理人向委托人汇报市场情况的义务;关于保密问题等。

(6) 佣金的支付,主要有佣金率、佣金的计算基础、佣金支付的时间和支付方法等。

(7) 协议的期限和终止。

(8) 不可抗力和仲裁。

二、一般贸易方式之招标与投标

招标和投标是当前国际贸易中常用的一种交易方式,最早始于货物的买卖,但当前大量流行于国际承包工程的交易,尤其是利用世界银行贷款项目或国际间政治贷款项目的采购。

1. 招标与投标的含义及特点

招标,是指招标人(买方)事先发出招标通告或招标单,提出在规定的时间、地点,准备买进的商品的名称、品种、数量和有关的交易条件,邀请投标人(卖方)参加投标的行为。

投标,是指投标人(卖方)应招标人的邀请,根据招标通告或招标单所规定的条件,在规定的期限内,向招标人递盘的行为。

招标与投标的特点在于:不经过磋商;没有讨价还价的余地;同属于竞卖方式。

2. 国际招标的方式

国际招标,是指招标人邀请国内外企业,根据招标条件提出报价,参加投标竞争,招标人从中择优选定中标人,以达成交易签订合同。

目前,国际上采用的招标方式主要有以下三类。

(1) 国际竞争性招标

国际竞争性招标,是指招标人邀请几个乃至几十个国内外企业参加投标竞争,从中选择对其最有利的投标人达成交易。

国际竞争性招标有以下两种做法。

① 公开招标

公开招标又称无限竞争性招标,是指由招标人通过国内外报纸、杂志、电台、广播发出招标通告,使所有具备投标资格,并对该项招标有兴趣的投标人都有均等的机会购买标书,参加投标。世界银行贷款项下的采购大都采用这种招标方式。

② 选择性招标

选择性招标又称邀请式招标或有限竞争性招标,是由招标人根据自己的经验和掌握的资料或通过咨询公司的介绍,经资格预审合格后参加投标。选择性招标不公开刊登招标通告,而是有选择地邀请招标。

(2) 谈判招标

谈判招标又称议标,属于非竞争性招标。采用这种招标方式时,由招标人直接同卖方进行谈判,确定价格,达成交易,签订合同。谈判招标适用于专业性强、交货期紧迫的交易,如某些军事、保密工程所需的物资和设备的采购等。

(3) 两段招标

两段招标又称两步招标,是在采购某些复杂的货物时,因事先不能准备完整的技术规格而采用的招标方法。

采用此法分两步走:① 邀请投标人提出不包括报价的技术指标;② 邀请投标人进行价格投标。

3. 招标与投标业务的基本程序

招标与投标业务的基本程序包括招标、投标、开标、评标、决标和中标、签订合同等环节。

(1) 招标工作

① 编制招标文件

招标文件是采购物资和设备或招标承建工程项目的法律文件,是投标人准备投标文件和投标的依据,也是评标的依据,用于评标的标准必须是招标文件中规定的标准。招标文件还是签订合同所遵循的文件,招标文件的大部分内容通常都要列入合同的文本中。

② 发布招标公告

发布招标公告可以分以下两步走。

第一步,刊登一般采购公告,内容应包括：国际竞争性招标方式采购的货物或工程的标的及用途、发行资格预审文件或招标的时间、招标单位等。

第二步,刊登招标通告,内容应包括：招标或预审单位;通告目的(资格预审);资金来源;交货或施工时间;货源国要求;发行招标或预审文件的单位名称及地址、文件的售价;接受资格申请文件或投标文件的日期、时间、地点、投标担保金额和开标日期、地点等。

③ 资格预审

资格预审的内容涉及面广,通常可归纳为投标人概况、经验与信誉、财务能力、人员能力、施工设备五个方面

(2) 投标工作

① 投标前的准备工作

投标人要想参加投标,首先要获得投标信息,在投标前,应对招标文件的各项要求和条件进行认真的分析和计算,编制和填报投标文件。

② 提供投标担保

投标担保可以采用投标保证金、银行保函、备用信用证和现金担保等形式。

③ 递交投标文件

投标人应按照招标文件规定的时间和方式将投标文件送达招标人,进行投标。投标文件一般采用密封投标方式。

(3) 开标、评标和决标

① 开标

开标有公开开标和不公开开标两种形式。公开开标,是指在投标人代表参加的情况下,在招标通告规定的时间、地点开标,当众宣读投标人的名称、投标价格。不公开开标,是指由招标人自行选定中标人,投标人不得派代表参加开标。

② 评标与决标

货物采购包括综合评标方法和打分评价方法两种评价方法。在综合评标方法中,货物采购的评标,除要考虑投标价格外,还要考虑其他的因素,如货物的运保费、交货期、付款条

件、备件价格、售后服务、货物的性能、质量、技术服务与培训费用等。而打分评价方法需要先确定评估因素和评估价格,然后对各评估因素进行打分。

(4) 签订合同

投标人中标后就成为被招标人选中的交易对象,中标人就必须依约与招标人签订合同。由于合同的标的不同,所采用的合同形式各有不同。

三、一般贸易方式之拍卖、寄售与展卖

1. 拍卖的概念及特点

拍卖是一种古老的商品交易方式,在国际贸易中具有悠久的历史。随着国际商品交换的内容、形式和规模的变化,拍卖业务在交易标的和具体做法方面也在不断发展变化。我国要发展对外贸易,必须认真地研究和适当地运用拍卖方式。

拍卖是由专营拍卖业务的拍卖行接受货主的委托,在规定的时间和场所,按照一定的章程和规则,以公开叫价的方法,把货物卖给出价最高的买方的一种贸易方式。

拍卖具有以下三个特点。

(1) 拍卖是在一定的机构内有组织地进行的

拍卖行主要有以下三种方式:由专业公司或经纪人以股份公司或协会组织组成的拍卖行;由几家销售商共同组成的拍卖行;由大销售商组织的拍卖行。

(2) 拍卖业务具有自己独特的法律和规章

拍卖不同于一般的进出口交易,为此,《联合国国际货物销售合同公约》第一部分第 2 条明确说明,该公约不适用于"经由拍卖的销售"。

(3) 拍卖有其独特的做法

拍卖采用事先看货、当场叫价、落槌成交的做法,属于公开竞买的方式。

2. 拍卖的程序

(1) 准备阶段

准备阶段主要是对商品进行挑选和分批,编印拍卖目录,允许参加拍卖的买方到仓库查看货物等。

(2) 正式拍卖

拍卖的方式有以下三种。

① 增价拍卖

即由拍卖人宣布该项商品的预定的最低价格,然后由竞买者竞相加价,最后将商品卖给出价最高的人。

② 荷兰式拍卖

即先由主持人宣布一个较高的起点价,无人表示,则按一定的差额依次落价,直到发现接受者为止。

③ 密封递价拍卖

即先由拍卖人公布每批货的品质、数量、产地等情况及估价单,并注明函寄报价的时间、地点,由买方在规定的时间内将自己的出价密封后寄交拍卖人,再由拍卖人进行审查比较,以决定将货物卖给谁。

(3) 成交与交货

拍卖以其独特的方式成交后,拍卖行的工作人员按座位号交付买方一份成交确认书,由买方填写并签字,以表明交易正式达成。货款通常以现汇支付。货款付清后,货物的所有权即转移到买方,拍卖行收取一定的佣金。

3. 拍卖业务中的有关问题

(1) 拍卖过程中的公平竞争问题

货主可以根据自己的销售意图决定是否采取保留价格的做法。拍卖主持人要具有足够的业务知识,有义务遵照其与货主之间达成的协议谨慎行事。竞买者不得私下串通,压低价格等。

(2) 拍卖后的索赔和仲裁问题

由于拍卖前允许买方查验货物,使买方对所要购买货物的实际品质心中有数,按质论价,一般拍卖后很少发生索赔的现象。但是,如果凭借一般的查验手段不能发现货物的质量问题的,允许买方提出索赔。

在拍卖进行的过程中,如果发生争议,一般由拍卖主持人决定,但如果当事人一方不同意拍卖主持人的意见,可到场外进行协商,若协商不成,可将争议提交仲裁。

4. 寄售的概念和性质

寄售是一种委托代售的贸易方式,是国际贸易中的习惯做法之一。在我国的进出口业务中,寄售方式运用得不多,仅限于少数几种商品的交易,但由于这种方式所具有的特点使其在扩大进出口贸易中具有不可忽视的作用。

具体来说,寄售业务是由寄售人(货主)先将准备销售的货物运往国外寄售地,委托当地的代销人(受托人)按照双方议定的条件进行销售,货物售出后,再由代销人(受托人)按协议规定的方式与寄售人(货主)结算货款。

5. 寄售的特点及利弊

与一般出口业务相比,寄售业务具有以下三个特点。

(1) 寄售人(货主)与代销人(受托人)之间是委托与受托的关系。

(2) 寄售是先发货后成交。

(3) 风险及费用的划分不同于正常出口。在寄售方式下,只有当货物在寄售地出卖时,风险才由寄售人(货主)转移给买方。风险转移之前的各种费用一般都由寄售人(货主)负担。

寄售业务的优点和缺点包括以下两个方面。

(1) 寄售业务的优点

① 对于寄售人(货主)来讲,寄售有利于推销新产品和开发新市场。

② 采用寄售方式,代销人(受托人)只是为寄售人(货主)的商品销售提供服务,其一般不承担市场波动的风险,而且代销人(受托人)无须多少投资,甚至可做无本生意。

③ 寄售是采用现货交易,凭实物买卖,买方看货成交,这对于那些难以凭文字说明来确定品质的商品的买卖尤其具有重要意义。

(2) 寄售业务的缺点

对寄售人(货主)来讲,寄售主要有以下两个缺点。

① 寄售不利于资金周转。

② 寄售要承担较大的风险。寄售人(货主)要承担货物出售之前的一切风险,包括:运输风险;市场行情变化价格下跌的风险;销售不出去的风险;货款回收的风险等。

6. 寄售协议

寄售协议是寄售人与代销人之间就双方的权利和义务以及寄售业务中的有关问题的法律文件。寄售协议一般包括以下内容。

(1) 明确双方当事人及其法律关系。

(2) 关于寄售商品及地区的说明。

(3) 寄售货物的作价方法有:规定最低限价,并注明是含佣价还是净价;随行就市;售前要征得寄售人的意见;规定结算价格。

(4) 佣金条款。在佣金条款中,要规定佣金率、佣金计算基础、支付方法和支付时间。

(5) 费用和风险的负担。

(6) 代销人的主要义务。

(7) 寄售人的主要义务。

(8) 关于货款的收付。

(9) 其他条款。

7. 展卖的含义及做法

展卖是利用展览会和博览会及其他的交易会形式对商品实行产、销结合的一种贸易方式。

展卖的做法有两种。一种方式是货主将货物通过签约的方式卖断给国外客户，双方是一种买卖关系，由客户在国外举办或参加展览会，货价有所优惠，货款可以在展览会后或定期结算。另一种方式是由双方合作，展卖时货物的所有权不变，展品出售的价格由货主决定，国外客户承担运输、保险、劳务及其他的费用，货物出售后其收取一定的手续费作为补偿。展出结束后，未出售的货物可以折价卖给合作的客户或运往其他的地方进行另一次展卖。

8. 展卖的优点

(1) 有利于宣传出口商品，扩大影响，招揽潜在买主，促进交易。

(2) 有利于建立和发展客户关系，扩大销售地区和销售范围。

(3) 有利于开展市场调研，听取消费者的意见，改进产品质量，增强出口竞争力。

四、一般贸易方式之对销贸易

1. 对销贸易的含义和基本特征

对销贸易是包含易货以及易货的衍生物，如互购、产品回购、转手贸易和抵销等多种贸易方式的总称。这些贸易方式基本上具备进出结合、以进口抵补出口的特征，但又不是易货的简单重复，而是具有时代的烙印和更为复杂的内涵。它们除了货物的移动外，有的还伴随着货币的移动，甚至借贷资本以至商品资本化的运动。

2. 易货与互购

(1) 易货

易货又称物物交换，是最为古老的交换方式，又分为一般易货和综合易货两种形式。

① 一般易货

一般易货，是指交易双方当事人之间以等值的货物互相交换，不涉及第三者，也没有货币的流动。

② 综合易货

综合易货又称一揽子易货。按照这种方式，由双方政府根据协定各自提出在一定时期内（通常为1年），提供给对方的商品种类和金额，洽商一致后签订进出口金额相等或基本相等的换货议定书，然后由各自的外贸公司根据换货议定书的框架签订具体商品的买卖合同，分别交货。每笔进出口货物的货款都凭货运单据向指定银行结汇。

易货的优点和缺点包括以下两个方面。

① 易货的优点

易货有利于缺乏外汇支付能力的国家或企业之间开展对外贸易，调剂余缺；有利于利用易货做到以进带出或以出带进。

② 易货的缺点

参加易货的商品,其品种、规格、数量等都必须是对方所需要的,至少是可以接受的,这势必给此种贸易方式带来了很大的不灵活性和难度。另外,易货的开展受双方国家经济互补性的制约。一般而言,经济发展水平、产业结构差异较大的国家之间的互补性较强。

(2) 互购

互购是交易双方互相购买对方的产品,但它与易货又有根本的差别。

① 互购是一种现汇交易,由先进口的一方用现汇支付进口货款,并由先出口的一方承诺用所得货款的一部分或全部用来购买先进口国家的商品,不要求等值交换。

② 先进口一方所作的购买承诺,可以在合同中订明商品的名称、价格、数量和金额,但多数在合同中只作原则性规定,仅限定金额。

③ 先出口国家的上述承诺,可以改由第三者执行,对方也可以改由第三者供货。

3. 产品回购与补偿贸易

(1) 产品回购

产品回购,是指交易的一方在向另一方出口机器设备的同时,承诺购买一定数量的由该项机器设备或技术生产出来的产品。这种做法是产品回购的基本形式,但有时也可以通过协议,由设备供应方购买其他的产品代替。产品回购的交易方式非常接近我国的补偿贸易。

(2) 补偿贸易

补偿贸易,是指以信贷进口设备,然后以回销产品或劳务所得价款分期偿还。

在我国补偿贸易有以下两种做法。

① 在信贷的基础上,进口机器、设备或技术,不用现汇支付,而用分期返销给对方的产品或劳务所得的价款分期摊还。

② 由国外借得贷款用于购买设备或技术,然后以分期销售给贷款方约定产品或劳务所得的价款,分期偿还债务。

根据补偿的标的不同,补偿贸易可分为以下三种。

① 直接补偿

即在协议中规定,由设备出口方定期向进口方购买一定数量或金额的、由进口设备生产出来的产品。

② 其他产品补偿

即根据实际的需要和可能,设备出口方和进口方也可以约定用回购其他的产品代替。

③ 劳务补偿

这种方式是我国许多的中小企业型补偿贸易中常见的做法,颇有中国特色,经常出现在与加工装配业务结合的场合。

对设备进口方而言,补偿贸易的积极作用主要表现在以下三个方面。

① 补偿贸易是利用外资的方式,起到了弥补国内资金不足的作用。

② 通过补偿贸易获得的设备和技术,可以发展和提高本国的生产能力,可以加快企业的技术改造、产品的升级换代以及多样化。

③ 补偿贸易可以扩大出口产品的品种,提高出口的技术层次和质量,从而增强出口产品的市场竞争能力。通过回购,设备进口方还可以在扩大出口的同时,得到一个比较稳定的销售市场和销售渠道。

对设备出口方而言,补偿贸易的作用主要表现在以下三个方面。

① 通过给进口方提供信贷,突破进口方支付能力不足的障碍,从而扩大其销售市场。

② 在当前国际市场竞争激烈的条件下,承诺回购义务是加强自己的竞争地位,战胜对手的一种重要手段。

③ 设备出口方可以从回购中取得比较固定的原材料供应来源,或从经营产品的转售中获得一定利润。

但是,补偿贸易也有局限性。因此,开展补偿贸易还应注意以下两项。

① 必须做好项目的可行性研究。如进口设备应该比较先进且适合我国的国情,有利于我国企业的改造和革新;产品在国际市场是适销的,而且在今后一段时间内,至少在合同期间是有发展前途的,价格是趋向上升的;国内应该具备各方面的配套能力;项目本身能够提供外汇偿还能力,能够带来经济效益和社会效益。

② 正确处理补偿贸易产品和正常出口的关系。进行补偿贸易,原则上不应该影响我国正常的出口,为此,设备进口方必须在出口数量、销售市场的定价方面予以充分注意。

(3) 其他对销贸易的方式

① 转手贸易

这种交易方法可以说是记账贸易的产物,其目的是把记账贸易项下的不可兑换的货币转化为硬通货。记账贸易是两国政府间根据两国间的贸易和支付协定进行的。这种贸易的特点之一是,两国间的商品交易不通过现金结算,而是通过双方国家特设的账户互冲。

② 抵销贸易

初期的抵销交易非常接近互购,也是由先出口设备的一方承诺一定的回购义务。与互购不同的是,抵销的产品限于与所交易的设备有直接联系或间接联系的一些零部件或原材料。近年来,抵销贸易更多地出现在发达国家之间,以及发达国家与发展中国家之间的军火交易或大型运输设备等金额巨大的交易。

4. 对销贸易的利弊

(1) 对销贸易的优点

① 对销贸易可以不动或少动外汇。

② 有助于打破西方的贸易壁垒。

③ 具有融通资金和吸引外资的功能。

④ 进出口商品的定价具有稳定性。

⑤ 有利于推销和更新本国的商品、技术，维持本国的生产、就业水平。

(2) 对销贸易的缺点

① 有促进贸易保护主义的作用。

② 有悖于最大经济效益的原则，不利于世界贸易格局的合理改变和资源的合理配置。

五、一般贸易方式之期货交易

1. 期货交易的含义与特征

商品交易所是由同行业的商人自发组成的，是在自愿的基础上组织起来的一个交易所，规定只有会员才能在交易所中按照公开喊价的方式，在规定的时间内，按照约定的章程买卖特定的货物，这些特定的商品包括现货和期货。

期货市场的特征包括以下三个方面。

(1) 以标准合同作为交易的客体

所谓标准合同，就是合同的内容和条款统一化了的合同格式。在这种合同中，除价格和交货期两项需由买卖双方协商确定外，其他的条款（包括品质、数量、交货地点、检验方法、支付方式和支付时间以及解决纠纷的办法等）都是统一拟订。

(2) 特殊的清算办法

许多的商品交易所都有专门的清算机构，负责处理在商品交易所内达成的所有交易的结算和合同的履行。

(3) 严格的押金制度

每个会员必须交纳原始押金，商品交易所每天都要对每个会员进行清算。

2. 投机与套期保值

在期货市场上，参加交易的人买卖的都是期货合同，但是从其目的来看，则可分为两种性质不同的交易，即投机性交易和套期保值。

(1) 投机性交易

所谓投机性交易，是指利用期货市场价格变动频繁的现象，在对市场价格走向作出正确判断的基础上，决定进入市场的策略，通过一买一卖或一卖一买，即先多头后空头或先空头后多头，从中牟利。投机性交易追求的是从两次交易的差价中牟利，因此，参与这类交易的人尽管很多，经营方式不尽相同，但是他们的共同点是都对商品本身不感兴趣，故都在交割期届满之前就地交易结清。

(2) 套期保值

套期保值俗称"海琴",是从事实物交易的工商企业或农场主,为了转移价格风险,而以期货交易临时替代实物交易的一种行为。套期保值的一般做法有以下两种。

① 卖期保值

卖期保值,是指贸易商在经营中,通过在期货市场卖出期货来转移待售实际货物的价格风险,主要目的在于避免存货市价下降带来的损失。

【例 3-1】美国某一谷物公司在 9 月初,以每蒲式耳 3.70 美元的价格收购了一批小麦,共 10000 蒲式耳,并已存入仓库待售。该谷物公司估计一时找不到合适的买主,为了防止在货物待售期间价格下降而蒙受损失,它在芝加哥谷物交易所进行了操作。

② 买期保值

买期保值与卖期保值相反,其目的是为了转移价格上升带来的风险。

【例 3-2】有一美国粮商于 2013 年 9 月与外国签订了一宗出口 10 万吨小麦的合同,12 月交货,价格为每蒲式耳 3.80 美元。该粮商在合同签订时手头并无存货。为了履行合同,他可以有两种做法:一种是在订约后马上收购小麦,以待 12 月装船。这样做,他要负担 9—12 月 3 个月的仓储费、保险费及利息费用等,显然不合算;另一种是暂时不进货,待交货期临近时才进入市场收购,但这样做又有届时市场价格上升的风险,为了避免这种风险,他进入了期货市场。

(3) 套期保值与投机的区别

① 套期保值是和实物交易联系在一起的。

② 从目的上看,套期保值是为了转移价格风险,虽然在运作的过程中也会带来盈利或亏损,但这并不是主要的。投机的目的在于追求两次交易的差价,从中牟取投机利润。

③ 从经营看,从事套期保值的都是企业家、农场主或中间商,而从事投机的主要是一些投机商。

④ 从规章上看,投机交易要受交易量的限制,而套期保值却不受此限制。

⑤ 从融资的角度看,套期保值比较容易从银行取得资金融通的便利,而投机却不存在这方面的方便。

技能要求

1. 了解国际贸易中一般贸易方式的主要类型。
2. 掌握各种一般贸易类型的运作过程及其适用条件。
3. 明确各种贸易方式不同类型的特点和异同,并能处理相应的协议与条款。

案例思考

1. A 公司与英国的 B 公司签订了独家经销协议,授予该公司 W 产品的独家经销权,但该产品并非 A 公司的自产商品,而是由国内的 C 公司生产、由 A 公司销往英国的 B 公司。C 公司在向 A 公司供货的同时,也自营进出口业务,又向另一家英国的 D 公司授予了该产品的独家经销权。这样,在英国就有了同种产品的两个独家经销商,这两家经销商得知该情况后都向 A 公司和 C 公司提出索赔的要求。

【案例提示】本案例涉及国际贸易方式中的独家经销。

请问:这个案件应如何处理?

2. 2012 年 10 月,中国 B 公司与荷兰 A 公司签订了补偿贸易合同。合同规定由 A 公司向 B 公司提供一种生产成套设备,设备金额为 150 万欧元,B 公司以其使用 A 公司提供的设备所生产的产品分 3 年偿还全部的设备款。合同还规定了返销产品的价格与违约金。该合同经我国政府相关主管部门的批准而生效。合同生效后,A 公司按照合同规定交付了设备,B 公司依照合同规定用该设备生产的产品向 A 公司偿还了第一年的设备款 50 万欧元。到了第二年,国际市场发生激烈变化,该产品的价格上涨幅度达 30%。B 公司认为,原合同对返销产品的作价不合理,要求修改合同或签订补充协议,提高返销产品的价格,A 公司不同意。于是,B 公司擅自将产品直接出口,在国际市场销售,并用所得外汇向 A 公司偿还设备款 50 万欧元。为此,双方发生争议,经协商不能解决。2013 年 12 月 8 日,A 公司遂根据合同中的仲裁条款提起仲裁,要求 B 公司交付产品或按 120%支付设备款,并按合同规定支付 3%的违约金。在仲裁庭辩论中,B 公司认为,自己已如数支付了设备价款就算履行了合同。而 A 公司则认为,合同规定用产品偿还,该产品国际市场价格上涨 30%,其转售产品应得的利益被剥夺,故 B 公司应补偿 20%,并支付违约金。

【案例提示】本案例涉及国际贸易方式中的补偿贸易。

请问:B 公司擅自改变贸易方式将面临什么样的法律后果?

3. 某外国 A 公司公开招标购买电缆 20 公里,我方 B 公司收到招标文件后,为了争取中标,即委托招标当地的一家代理商代为投标。开标后 B 公司中标,除支付代理商佣金外,立即在国内寻找生产电缆的企业,以便履行交货任务。B 公司几经寻找没有一家企业能提供中标产品,因为中标产品的型号和规格在国内早已过时,要生产这种过时的产品需要重新安装生产线,涉及的费用较大,且仅生产 20 公里,势必造成极大的亏损。但是,如果 B 公司撤销合同,那么需要向 A 公司支付赔款。

【案例提示】本案例涉及国际贸易方式中的招标业务。

请问:我方 B 公司应从这笔招标业务中吸取什么教训?规避风险的办法有哪些?

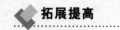
拓展提高

一、我国开展展卖的方式

1. 国际博览会

国际博览会也称国际集市,是指在一定的地点定期举办的,由一国或多国联合组办,邀请各国商人参加交易的贸易形式。国际博览会可分为综合性和专业性两种类型。

我国曾多次参加各国举办的国际博览会,并且已建立了自己的博览中心,为加强中国与世界各国的贸易联系与经济交往发挥了重要的作用。

2. 中国出口商品交易会

中国出口商品交易会又称广州交易会,是中国各进出口公司联合举办的,邀请国外客户参加的一种集展览与交易相结合的商品展览会。中国出口商品交易会的主要作用有:来会的各国客商和友好团体众多,为集中成交创造了有利条件;加强了与各国客户的广泛联系,便于了解国外市场动态,开展行情调研,熟悉客户的资信和作风;有利于生产部门和其他的部门直接听取客户对产品的要求和反映;由于交易会采取当面洽商、看样成交的方式,从而有利于发现问题并及时解决。

二、开展展卖业务应注意的问题

1. 选择适当的展卖商品

展卖主要适用于一些品种规格复杂,用户对造型、设计要求严格,而且性能发展变化较快的商品。

2. 选择好合作伙伴

选择的客户必须具有一定的经营能力,对当地的市场十分熟悉,并有较为广泛的业务联系或销售系统。

3. 选择合适的展出地点

一般来说,应考虑选择一些交易比较集中、市场潜力较大、有发展前途的集散地进行展卖,同时还应考虑当地的各项设施。

4. 选择适当的展卖时机

一般来说,应选择该商品的销售旺季进行展卖,每次展出的时间不宜过长,以免耗费过大,从而影响经济效益。

小　　结

国际贸易方式是国际商品流通的做法和形式,了解各种交易方式的特点和操作方法以及相关规范是外贸业务人员必须具备的技能。本部分任务依然通过对典型案例的分析,讲解了国际贸易实践中一般贸易方式的相关知识,拓宽了学生的知识面,培养其分析实际问题的能力。

任务二　加工贸易

任务简介

从广义上讲,加工贸易是外国的企业(通常是工业发达国家和新兴工业化国家或地区的企业)以投资的方式把某些生产能力转移到东道国或者利用东道国已有的生产能力为自己加工装配产品,然后运出东道国境外销售。从狭义上讲,加工贸易就指境内加工,是从境外保税进口全部或部分原辅材料、零部件、元器件、包装物料,经境内企业加工或装配后,制成品复出口的经营活动。加工贸易包括来料加工和进料加工。来料加工和进料加工的共同点是"两头在外",即原材料来自国外,成品又销往国外。

近年来,我国的加工贸易发展很快。自1996年加工贸易进出口总额在我国进出口总额中的比重超过50%后,一直呈增长态势,占据我国对外贸易的半壁江山。本部分任务着重讲解加工贸易这种贸易方式。

案例导入

2012年2月至2013年2月期间,某特种设备有限公司在开展数控电火花切割机及成型机的进料加工业务及内贸用途业务的过程中,在未经主管海关许可并办理有关海关手续的情况下,擅自将上臂、导线器、端子盒、数控电源部件、线端处理器、水箱调节件等保税料件与一般贸易进口料件相互借用、调换,使保税料件用于内贸成品用途,非保税料件用于登记手册项下出口,后又用同名称、同规格和相同数量的料件予以归还。该案涉案货物价值人民币1800万元,涉税人民币360万元。经海关缉私分局调查核实后,根据《中华人民共和国海关行政处罚实施条例》的规定,科处当事人罚款100万元。

【关键词】进料加工　保税料件

分析思考:加工贸易有什么特点?加工贸易与一般贸易有什么区别?

任务分解

本部分任务可以分解为以下4个小任务,分别是:

任务1：加工贸易的特点；

任务2：来料加工；

任务3：进料加工；

任务4：境外加工。

其中，任务3"进料加工"和任务4"境外加工"是重点。

一、加工贸易的特点

加工贸易的特点主要体现在与一般贸易的区别上。

从参与贸易的货物来看，一般贸易的货物主要是来自本国的要素资源，符合本国的原产地规则。而加工贸易的货物主要来自国外的要素资源，不符合东道国的原产地规则，只是在其国内进行了加工或装配。

从参与贸易的企业收益来源来看，从事一般贸易的企业获得的收益主要来自生产成本或收购成本与国际市场价格之间的差价。而从事加工贸易的企业实质上只收取了加工费。

从纳税方面看，一般贸易的进口要缴纳进口环节税，出口时在征收增值税后退还部分税款。加工贸易进口料件不征收进口环节税，而实行海关监管保税，出口时也不再征收增值税。

二、来料加工

1. 来料加工的含义

来料加工又称对外加工装配业务，是指由外商提供一定的原材料、零部件、元器件，由我方按照对方的要求进行加工装配，我方按约定收取一定的加工费作为报酬。

2. 来料加工的性质

来料加工虽有物的移动，但不论是原材料或零部件的"进口"，还是成品的"出口"，都没有发生所有权的转移问题，原料、零部件和成品始终属于委托方所有。因此，就来料加工的性质而言，属于劳务贸易范围，它是以商品为载体的劳务出口，不属于货物买卖范围。

3. 我国开展对外加工装配业务的意义

对外加工装配业务是一种较受欢迎的国际经济合作方式，对我方的积极作用主要体现在以下四个方面。

(1) 有利于发挥我国劳动力资源优势，增加就业机会，稳定和繁荣地方经济。

(2) 在引进国外先进技术和设备的同时，可以促进我国企业的生产技术和管理水平的提高。

(3) 通过对外加工装配业务可及时掌握出口商品在国际市场上的信息，从而改进我国出口商品的质量、设计和款式,提高出口商品的竞争力。

(4) 有利于发挥我国的生产潜力,并带动相关产业的发展,增加外汇收入。

4. 来料加工合同的主要内容

来料加工在性质上不同于国际货物销售,因此,两者在贸易合同上也有诸多不同之处,一般来说,来料加工合同应包含以下主要内容。

(1) 对来料、来件和成品的规定

在合同中必须明确规定来料、来件的质量要求、具体数量以及到货时间。为保证成品的销路,外商对成品的质量要求很严格,对成品的品质规格、数量和交货期也要在合同中明确规定,有特殊要求的产品还要订立详细的技术条款。

(2) 对耗料率和残次品率的规定

耗料率又称原材料消耗定额,是指每个单位成品消耗原材料的数额。残次品率,是指不合格产品占全部产品的比率,同加工成本成正比关系。这两个指标订得太高,委托方势必会增加成本,降低效益;订得太低,承接方达不到要求,影响合作。因此,要根据具体情况合理规定。

(3) 对工缴费的规定

工缴费直接关系双方当事人的经济利益,确定工缴费标准是加工装配业务的核心问题之一。工缴费的规定应以国际劳务价格作为参照标准。对我国来说,则以东南亚地区的工资水平为计算标准,参照加工企业所提供的劳务质量和生产效率,这样计收的工缴费既有利可图,又有竞争力。

(4) 对运输和保险的规定

在来料加工的过程中,料件和成品的所有权始终为委托方所有。因此,原则上运输和保险的责任由委托方承担。在具体业务中,对出口成品的运输和保险,以及料件进口和存仓的保险,可由承接方代办,费用由委托方另行支付或加入工缴费内。

此外,来料加工合同还应对违约和赔偿、不可抗力以及工业产权保证等条款作出明确规定。

三、进料加工

1. 进料加工的含义

进料加工又被称为以进养出,是指从国外购进原料和辅料,利用本国的技术、设备和劳动力,加工出成品后再销往国外市场的一种贸易做法。我国开展进料加工业务涉及的行业包括轻工、纺织、机械、电子以及农、牧、渔等。

进料加工的主要做法有以下三种。

(1) 先签进口原料的合同,加工出成品后,再寻找市场和买主。

(2) 先签订出口成品合同,根据国外买方的订货要求,再从国外购进原料,加工生产。

(3) 对口合同方式,即在与对方签订原料进口合同的同时签订出口成品的合同。两个合同相互独立,分别结算。

2. 开展进料加工的意义

(1) 开展进料加工可以有效地利用国外的资源,弥补国内资源的不足,发展出口创汇性生产,增加就业机会。

在我国一些沿海省市,进料加工出口占当年出口的比例已达30%~60%。

(2) 开展进料加工,进口国外较优质的原材料和半成品进行生产加工,可促进加工企业产品的升级换代,增强产品的国际竞争力。

(3) 开展进料加工是我国的企业参与国际分工的一种形式,可以充分发挥我国劳动力资源的比较优势,促进我国外向型经济的发展。

(4) 开展进料加工可带动相关企业生产的发展,产生较大的社会综合效益。以家电、办公设备加工贸易项目为例,其所用零部件有70%~80%属于境内加工贸易配套产品。

3. 进料加工和来料加工的区别

(1) 交易双方的关系不同

进料加工业务的双方是一种买卖关系,而来料加工业务的双方是一种委托与被委托的关系。

(2) 产品的所有权不同

进料加工的产品所有权归原料进口方即产品的出口方所有,来料加工的产品所有权归原料提供方所有。

(3) 原料的来源不同

进料加工是加工方自行进口原料进行生产加工,而来料加工是委托方提供原料。

(4) 所得利润不同

进料加工的利润是成品销售收入减去原料外汇成本的差额,而来料加工的利润是工缴费的净收入。

(5) 产品质量和技术标准的确定者不同

进料加工由原料进口方根据市场需求自行确定,来料加工则由委托方确定。

四、境外加工

1. 境外加工贸易的含义

境外加工贸易,是指我国的企业以现有设备及成熟技术投资为主,在境外以加工装配的形式,带动和扩大国内设备、技术、原材料、零配件出口的国际经贸合作方式。境外加工贸易的实质是境外投资。

境外加工贸易是我国经济发展、生产力水平提高的标志,是企业经济实力增强的表现,是我国参与国际分工的积极举措,也是我国积极扩大出口的具体方式。

我国境外加工贸易比较成功的是家电行业和纺织服装行业。家电行业是我国改革开放以来发展最迅速的行业,家电产品属于典型的加工组装产品,在劳动密集型行业中技术含量较高,家电行业境外生产对零部件的出口带动作用较大。我国的海尔、小天鹅、春兰、康佳等企业都在海外投资设厂,并取得了良好的经济效益。纺织服装行业是我国传统的劳动密集型产业和具有国际比较优势的产业,目前,境外加工贸易的区域分布比较分散,发展中国家和发达国家都有我国的海外企业,进一步加强该行业的境外投资可以突破我国纺织品出口的壁垒问题,减少贸易摩擦。

2. 我国境外加工贸易的特点

境外加工贸易是我国经济领域的新生事物,是我国参与经济全球化最有代表性的方式,目前处在初期发展阶段,归纳起来具有以下特点。

(1) 与我国境内的加工贸易比较,境外加工贸易是我国充分发挥自身比较优势、自己走出去利用国际市场和资源的经济活动,其产生和发展的根本原因在于我国生产力水平的提高和国际市场的需求。境内加工贸易主要是外商到中国来从事加工贸易,通过利用我国的劳动力成本优势和一定的工业基础优势获得产品的竞争优势。

(2) 与我国的一般贸易相比较,境外加工贸易的社会效益更大。它不仅真正实现了扩大商品出口的目的,而且还带动了技术、劳务以及服务贸易的出口。通过境外加工贸易,可以绕过国外贸易壁垒,增强我国产品的竞争能力,扩大销售。

(3) 同世界大型跨国公司的国际直接投资相比较,境外加工贸易适合我国企业的发展水平,有利于我国企业的国际化经营,通过境外加工贸易逐步适应国际市场的竞争,从而发展我国自己的跨国公司。

3. 我国境外加工贸易的发展趋势

现阶段,我国从技术力量和资金运作上还存在着不足,不可能像西方发达国家那样大规模的进行境外加工贸易。我国境外加工贸易的发展将是循序渐进的,贸易对象也主要是以发展中国家为主。但是,从长远来看,我国境外加工贸易有很强的生命力和巨大的发展前景,是我国"走出去"战略的重要组成部分,而战略的实现要依靠国家宏观政策的支持和企业自身实力的增强。

◆ 技能要求

熟悉国际贸易方式中的加工贸易,能够运用所学知识分析各国加工贸易的发展趋势。

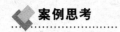 **案例思考**

广东酝酿发展模式之变　两头在外经济亟待转型①

近几年,广东省"清远现象"越来越被关注。清远市,距广州不足 100 公里,属粤北山区,却在珠三角风生水起、溢彩流光的 20 多年里,沉寂甚至被遗忘。当珠三角人均 GDP 已经超过 5200 美元时,以清远为代表的粤北山区,依然不足 1000 美元。清远穷的真是让人费解。不过,当广东认真研究了自己的经济结构之后,猛然思悟,过去"三来一补"的外向型经济是广东阶段性发展的必然选择,也为广东今日的财富积累立下卓越功勋,但这种"两头在外、大进大出"的加工贸易经济,也带来了经济对外依存度相对偏大、对内辐射有限的缺憾。

清远,以及整个粤北山区和粤东粤西两翼,与珠三角之间由此出现了区域经济断层,差距节节扩大;而珠三角地区在快速发展了 20 多年后的今天,也陷入了产业层次较低、企业规模偏小、资源消耗较大的经济发展方式的"困局"。26 年来,广东地区生产总值增长了 85.7 倍,年均增长超过 13%,放眼国内实为罕见。然而,眼下广东说得最多的一句话却是"发展面临关键时期。"现在,转型课题又一次"先行"地摆在广东面前。如何转,才能继续保持"排头兵"地位,才能再领科学发展的风气之先?如何走出创新之路?

两座"城"的横空出世,颇能体现广东的"转型"思路。一座是在广州东北部熠熠生辉的科学城。一座是在番禺小谷围岛上拔地而起的大学城。两座城都风景绝佳,两座城都是大手笔:大学城投资逾 300 亿元,聚集了广东 10 所高校和 10 多万学子;科学城占地 37 平方公里,吸引了上千个研发机构、各类工程中心。但是,广东的"风景"不止于此。在广东决策者的心中,这两个加起来不到 60 平方公里的地方,某种意义上已成为实现广东模式转型的重要载体之一;它们,以及它们所代表的科学教育文化,是广东新一轮战略构想中的核心竞争力所在。在寻找经济增长方式如何由粗放型向集约型转变的思考和实践过程中,广东省委书记张德江指出,广东经济的致命弱点就是自主创新能力不强。增强自主创新能力,关系广东的发展后劲,关系科学发展。然而,要迅速拉长以自主创新为内核的内源型经济这条短腿,广东压力不小。它表现在,以加工贸易为特色的外源型经济,造成了广东民众自主创业意识不强、与浙江人行商文化形成对比鲜明的坐商文化;教育、科研的力量也与其经济大省的地位不相称,一些习惯了招商引资的各级地方政府,一时还难以适应内源型经济的特点。

【案例提示】本案例涉及国际贸易方式中的加工贸易。

请问:广东的加工贸易出现了什么问题?你认为广东的加工贸易应如何实现转型升级?

---

① http://info.jctrans.com/gongju/anlijingshi/201211191634774.shtml,有改动。

拓展提高

一、采用加工装配贸易方式应注意的问题

1. 正确处理加工装配业务与正常出口的关系

从我国的实践看,对外加工装配业务是我国增加外汇收入的一种手段,但与出口贸易比较还是次要的。凡与出口贸易争客户、争市场的业务,应该少搞或不搞。

2. 合理确定工缴费收费标准

要讲究经济合算,注意经济效益。由于我国在对外贸易中存在着两个市场、两种价格,而且加工成本低于国外,因此,在决定工缴费水平时,不仅要考虑本单位是否合算,还要参照国际市场工缴费水准进行核算,讲求效益,力争使我方的工缴费标准既具有竞争性,又能为国家多创外汇,严格避免各加工单位自相竞争,任意降低收费标准。

3. 力争逐步扩大国产料、件的比重

有条件的地区或单位应力争多用国产原材料或零部件,争取提高这方面的比重,逐步过渡到自营出口。

4. 不断提高职工的素质和劳动生产率

要努力提高劳动者的素质,不断提高劳动生产率,从质的方面提高竞争能力。

5. 大力提高加工水平和技术层次

不断提高技术水平,在有条件的单位应有计划地逐步提高加工装配的技术层次。从目前的以劳动密集型加工为主,逐步过渡到以资本密集型和技术密集型的加工为主。

6. 加强监督管理

严格审批制度,加强海关对料、件和成品的出入境监督管理,严禁以开展加工装配业务为名,行走私、偷漏税之实。

二、我国开展加工装配业务的成交方式

(1) 由外贸公司和从事加工装配业务的工厂联合对外签订合同。签约后,由工厂负责来料、来件和设备的进口,安排加工装配,并且办理成品的交货。外贸公司负责结收工缴费。

(2) 外贸公司单独与外商签订加工装配合同。签约后,外贸公司将外商提供的原材料、零部件交给所联系的工厂进行加工装配,成品由外贸公司负责办理交货,并收取工缴费。外贸公司与工厂之间按有关协议办理结算。

(3) 外贸公司代理有关工厂进行对外洽谈、签订加工合同。签约后,由工厂负责加工装配,收取工缴费。外贸公司向工厂收取服务费,即佣金。

(4) 有外贸经营权的工厂直接与外商洽谈。签订加工合同后,工厂办理加工装配业务的全部事宜,自行收取工缴费。

(5) 对外加工装配服务公司负责统一对外签约。在我国南方的一些地区,专门成立了对外加工装配服务公司作为当地加工企业的代理,负责统一对外签约,办理报关出运,结收工缴费。

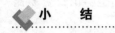

小　　结

改革开放以来,我国的对外贸易得到了迅猛的发展。加工贸易作为一种主要的贸易方式在此期间发挥了不可替代的作用。本部分任务通过对加工贸易相关知识的讲解,引导学生强化专业知识,提高对贸易方式的认识。

实务部分

项目四

一般贸易实务之出口流程

任务一　国际交易磋商

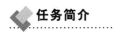

任务简介

贸易磋商(Business Negotiation)通常称为谈判,是买卖双方为了买卖商品,对交易的各项条件进行协商以达成交易的过程。在国际贸易中这是一个十分重要的环节。因为交易磋商是签订国际贸易合同的基础,没有交易磋商就没有国际贸易合同。交易磋商工作得好坏直接影响国际贸易合同的签订及以后的履行,关系双方的经济利益,因此必须认真做好这项工作。

威海 A 贸易有限公司与日本客户之间为达成一笔交易,从 2013 年 9 月开始进行交易磋商,经过询盘、发盘、还盘、确认与接受几个环节的谈判,直至 2013 年 10 月底双方意见最终达成一致,准备签订国际贸易合同。

任务分解

本部分任务具体分解为以下 4 个小任务,分别是:

任务 1:询盘;

任务 2:发盘;

任务 3:还盘;

任务 4:确认与接受。

其中,任务 2"发盘"与任务 4"确认与接受"是重点,具体的业务流程如图 4-1 所示。

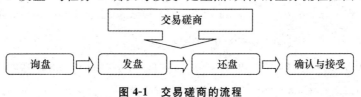

图 4-1　交易磋商的流程

一、询盘(Enquiry)

进口商欲购买某种商品时可以发一般询盘或具体询盘,内容包括价格、质量、数量、包装、交货日期及支付方式等。询盘意味着潜在交易,出口商要及时回复。

根据公司经营的产品的特点,威海 A 贸易有限公司的业务员王先生利用各种渠道寻找客户资料。王先生从日本驻华使馆获取了日本客商 B 公司的信息,据悉该公司是一家较有实力的外贸公司。

2013 年 9 月 28 日,业务员王先生就向日本 B 公司销售提花布地垫一事向其发了一封电子邮件,表达了欲与其建立业务关系的愿望。

Sample Letter 1

Sept. 28, 2013

Dear Sirs,

The Embassy of Japan in China has recommended you, B, as one of the largest importers of Jacquard Home Mat of various styles and sizes. We are, therefore, writing you with a keen desire to enter into business relations with you.

You will be interested to know that the goods mentioned above have been accepted by domestic and overseas clients for many years, enjoying a good reputation. Because of the superior quality of our goods, we may say that should you favor us with inquiries for your specific requirements, we are in a position to supply you with first class goods at competitive prices.

We are looking forward to receiving your early inquiries.

Yours faithfully,

Wang

日本 B 公司收到电子邮件后于 2013 年 10 月 5 日复电,表示有意与威海 A 贸易有限公司合作,并想获知更为详细的商品信息。

Sample Letter 2

Oct. 5, 2013

Dear Wang,

Thank you very much for your letter of Sept 28 introducing to us some of your products.

We are very interested in your Jacquard Home Mat and would like to receive from you by airmail catalogues, brochures and all necessary information regarding the said goods. Meanwhile please quote us your lowest price CFR MoJi, Japan for the specification and quantity of the goods as follows:

200CM×200CM　　　　480PCS
200CM×250CM　　　　300PCS
200CM×300CM　　　　300PCS

and stating the earliest date of shipment and your payment terms.

Should your price be found competitive and delivery date acceptable, you may expect large quantity orders from us.

We are looking forward to your earlier reply.

Yours faithfully

Johnny

二、发盘(Offer)

一般而言,发盘是在询盘的基础上做出的,不过,也有不经询盘直接发盘的时候。发盘人将欲售货物的交易条件告知受盘人。实盘下,发盘人承诺在一定的时间内按照既定的价格供应一定数量的货物。其他的条款(如规格、包装、支付方式等)也必须明确。若双方同意,则基于发盘条款缔结合同。不同于虚盘,实盘对发盘人具有约束力。虚盘若具有保留条款,即使对方表示接受也可被撤销。

2013年10月10日,威海A贸易有限公司将日本B公司所需资料及交易的一些细节内容复电告知对方。

Sample Letter 3

Oct 10, 2013

Dear Johnny,

We have received your letter dated Oct 5, 2013 and are glad to know that you are satisfied with both the quality and the design of our goods.

As requested, we are offering you Jacquard Home Mat CFR MoJi, Japan as follows:

200CM×200CM　　　　480PCS　　　　USD13.00/pc
200CM×250CM　　　　300PCS　　　　USD17.00/pc
200CM×300CM　　　　300PCS　　　　USD20.00/pc

Payment is to be made by T/T. The offer is firm subject to your earliest reply here within one week.

The price will undoubtedly result in an increase because of the increasing price of the materials and labor. We should suggest, in your interest, that you take all necessary steps without any delay.

Your earlier reply will be highly appreciated.

Yours faithfully

Wang

三、还盘(Counter-offer)

如果完全同意或部分不同意发盘条款,受盘人可以要求修改、限制或者提出自己的建议。一旦作出还盘,则原发盘失效。双方应该对彼此存在歧义的条款重新商讨。如能取得一致,交易达成;否则,交易失败。

发盘人收到受盘人的还盘须及时做出答复,这关系双方能否达成交易。回复包括对交易条款的修改或同意。

日本B公司于2013年10月11日复电称,商品的价格有些偏高,希望能够降价,并对支付方式以及装运时间提出了新的要求。

Sample Letter 4

Oct 11, 2013

Dear Wang,

We have received your letter dated Oct 10, 2013 offering us the Jacquard Home Mat of three specifications.

Much as we would like to expand our business with you, we have to point it out that your price is much too high. Information indicates that same products from other suppliers are being sold here at a level about USD2.00/pc deducted from your offer. We do not deny that the quality of your products is slightly superior, but the difference in price should, in no case, be that big.

To step up the trade, we adjust the quantity and counteroffer as follows, subject to your reply reaching us before 5 p.m. our time, Oct 16, 2013:

200CM×200CM	420PCS	USD11.00/pc
200CM×250CM	240PCS	USD13.50/pc
200CM×300CM	240PCS	USD16.00/pc

Payment: by an irrevocable L/C available by draft at sight

Shipment: before Nov 2013

For your information, the market has declined a lot since this year, so we would recommend you to accept our counter-offer as early as possible.

Yours faithfully

Johnny

对于日本B公司于2013年10月11日的还盘,威海A贸易有限公司于2013年10月15日及时给予了回复。

Sample Letter 5

Oct. 15,2013

Dear Johnny,

We have received your letter dated Oct 11, 2013, in which you informed us that the price of our products is on the high side.

As you know, our goods are in good quality and have been exported to many countries. We trust you will agree that the price we quoted is quite in line with the current market if you compare the quality of our goods with that of other makes. While in view of our long and friendly business relations, we give you the final firm offer as follows:

　　200CM×200CM　　420PCS　　USD11.20/pc
　　200CM×250CM　　240PCS　　USD14.00/pc
　　200CM×300CM　　240PCS　　USD16.80/pc

Payment: by an irrevocable L/C available by draft at sight

Shipment: from Qingdao, China to Moji, Japan before Nov 30,2013 by sea-freight

Packing: packed in pp bags

This is the best we can do and no counter-offer will be entertained. Please take the above mentioned price into careful and serious consideration and send us your reply once you decide.

　　　　　　　　　　　　　　　　　　　　　　　　　　　　Yours faithfully

　　　　　　　　　　　　　　　　　　　　　　　　　　　　　　　Wang

四、确认与接受(Confirmation & Acceptance)

如果受盘人同意双方的交易条款,须发确认函。确认函要特别注意主要条款,如价格、支付方式、质量、数量、交货日期、目的港等。国际贸易合同一旦签订,双方都有法律义务履行合同。

经过双方的深度磋商,最终日本B公司接受了威海A贸易有限公司的贸易条件,并表示愿意与其签订国际贸易合同。

Sample Letter 6

Oct 23,2013

Dear Wang,

　　Re: Jacquard Home Mat

As a result of our recent exchange of letters, we are pleased to confirm the following order with you:

    200CM×200CM   420PCS   USD11.20/pc

    200CM×250CM   240PCS   USD14.00/pc

    200CM×300CM   240PCS   USD16.80/pc

Payment: by an irrevocable L/C available by draft at sight

Shipment: from Qingdao, China to Moji, Japan before Nov 30, 2013 by sea-freight

Packing: packed in pp bags

Please send us your contract as soon as possible and we are very glad to have made the deal with you.

                                                                Yours faithfully

                                                                       Johnny

技能要求

本部分任务涉及的是国际贸易业务的交易磋商,重点指导学生外贸英语函电的写作技能。

1. 在指导教师讲解的基础上,按现代业务信函的基本要求撰写业务询盘及答复的信函。询盘及答复的英语用词要准确,信件格式要符合现代业务信函的通用标准,要对专业术语严格掌握。

2. 对国际贸易业务中的实盘及虚盘进行严格区分,掌握实盘及虚盘的写作要求,灵活运用相关的专业术语。

3. 对还盘的信函格式要严格掌握,灵活运用英语进行还盘,同时对订单的理解要准确并能够严格执行。

4. 充分了解确认函及接受函的写法及格式。

常见问题

信函磋商应注意以下问题:

1. 掌握外贸英语函电的翻译、撰写要点,要求内容确切、语句通顺、没有语法错误。

2. 注意外贸英语函电的一般格式、常用词汇、习惯表达法等。

3. 能熟练运用专业术语。

案例思考

本部分通过威海 A 贸易有限公司与日本 B 公司之间的交易磋商案例,涉及交易磋商的四个环节,将思考与操练相结合。

练习1:询盘

请同学们撰写一封信或者电子邮件,答复客户想获知的有关自己生产的各种尺寸的铁钉的一些情况。在这份卖方询盘里需要涉及的内容有:

(1) 报 CIF 亚历山大港(印度)价;

(2) 其他的客户可能想获取的信息;

(3) 询问客户为什么偏好中国的产品?

练习2:发盘

请同学们根据上述信息完成一个发盘,在这份发盘里需要涉及的内容有:

(1) 客户需要型号为58976的打印机;

(2) 要求用纸箱装,共1000台;

(3) 每桶120美元 CIF Sydney 价,10/11月交货。

练习3:还盘

请同学们根据上述信息回复一个还盘,在这份还盘里需要涉及的内容有:

(1) 难以接受还盘,最多只能减价2%;

(2) 怀疑其他产品的质量能否与你们的产品相比;

(3) 提请对方注意,质量其实比价格更重要。

练习4:接受

经协商最终双方的意见达成一致,请根据上述资料完成一份接受函,其内容如下:

(1) 销售确认书已寄出,请收到后签退一份;

(2) 对双方首批交易的成功表示祝贺并保证对方会满意;

(3) 渴望了解对方的促销计划,欢迎任何这方面的建议;

(4) 保证能满足对方的各种特定需求。

练习5:2013年10月5日,永辉公司应德国M公司的请求,报价棉纱500公吨,每公吨汉堡CIF价格400欧元,即期装运实盘,要约有效期至2013年10月20日。M公司接收到报盘后,请求永辉公司"降低价格,延长要约有效期"。永辉公司曾将价格减至360欧元/公吨,延长要约有效期至11月10日。M公司接收到永辉公司的来电后,又请求永辉公司"增加数量,再次延长要约有效期"。永辉公司再将数量增至800公吨,延长要约有效期至12月10日。M公司于12月6日来电接受该盘。永辉公司在接到M公司的承诺电报时,发现国际市场因受灾影响棉花的产量,市场价格暴涨。永辉公司不愿意成交,复电称"由于世界市场价格变化,在接到承诺电报前已将货物售出,不能提供货物"。M公司不同意这一说法,认为:承诺是在要约有效期内做出,是有效的,坚持要求永辉公司按要约的条件履行合同,并提出"执行合同或者赔偿差价损失 8 万欧元,否则将起诉仲裁院"。

【案例提示】本案例涉及接受的有效性问题。

请问:M 公司和永辉公司之间的买卖合同是否成立?M 公司有无正当理由提起仲裁?

拓展提高

1. 报价与报盘的区别

传统意义上报价(Quotation)与报盘(Offer)是有区别的。报价往往只包含商品、价格、数量,而报盘应包括商品、规格、数量、价格、包装、装运、支付等七项内容(参见表 4-1)。现在用报盘取代报价的用法越来越多。在发盘时最好用表格的形式进行表达,这样不仅句型简单,而且相关内容一目了然。

表 4-1 报盘内容

Commodity	商品
Specifications	规格
Quantity	数量
Price	价格
Packing	包装
Shipment	装运
Payment	支付

2. 学习外贸英语函电要掌握一些常用外汇的货币符号(参见表 4-2)

表 4-2 货币符号一览表

货币名称	货币符号	货币名称	货币符号	货币名称	货币符号
人民币	RMB	美元	USD	日元	JPY
欧元	EUR	英镑	GBP	德国马克	DEM
瑞士法郎	CHF	法国法郎	FRF	加拿大元	CAD
澳大利亚元	AUD	港币	HKD	奥地利先令	ATS
芬兰马克	FIM	比利时法郎	BEF	爱尔兰镑	IEP
意大利里拉	ITL	卢森堡法郎	LUF	荷兰盾	NLG
印尼盾	IDR	马来西亚林吉特	MYR	俄罗斯卢布	SUR
新西兰元	NZD	西班牙比塞塔	ESP	新加坡元	SGD
菲律宾比索	PHP	韩国元	KRW	泰铢	THB

小 结

撰写外贸英语函电是从事国际贸易的基础活动之一。纵观任何一宗进口业务或出口业务的整个流程,在建立客户关系、与客户磋商贸易条件、与客户达成交易、履行合同、处理业

项目四 一般贸易实务之出口流程

务善后、开拓新业务等各个环节,业务员都需要通过撰写、发送、接收外贸英语函电来完成。

本任务以威海 A 贸易有限公司的一笔实际出口业务为背景,着重讲解了如何使学生能运用英语了解国际贸易业务中询盘、发盘、还盘及接受的各个环节,并通过案例思考,结合模拟的技能训练让学生进行操练,引导学生以"业务员"的身份融入相关各项技能训练的"情境"中,将真实的交易搬进课堂,提高他们从事外贸工作的实际动手能力。

任务二　国际贸易合同的签订

任务简介

本部分任务是在贸易双方经过交易磋商达成一致后进行的。在国际贸易中,销售合同是当事人双方履行各自约定义务的依据,也是一旦发生违约行为时进行补救、处理争议的依据。因此,双方当事人必须严肃对待、认真研究确定有关条款的措辞,否则就会使当事人在履行义务、进行违约补救或处理争议时产生争议。

威海 A 贸易有限公司同日本 B 公司经过交易磋商达成一致后,2013 年 11 月 2 日威海 A 贸易有限公司草拟了一份销售合同,经日本 B 公司确认签字后销售合同正式成立。

任务分解

本部分任务具体分解为以下 2 个小任务,分别是:

任务 1:草拟销售合同;

任务 2:签订销售合同。

其中,任务 2"签订销售合同"是重点,具体的业务流程如图 4-2 所示。

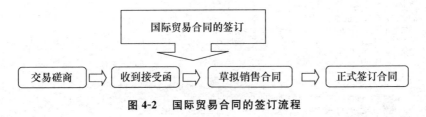

图 4-2　国际贸易合同的签订流程

一、草拟销售合同

威海 A 贸易有限公司的业务员王先生收到日本 B 公司 2013 年 10 月 23 日的接受函后,草拟销售(出口)合同一式三份,签字后于 2013 年 11 月 2 日寄送日本 B 公司,并要求对方签退一份供该公司存档。

威海A贸易有限公司
WEIHAI A CO., LTD.

DEPT. NO.:
TEL: 0631-523××××
FAX: 0631-523××××
E-mail: A@wh-public.sd.cninfo.net

山东威海海滨北路28号
28, HAIBIN(N)RD., WEIHAI, SHANDONG

NO.: KNK-71112
DATE: NOV. 02, 2013
SIGNED PLACE: CHINA

买方:
To Messrs: **B CORPORATION**

销售合同
SALES CONTRACT

经双方确认订立本合同,具体条款如下:
This Sales Contract is made out as per the following terms and conditions confirmed by both parties:

(1) 货物名称及规格 Name of Commodity and Specifications	(2) 数量 Quantity	(3) 单价 Unit Price	(4) 金额 Amount
JACQUARD HOME MAT 200CM×200CM 200CM×250CM 200CM×300CM	420PCS 240PCS 240PCS 900PCS	CFR MOJI, @USD11.20 @USD14.00 @USD16.80	JAPAN USD4704.00 USD3360.00 USD4032.00
	(允许溢短装 quantity allowance ±5%)	TOTAL:	USD12096.00

总值
Total value: SAY: U.S. DOLLARS TWELVE THOUSAND AND NINETY-SIX ONLY.

(5) 交货日期及运输方式 SHIPMENT BEFORE NOV. 30, 2013; BY SEA-FREIGHT.
Time of Delivery and Mode of Transportation: 但卖方交货的义务以在上述交货日期前[20]天收到买方按第10条的规定开出的信用证或预付款为条件。如按本合同条款运输工具由买方选定,卖方将在上述交货日期将货物备好。
However, the Seller's obligation deliver is conditional upon receipt from the Buyer of a letter of credit or advance payment in accordance with Clause 10 of the Contract [20] days before the time of delivery stipulated hereof. If a carrier is selected and booked by the Buyer itself in accordance with the terms of this contract, the Seller will have the commodity ready for shipment by such time of delivery.

(6) 装运标记   (7) 装运口岸
Shipping Mark: N/M   Port of Loading: QINGDAO, CHINA
(8) 目的口岸   (9) 包装
Port of Destination: MOJI, JAPAN   Packing: PACKED IN PP BAGS

(10) 付款条件: PAYMENT BY T/T
[ ]由买方通过为卖方所同意的银行至　　　　　银行保兑的,不可撤销的可以转让并可以分割的,以卖方为受益人的即期信用证。信用证必须于上述各装船期前[20]天到达卖方。信用证议付有效期迄至上述有关装运期后[15]天在中国到期。证中必须注明允许转运与分运,以及准许数量及金额增减5%由卖方确定。
[ ]The Buyers are open, through a bank acceptable to the sellers, a confirmed, irrevocable, transferable and divisible letter of credit in favour of the Sellers, to the bank (　　) to be available by draft(s) at _____ sight. The letter of credit must reach the Sellers [20] days before the respective time of shipment stipulated above, and remain valid for negotiation in China until the [15] days after the date of shipment, It must be specified in the L/C that transshipment and partial shipments are allowed and that 5% more or less both on amount and quantity at Sellers option is permitted.

(11) 保险: [×]由买方办理
Insurance: to be effected by the Buyer.
[ ] 按照中国人民保险公司的保险条款,按发票金额的110%投保。
不包含罢工险,保至目的口岸为止。如买方要增加保额或保险范围,应于装运前经卖方同意,因此而增加的保险费由卖方负责。
For 110% of invoice value, up to the port of destination. As per the insurance clauses of the People's Insurance Company of China covering.
But excluding SRCC Risks. If additional insurance amount or coverage is required, the Buyer shall have the consent of the Seller before shipment and the additional premium thus incurred shall be become by the buyer.

卖方　　SELLERS　　　　　　　　买方　　BUYERS
威海A贸易有限公司　　　　　　　日本B公司
此处需加盖单位公章
夏先生　　　　　　　　　　　　　山口先生

二、签订销售合同

日本B公司收到威海A贸易有限公司的销售(出口)合同,审查无误后签字,一份存档,一份寄回威海A贸易有限公司,由该公司存档,至此,经由双方共同签字生效的国际贸易合同正式生效,具有法律效力,对买卖双方均有约束力。

威 海 A 贸 易 有 限 公 司
WEIHAI A CO., LTD.

DEPT. NO.：　　　　　　　　　　　　　　　　　　　　　　　　　NO.：KNK-71112
TEL：0631-523××××　　山东威海海滨北路28号　　　　　　　　DATE：NOV. 02，2013
FAX：0631-523××××　　28，HAIBIN(N)RD.，WEIHAI, SHANDONG　　SIGNED PLACE：CHINA
E-mail：A@wh-public. sd. cninfo. net

买方：
To Messrs：**B CORPORATION**

销售合同
SALES CONTRACT

经双方确认订立本合同,具体条款如下：
This Sales Contract is made out as per the following terms and conditions confirmed by both parties：

(1) 货物名称及规格 Name of Commodity and Specifications	(2) 数量 Quantity	(3) 单价 Unit Price	(4) 金额 Amount
JACQUARD HOME MAT 200CM×200CM 200CM×250CM 200CM×300CM	420PCS 240PCS 240PCS -------- 900PCS	CFR MOJI， @USD11.20 @USD14.00 @USD16.80	JAPAN USD4704.00 USD3360.00 USD4032.00 -------------- USD12096.00
TOTAL：	(允许溢短装 quantity allowance ±5%)		

总值
Total value：SAY：U. S. DOLLARS TWELVE THOUSAND AND NINETY-SIX ONLY.

(5) 交货日期及运输方式　SHIPMENT BEFORE NOV. 30，2013；BY SEA-FREIGHT.
Time of Delivery and Mode of Transportation：但卖方交货的义务以在上述交货日期前[20]天收到买方按第10条的规定开出的信用证或预付款为条件。如按本合同条款运输工具由买方选定,卖方将在上述交货日期将货物备好。
However, the Seller's obligation deliver is conditional upon receipt from the Buyer of a letter of credit or advance payment in accordance with Clause 10 of the Contract [20]days before the time of delivery stipulated hereof. If a carrier is selected and booked by the Buyer itself in accordance with the terms of this contract, the Seller will have the commodity ready for shipment by such time of delivery.

(6) 装运标记　　　　　　　　　　　　　　(7) 装运口岸
Shipping Mark：N/M　　　　　　　　　　　Port of Loading：QINGDAO, CHINA
(8) 目的口岸　　　　　　　　　　　　　　(9) 包装
Port of Destination：MOJI，JAPAN　　　　　Packing：PACKED IN PP BAGS
(10) 付款条件：PAYMENT BY T/T
[　]由买方通过为卖方所同意的银行至　　银行保兑的,不可撤销的,可以转让并可以分割的,以卖方为受益人的即期信用证。信用证必须于上述各装船期前[20]天到达卖方。信用证议付有效期迄至上述有关装运期后[15]天在中国到期。证中必须注明允许转运与分运,以及准许数量及金额增减5%由卖方确定。
[　]The Buyers are open，through a bank acceptable to the sellers, a confirmed, irrevocable, transferable and divisible letter of credit in favour of the Sellers, to the bank(　　)to be available by draft(s)at _____ sight. The letter of credit must reach the Sellers[20]days before the respective time of shipment stipulated above, and remain valid for negotiation in China until the[15]days after the date of shipment, It must be specified in the L/C that transshipment and partial shipments are allowed and that 5 % more or less both on amount and quantity at Sellers option is permitted.

(11) 保险：[×]由买方办理
Insurance：to be effected by the Buyer.
[　]按照中国人民保险公司的保险条款,按发票金额的110%投保。
不包含罢工险,保至目的口岸为止。如买方要增加保额或保险范围,应于装运前经卖方同意,因此而增加的保险费由卖方负责。
For 110 % of invoice value, up to the port of destination. As per the insurance clauses of the People's Insurance Company of China covering.
But excluding SRCC Risks. If additional insurance amount or coverage is required, the Buyer shall have the consent of the Seller before shipment and the additional premium thus incurred shall be become by the buyer.

　　　　卖方　　SELLERS　　　　　　　　　　　买方　　BUYERS
　　此处需加盖单位公章
　　　　　　夏先生　　　　　　　　　　　　　　　　山口先生

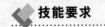 **技能要求**

一、基本理论：熟悉销售合同的内容

　　1. 销售合同的内容

　　（1）约首

　　约首是销售合同的序言部分，包括销售合同的名称、合同号码，双方当事人的名称、详细地址以及联系方式等。

　　（2）正文

　　正文是销售合同的主体部分，具体规定合同各方的权利和义务，主要包括以下内容。

　　① 品名条款

　　品名条款要列明交易双方成交货物的名称。

　　② 品质条款

　　品质条款要列明货物的内在质量和外观形态，该条款通常和品名条款合并。

　　③ 数量条款

　　数量条款要列明交易双方成交货物的数量，一般由成交数量和计量单位组成。另外，买卖双方还可以在销售合同中规定溢短装条款（一般以货物数量可以增减的百分比表示）。

　　④ 价格条款

　　价格条款主要包括商品的单价和总值两项基本内容，至于确订单价的作价办法和与单价有关的佣金与折扣的运用，也属于价格条款的内容。单价通常由四个部分组成，即计价货币、单位价格金额、计量单位和贸易术语。

　　⑤ 包装条款

　　包装条款一般包括包装材料、包装方式和每件包装中所含物品的数量或重量。

　　⑥ 装运条款

　　装运条款一般包括装运时间、运输方式、装运港、目的港、是否允许分批装运和转船等。

　　⑦ 保险条款

　　保险条款主要包括保险投保人、保险公司、保险险别、保险费率和保险金额的约定等事项。

⑧ 支付条款

支付条款主要包括支付工具、付款时间、地点、金额、方式及条件等。

⑨ 商检条款

商检条款主要包括检验的时间、地点、机构、标准与方法、复验和检验内容以及检验证书的种类。

⑩ 索赔条款

索赔条款一般包括索赔依据、索赔期限以及索赔的处理办法。

⑪ 仲裁条款

仲裁条款,是指双方当事人在其签订的合同中约定将日后可能发生的争议提交仲裁的条款,通常包括仲裁范围、仲裁地点、仲裁机构、仲裁规则和程序及仲裁裁决的效力等内容。

⑫ 不可抗力条款

不可抗力条款主要包括不可抗力事件的范围、不可抗力事件的处理、不可抗力事件发生后通知对方的期限、方式以及不可抗力事件的出证机构。

（3）约尾

约尾是补充说明或附加说明合同内容的,一般包括合同的生效、合同的效力、合同的份数和双方当事人签字等项内容。

2. 签订销售合同的一般流程

签订销售合同的一般流程参见表 4-3。

表 4-3　销售合同的签订流程

草拟销售合同	进出口双方经过交易磋商达成一致后,由出口商(或进口商)根据交易磋商的结果,缮制销售合同正本。在我国的对外贸易中,通常由我方缮制合同正本(一式两份)
签订销售合同	经双方签字后,销售合同正式生效,双方各保存一份(若寄交对方签字,需随附一封签约函,告知对方销售合同已经寄出,希望对方予以会签。此外,对寄交对方签署的销售合同,应在对方签退后进行审核,以防对方更改合同的内容)
合同的补充、修订	当合同一方或双方当事人发现销售合同有遗漏或错误时,一般会提出补充或修改,但合同的补充和修改必须经过双方协商同意,否则会构成违约

二、业务操作：掌握销售合同的拟定

销售合同
SALES CONTRACT

卖方(Sellers)：填写出口单位的全称 NO.：填写合同号码
    Address：填写出口单位的详细地址 DATE：填写签约时间(年、月、日)
Tel：填写出口单位的电话号码 SIGNED PLACE：填写签约地点
FAX：填写出口单位的传真
E-mail：填写出口单位的电子邮箱
买方(Buyers)：填写进口单位的全称
    Address：填写进口单位的详细地址

经双方确认订立本合同，具体条款如下：
This Sales Contract is made out as per the following terms and conditions confirmed by both parties：

(1) 货物名称及规格 Name of Commodity and Specifications	(2) 数量 Quantity	(3) 单价 Unit Price	(4) 金额 Amount
填写货物的名称 填写货物的规格(若有多种规格可以依次分别列出) TOTAL：	填写货物的数量及计量单位 填写数量合计	填写采用的贸易术语 填写计量货币及单位金额(小写)	填写计量货币及总金额(小写) 填写总金额合计
	(允许溢短装 quantity allowance 填写数量允许增减的百分比)		

总值
Total value：填写货物总金额的英文大写

(5) **交货日期及运输方式**　填写货物出口的装运时间以及使用哪种运输方式
Time of Delivery and Mode of Transportation：

(6) 装运标记　　　　　　　　　　　　　　　　　(7) 装运口岸
Shipping Mark：填写本批货物的运输标志，若无则填写 N/M　**Port of Loading**：填写装运港口的名称

(8) 目的口岸　　　　　　　　　　　　　　　　　(9) 包装
Port of Destination：填写目的港口的名称　　　　**Packing**：填写本批货物包装的方式及材料

(10) 付款条件：**PAYMENT BY** 填写该批货物使用哪种付款方式以及具体的付款条件

(11) 保险：根据所使用的贸易术语来选择由买方或卖方办理，并写明投保的险种、金额以及依据的保险条款
Insurance：

　　　　卖方　　SELLERS　　　　　　　　　　　　买方　　BUYERS
　　　　出口单位的名称(公章)　　　　　　　　　　进口单位的名称(公章)
　　　　法人代表签名　　　　　　　　　　　　　　法人代表签名

常见问题

一、合同条款的内容前后不一致

（1）成交条件（即贸易术语）与保险条款不一致。如双方成交的条件是CFR，保险却由卖方办理，前后矛盾。

（2）货物总金额的大小写不一致，特别是货物总金额的大写应用英文正确地填写（"SAY...ONLY"），另外，大小写金额所使用的币种也要保持一致。

（3）合同中货物的总数量与分批装运的数量前后不一致。各批次货物的数量合计不等于合同中货物的总数量。

二、合同条款的内容不明确

（1）对交货目的港只写国名、地区的名称，如美国港口等，不写具体的港口名称。对重名港口的名称后没有写上国家的名称致使难以区分、造成混乱。

（2）对合同的交货日期、信用证开到日期等只写月，不写年。

（3）对包装条件的规定不明确，没有列明用什么东西包装及每件（包）的重量。

（4）没有明确保险险别及适用条款。

（5）在合同中没有明确信用证的开到地点和时间、到期地点以及受益人名称（对开到地点、开支时间和到期地点一般均应在中国境内，对信用证的有效期至少掌握在装船期后15天）。

三、合同的内容出现错误或遗漏

合同填写中经常会出现错误或遗漏，因此，合同签订后要对合同号码、买方的地址、电挂、电传、传真、成交方式、单价、币种、包装、溢短比例、装卸港、保险、信用证开到地点等条款一一进行审核，防止漏打、错打；对品名、价格条款、目的港等更要认真审核，防止英文拼写错误和打印上的错误。

案例思考

1. 有一份出售大米的FOB合同，合同中规定："2013年3月装船，如果买方在合同规定的期限不能派船接运货物，卖方同意保留20天，但买方应负担按现行费率计算的仓租、利息和保险费。"结果，在卖方的反复催促下，买方所派船只才于2013年5月5日到达指定装运港，卖方于是拒绝交货并向买方索取包括20天仓租、利息与保险费在内的损失。

【案例提示】本案例涉及贸易术语与运输条款之间的对应问题。

请问：卖方的做法是否有道理？

2. 大连 A 出口公司向日本 B 公司出口一批花生,在洽谈时,双方谈妥出口 2000 公吨,每公吨 US$280 FOB 大连口岸。但是,在签订合同时只是笼统地写了 2000 吨,大连 A 出口公司认为合同上的吨就是公吨,而发货时日本 B 公司则要求按长吨供货。

【案例提示】本案例涉及合同中数量条款的问题。

请问：(1) 日本 B 公司的要求是否合理；(2) 大连 A 出口公司应如何处理此项纠纷？

3. 中国 B 公司与美国 A 公司签订出口合同一份,贸易术语 CFR NEWYORK,B 公司按合同规定在 2013 年 7 月 10 日将货物运至码头装船,在运输的过程中车辆遇险翻覆,货物受损,B 公司电告 A 公司发生事故,由于 CFR 系买方投保,B 公司提出按保险惯例,要求 A 公司向保险公司进行索赔。

【案例提示】本案例涉及 CFR 贸易术语中保险责任的归属问题。

请问：(1) B 公司的要求是否合理；(2) 应如何处理此项纠纷？

4. 我国义乌远大公司向迪拜 SUN 公司出口闹钟一批。根据下列成交条件,请你代表远大公司草拟一份销售合同。

卖方：义乌远大公司(YIWU YUANDA IMP. & EXP. CO. , LTD.)

地址：NO. 1 XUEYUAN ROAD YIWU,CHINA

买方：SUN Link Ltd.

地址：DENSO HALL,DUBAI

合同号码：FDSC03

签约时间：2013 年 6 月 1 日

货物名称：JUNHUA BRAND CLOCK

规格：7915A

数量：6000PCS

单价：US$2 PER PC CIFDUBAI

总值：US$12000

包装：每纸箱装 30 只,共 200 箱

交货日期及运输方式：2013 年 10 月底；海洋运输；允许分批运输和转运

装运港：SHANGHAI

目的港：DUBAI

运输标志：N/M

支付条件：买方应通过卖方所接受的银行于装运月份前 30 天开出并送达卖方不可撤

销的即期信用证。信用证于装运后15天在中国议付有效。

保险：由卖方办理按发票金额的110%投保一切险和战争险，按1981年1月1日中国人民保险公司海洋货物运输保险条款办理。

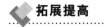

拓展提高

1. 国际惯例

国际惯例，是指在国际交往中逐渐形成并已被广泛使用的一些有较为明确和固定内容的贸易习惯和一般做法。目前，有关贸易术语的国际惯例主要有以下三种。

(1)《1932年华沙-牛津规则》

《1932年华沙-牛津规则》由国际法协会制定，该规则共21条，主要说明CIF买卖合同的性质，具体规定了买卖双方所承担的费用、风险和责任。

(2)《1941美国对外贸易定义修正本》

《1941美国对外贸易定义修正本》由美国九大商业团体制定，共解释了6种贸易术语。

该惯例在美洲国家的影响较大。在与采用该惯例的国家进行贸易时，我们要特别注意与其他惯例的差别，双方应在合同中明确规定贸易术语所依据的惯例。

(3)《国际贸易术语解释通则》

《国际贸易术语解释通则》由国际商会制定，目前通用的是1997年的修订版，称为《2010年国际贸易术语解释通则》(INCOTERMS 2010)，于2010年1月1日正式生效。该通则共包含四组11种贸易术语。

① E组（启运）

本组仅包括EXW（工厂交货）一种贸易术语。当卖方在其所在地或其他指定的地点（如工厂或仓库）将货物交给买方处置时即完成交货。卖方不负责办理货物出口的清关手续或将货物装上任何的运输工具。EXW贸易术语是卖方承担责任最小的术语。

② F组（主运费未付）

本组包括FCA（货交承运人）、FAS（装运港船边交货）和FOB（装运港船上交货）三种贸易术语。在采用装运地或装运港交货条件成交而主要运费未付的情况下，即要求卖方将货物交至买方指定的承运人时，应采用F组贸易术语。按F组贸易术语签订的销售合同属于装运合同。

③ C组（主运费已付）

本组包括CFR（成本加运费）、CIF（成本、保险费加运费）、CPT（运费付至目的地）和CIP

(运费、保险费付至目的地)四种贸易术语。在采用装运地或装运港交货条件而主要运费已付的情况下,则采用 C 组贸易术语。按此类贸易术语成交,卖方必须订立运输合同并支付运费,但对货物灭失或损坏的风险以及货物发运后发生事件所产生的费用,卖方不承担责任。C 组贸易术语包括两个"分界点",即风险划分点和费用划分点是分离的。按 F 组贸易术语签订的销售合同属于装运合同。

④ D 组(到达)

本组包括 DAT(运输终端交货)、DAP(目的地交货)、DDP(完税后交货)三种贸易术语。采用 D 组贸易术语,卖方应负责将货物运至边境或目的港或进口国内约定的目的地,并承担货物运至该地以前的全部风险和费用。按 D 组贸易术语签订的销售合同属于到货合同。

目前,*INCOTERMS* 2010 已被世界各国广泛采纳。

值得注意的是,国际贸易惯例并非法律,因此,对买卖双方并没有约束力,只有当买卖双方在合同中明确表示采用某种惯例时,则被采用的惯例对买卖双方均有约束力。

2. 常用贸易术语的比较

(1) FOB、CFR 和 CIF 之间的比较

FOB、CFR 和 CIF 的异同参见表 4-4。

表 4-4 FOB、CFR 和 CIF 的异同

贸易术语	由谁负责租船订舱、支付运费	由谁负责办理保险、支付保费	交货地点	风险转移界限	由谁承担出口报关及费用	由谁承担进口报关及费用	适用的运输方式
FOB	买方	买方	装运港口	货物越过装运港船舷	卖方	买方	水上运输
CFR	卖方	买方	装运港口	货物越过装运港船舷	卖方	买方	水上运输
CIF	卖方	卖方	装运港口	货物越过装运港船舷	卖方	买方	水上运输

(2) FCA、CPT 和 CIP 之间的比较

FCA、CPT 和 CIP 的异同参见表 4-5。

表 4-5 FCA、CPT 和 CIP 的异同

贸易术语	由谁订立运输合同、支付运费	由谁负责办理保险、支付保费	交货地点	风险转移界限	由谁承担出口报关及费用	由谁承担进口报关及费用	适用的运输方式
FCA	买方	买方	出口国内地、港口	货交承运人处置起	卖方	买方	任何方式

续表

贸易术语	由谁订立运输合同、支付运费	由谁负责办理保险、支付保费	交货地点	风险转移界限	由谁承担出口报关及费用	由谁承担进口报关及费用	适用的运输方式
CPT	卖方	买方	出口国内地、港口	货交承运人处置起	卖方	买方	任何方式
CIP	卖方	卖方	出口国内地、港口	货交承运人处置起	卖方	买方	任何方式

3. 国际货物销售合同适用的法律规范

(1) 与合同有关国家国内的相关法律

国际货物销售合同必须符合法律规范才能受法律的保护并受法律的约束。但是,国际货物销售合同的当事人分别居住于不同的国家,而不同国家的有关法律规定又往往不相一致,一旦发生纠纷或争议,究竟按照哪方国家的法律作为判断是非或处理的依据就成为问题。根据《中华人民共和国合同法》(以下简称《合同法》)的规定,国际货物销售合同当事人可以选择处理合同争议所适用的法律。如果当事人没有选择的,适用与合同有最密切联系的国家的法律。

(2) 双边或多边国际条例

国际货物销售合同的订立和履行还应当符合当事人所在国缔结或参加的有关双边或多边国际条约。我国已经参加和批准的于1980年通过并从1988年1月1日起正式生效的《联合国国际货物销售合同公约》(以下简称《公约》)是我国进行对外货物买卖业务关系最大的一项国际条约。《公约》的主要内容有公约的适用,国际货物销售合同订立的原则,合同当事人的权利、义务,违约责任,损害赔偿,风险转移,免责事项等。我国政府在交存核准书时,对《公约》的规定提出了两项保留:

① 不受《公约》第1条第1款(b)的约束,即我国不同意扩大《公约》的适用范围,对中国企业来说,《公约》仅适用于《公约》缔约国的当事人之间订立的合同;

② 对《公约》的第11条、第29条及有关的规定提出保留,即我国企业对外订立、修改、协议终止合同时应采用书面形式,包括信件、电报、电传。

根据《合同法》的规定,中华人民共和国缔结或者参加的与合同有关的国际条约同中华人民共和国法律有不同规定的,适用该国际条约的规定,但中华人民共和国声明保留的条款除外。由此可见,在法律适用上,国家缔结或参加的有关国际条约除保留条款外,优先于国内法。

4. 商品报价中佣金与折扣的运用

(1) 佣金的含义与计算方法

在国际贸易中,有些交易是通过中间代理商进行的。因中间代理商介绍生意或代买代卖而向其支付一定的酬金,此项酬金叫佣金。凡在合同价格条款中,明确规定了佣金的百分比叫做明佣。不标明规定佣金的百分比,甚至连"佣金"字样也不标示出来,有关佣金的问题由双方当事人另行约定,这种暗中约定佣金的叫做暗佣。佣金直接关系商品的价格,货价中是否包括佣金和佣金比例的大小都会影响商品的价格。显然,含佣价比净价要高。正确地运用佣金,有利于调动中间代理商的积极性,从而扩大交易。

佣金的计算公式为:

$$单位货物佣金额 = 含佣价 \times 佣金率$$

$$净价 = 含佣价 - 单位货物佣金额$$

上述公式也可以写成:

$$净价 = 含佣价(1 - 佣金率)$$

$$含佣价 = 净价 / (1 - 佣金率)$$

(2) 折扣的含义与计算方法

折扣,是指卖方按原价给予买方一定百分比的减让,即在价格上给予适当的优惠。国际贸易中使用的折扣,其名目很多,除一般折扣外,还有为扩大销售而使用的数量折扣,为实现某种特殊目的而给予的特别折扣,以及年终回扣等。凡在价格条款中明确规定折扣率的,叫做明扣。折扣直接关系商品的价格,货价中是否包括折扣和折扣率的大小都会影响商品的价格,折扣率越高,则价格越低。

折扣的计算公式为:

$$单位货物折扣额 = 原价(或含折扣价) \times 折扣率$$

$$卖方实际净收入 = 原价 - 单位货物折扣额$$

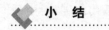

小 结

销售合同是调整交易双方经济关系和规定彼此权利与义务的法律文件。本任务以威海A贸易有限公司的一笔实际出口业务为背景,介绍了有关销售合同的内容,并着重讲解了销售合同的拟订。在收集相关销售合同材料的基础上,引导学生以"出口商"的身份融入到相关各项技能训练的"情境"中,将模拟教学、案例教学和讨论教学等启发式教学引入课堂,强调理论知识为业务操作服务,全面培养学生签订销售合同的能力。

任务三 国际贸易合同的履行

国际贸易合同的履行是整个贸易流程的核心,操作性强,需要各个环节的有效衔接,主要分解为以下 7 个子任务,分别是:

子任务 1:备货;

子任务 2:落实信用证;

子任务 3:租船订舱;

子任务 4:报检;

子任务 5:报关;

子任务 6:制单结汇;

子任务 7:外汇核销与出口退税。

以上 7 个子任务之间相互联系、相互影响,关系整个贸易流程的履行。

子任务 1 备　　货

本部分任务是在国际贸易合同签订之后进行的,也是履行国际贸易合同的第一个环节,备货的好坏直接决定了日后其他环节工作的质量,在选择国内厂商、下订单和验货的过程中不能有任何的疏忽,否则会为日后的工作留下隐患。

威海 A 贸易有限公司根据 NO.KNK-71112 的销售合同内容于 2013 年 11 月 5 日同国内厂商青岛 C 服饰有限公司签订国内购销合同,并缮制了商业发票和装箱单。

本部分任务具体分解为以下 3 个小任务,分别是:

任务 1:签订国内购销合同;

任务 2:缮制商业发票;

任务 3:缮制装箱单。

其中,任务 2"缮制商业发票"和任务 3"缮制装箱单"是重点,具体的业务流程如图 4-3 所示。

图 4-3　备货分解图

一、签订国内购销合同

国内购销合同

合同号：A-7112-1

时　间：2013 年 11 月 5 日

卖　方：青岛 C 服饰有限公司　　　　买　方：威海 A 贸易有限公司

地　址：青岛市　　　　　　　　　　地　址：威海市

邮　编：266213　　　　　　　　　　邮　编：264200

电　话：0532-855××××　　　　　电　话：0631-532××××/532××××

传　真：0532-855××××　　　　　传　真：0631-532××××

联系人：马先生　　　　　　　　　　联系人：王先生

该合同由买卖双方签订，根据合同，买卖双方同意以下规定，履行下述商品买卖：

Item	Qty.	Description	Unit price（RMB）	Amount（RMB）
1		提花布地垫 200CM×200CM	420	55	23100
2		提花布地垫 200CM×250CM	240	65	15600
3		提花布地垫 200CM×300CM	240	68	16320

交货价（含关税、增值税、手续费、运费、包装费、保险费）RMB 55020

合同总值：900 件　　　共计人民币：伍万伍仟零贰拾元整

付款方式：汇付

交货期：2013 年 11 月 15 日

交货地点：威海海滨北路 28 号

产品产地：青岛

质保期：24 个月

卖方：青岛 C 服饰有限公司　　　　买方：威海 A 贸易有限公司

日期：2013 年 11 月 5 日　　　　　日期：2013 年 11 月 5 日

二、缮制商业发票

根据威海A贸易有限公司NO. KNK-71112的销售合同的内容,2013年11月17日缮制商业发票如下。

INVOICE

WEIHAI A CO., LTD.

28, HAIBIN(N)ROAD, WEIHAI,
SHANDONG,
CHINA

INVOICE NO. **WK070047**
DATE: **NOV. 17, 2013**
CONTRACT NO. **KNK-71112**
L/C NO.: **255-612-04704**

Messrs:
B CORPORATION
6F. SEIWA B LDG., 1-4-21 UOMACHI,
KOKURAKITAKU, KITAKYUSHU-CITY,
FUKUOKA, JAPAN
Shipped perss/mv: ACACIA729

From: **QINGDAO, CHINA**   To: **MOJI, JAPAN**

Marks & Nos	Description of Goods	Quantity	Unit Price	Amount
		CFR MOJI, JAPAN		
N/M	JACQUARD HOME MAT			
	200 CM× 200CM	420PCS	US$11.20	US$4704.00
	200 CM×250CM	240PCS	US$14.00	US$3360.00
	200 CM×300CM	240PCS	US$16.80	US$4032.00
	TOTAL:	900PCS		US$12096.00

SAY: U.S. DOLLARS TWELVE THOUSAND AND NINETY-SIX ONLY.

三、缮制装箱单

根据威海A贸易有限公司商业发票号NO.WK070047,2013年11月17日缮制装箱单如下。

PACKING LIST

WEIHAI A CO., LTD.

28, HAIBIN(N)ROAD, WEIHAI,
SHANDONG,
CHINA

INVOICE NO. WK070047
DATE: NOV. 17, 2013
CONTRACT NO. KNK-71112
L/C NO.: 255-612-04704

Messrs:
B CORPORATION
6F. SEIWA B LDG., 1-4-21 UOMACHI,
KOKURAKITAKU, KITAKYUSHU-CITY,
FUKUOKA, JAPAN
Shipped perss/mv: ACACIA729

From: **QINGDAO, CHINA**　　　To: **MOJI, JAPAN**

Marks & Nos N/M	Description of Goods	Quantity	N. Weight	G. Weight & Measurement
	JACQUARA HOME MAT			
	200CM×200CM	35BAGS	924.000KGS	959.000KGS
				10.500CBM
	200CM×250CM	20BAGS	672.000KGS	692.000KGS
				8.000CBM
	200CM×300CM	40BAGS	840.000KGS	880.000KGS
				9.500CBM
	TOTAL:	95BAGS	2436.000KGS	2531.000KGS
				28.000CBM

SAY: PACKED IN NINETY-FIVE BAGS ONLY.

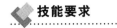技能要求

一、基本理论：掌握备货工作的具体操作

1. 寻找国内厂商的途径

出口商如果不是生产型企业，就要寻求相关产品的国内制造商，主要途径有：(1) 利用商会、企业黄页或同行业工会名录；(2) 利用报纸、杂志、网络等新闻媒体；(3) 老顾客或往来银行的介绍；(4) 参加各种展会；(5) 利用自身的宣传广告。

货物质量得好坏、能否如期交货、价格是否合理、是否能提供样品等都将直接影响国际购销合同的履行，关系出口商的信誉，所以，选择国内厂商需要综合考虑其水平。

2. 订货

如果出口商本身是生产型企业，可直接由出口部向生产加工部门下达订单；如果是无实体的出口公司，则必须与国内厂商签订国内购销合同。

无论是哪一类企业，都必须以国际购销合同为依据，对应交的货物进行清点、加工整理、刷制运输标志、办理报检和领证等工作。所以，作为国内进出口公司与国内厂商进行制单结汇的依据，国内购销合同在缮制时要与原国际购销合同相符，清楚、完整、一致，应列明货物的品质、规格、数量、包装、唛头及备货时间。

3. 验货

为了使国外客户对货物满意，出口商必须验货，这关系出口商的商誉。由于国内厂商并非实际的出口商，并不了解进口商的要求，在货物的制造过程中，出口商必须派人到工厂进行监督，在货物生产完毕后，严格进行检验。

二、业务操作：掌握国内购销合同、商业发票以及装箱单的填制

1. 国内购销合同

通常情况下，订立国际贸易合同之后的第一步就是根据合同和信用证的规定按时、保质、保量地准备好应交的货物，此时就可能会涉及国内购销合同的签订。国内购销合同的内容与国际贸易合同的内容大致相同，较为简单，用中文填写，是出口商和国内厂家之间权利和义务的法律文件。

国内购销合同

合同号：由卖方或买方自行编设，以便存储归档管理之用
时　间：填写购销合同的签订日期、地点
买　方：填写出口商的中文名称　　　　　　卖　方：填写工厂中文名称
地　址：　　　　　　　　　　　　　　　　地　址：
邮　编：　　　　　　　　　　　　　　　　邮　编：
电　话：　　　　　　　　　　　　　　　　电　话：
传　真：　　　　　　　　　　　　　　　　传　真：
联系人：　　　　　　　　　　　　　　　　联系人：

该合同由买卖双方签订，根据合同，买卖双方同意以下规定，履行下述商品买卖：

| Item | Qty. | Description | Unit price（RMB） | Amount（RMB） |

产品编号：购销合同上应记明各种产品的编号，以便联系沟通方便
品名规格：详细填明各项商品的中文名称及规格，这是买卖双方进行交易的物质基础和前提。对商品的具体描述说明是合同的主要条款之一，如果卖方交付的货物不符合合同规定的品名或说明，买方有权拒收货物、撤销合同并提出损害赔偿
数　量：填写交易的货物数量，这是买卖双方交接货物及处理数量争议时的依据
计量单位：以适合该货物计量的单位为准。不同类别的产品，其销售单位和包装单位不同，如食品类的销售单位是CARTON，钟表类的销售单位则是PC
单　价：这是购销合同中必不可缺的重要组成部分，不仅直接关系买卖双方的利益，而且与合同中的其他条款也有密切联系，通常由工厂根据成本通过往来函电报价给出口商，双方经过协商后确定此交易价格
总金额：列明币种及各项商品的总金额（总金额＝单价×数量）

交货价（含关税、增值税、手续费、运费、包装费、保险费）RMB

合同总值：填入所有货物累计的总数量（包括相应的计量单位）和总金额
共计人民币：以文字（大写）写出该笔交易的总金额，必须与货物总价数字表示的金额一致，如伍万贰仟元整
付款方式：如需方凭供方提供的增值税发票及相应的税收（出口货物专用）缴款书在供方工厂交货后7个工作日内付款。如果供方未将有关票证备齐，需方扣除17％税款支付给供方，等有关票证齐全后结清余款
交货期：根据购销合同提前交货
交货地点：根据装运港双方协商
产品产地：根据实际情况填写
质保期：根据商品特性、交易习惯填写

卖方：　　　　　　　　　　　　　　　　买方：
日期：　　　　　　　　　　　　　　　　日期：

2. 商业发票的填写

商业发票又称发票,是出口贸易结算单据中最重要的单据之一,所有其他的单据都应以其为中心来缮制。因此,在制单顺序上,往往首先缮制商业发票。商业发票是卖方对装运货物的全面情况(包括品质、数量、价格,有时还有包装)详细列述的一种货款价目的清单。商业发票常常是卖方陈述、申明、证明和提示某些事宜的书面文件。另外,商业发票也是作为进口国确定征收进口关税的基本资料。

一般来说,发票无正本、副本之分。来证要求几份,制单时在此基础之上多制一份供议付行使用。如需正本,加打"ORIGIN"字样。

商业发票的具体填制要求如下。

INVOICE(商业发票)

填写出票人(即出口商)的英文名称和地址 在信用证支付方式下,应与信用证受益人 的名称和地址保持一致	INVOICE NO.: 发票号 DATE: 发票日期 COTRACT NO.: 合同号 L/C NO.: 信用证号码

Messrs:也称抬头人,此项必须与信用证中所规定的严格一致,多数情况下填写进口商的名称和地址,且应与信用证开证申请人的名称和地址一致

Shipped perss/mv:填写运输工具或运输方式,一般还加上运输工具的名称;运输航线要严格与信用证一致

From:装运港(国别)　　　　　　　**To**:目的港(国别)

| Marks & Nos | Description of Goods | Quantity | Unit Price | Amount |

唛　　头:运输标志,既要与实际货物一致,还应与提单一致,并符合信用证的规定

货物描述、包装种类和件数:是发票的主要部分,包括商品的名称、规格、包装、数量、价格等内容,品名规格应该严格按照信用证的规定或描述填写

数　　量:货物的数量,与计量单位连用

单　　价:单价由四个部分组成,即计价货币、计量单位、单位数额和价格术语

金额小计:列明币种及各项商品的总金额(总金额=单价×数量)。除非信用证上另有规定,否则货物总值不能超过信用证金额。若信用证没规定,则应与合同保持一致

SAY:用大写文字写明货物总价值

3. 装箱单的填写

装箱单是发票的补充单据,它列明了信用证(或合同)中买卖双方约定的有关包装事宜的细节,便于国外买方在货物到达目的港时供海关检查和核对货物,通常可以将其有关内容加列在商业发票上,但是在信用证有明确要求时就必须严格按信用证的约定制作。类似的单据还有重量单、规格单、尺码单等。其中,重量单是用来列明每件货物的毛重、净重;规格单是用来列明包装的规格;尺码单用于列明货物的每件尺码和总尺码,或用来列明每批货物的逐件花色搭配。

装箱单的填制内容及方法如下。

PACKING LIST(装箱单)

出单人的名称与地址,应与发票的出单方相同 INVOICE NO.：发票号
在信用证支付方式下,此栏应与信用证受益人 DATE：装箱单日期
的名称和地址一致 CONTRACT NO.：合同号
L/C NO.：信用证号码

Messers：受单方的名称与地址,与发票的受单方相同。多数情况下填写进口商的名称和地址,并与信用证开证申请人的名称和地址保持一致

Shipped perss/mv：填写运输工具或运输方式,一般还加上运输工具的名称;运输航线要严格与信用证一致

From：装运港(国别)　　　　**To**：目的港(国别)

G. Weight & N. Weight　　Marks & Nos　　Description of Goods　　Quantity　　Measurement

唛头及件数编号：与发票一致,有的注实际唛头,有时也可以只注"as per invoice No. ×××"

包装种类和件数、货物描述：要求与发票一致,货名如有总称,应先注总称,然后逐项列明每一包装件的货名、规格、品种等内容

外包装件数：填写每种货物的包装件数,最后在合计栏处注明外包装总件数

毛重：注明每个包装件的毛重和此包装件内不同规格、品种、花色,货物各自的总毛重,最后在合计栏处注明总毛重

净重：注明每个包装件的净重和此包装件内不同规格、品种、花色,货物各自的总净重,最后在合计栏处注明总净重

箱外尺寸：注明每个包装件的体积,最后在合计栏处注明总体积

SAY：以大写文字写明总包装数量,必须与数字表示的包装数量一致

常见问题

1. 起草国内购销合同时,没有注意和国际贸易合同保持一致,造成日后出现诸多的问题和纠纷。

2. 验货程序中应重点检查货样、品质、数量、包装和交货期是否符合国际贸易合同、信用证的规定,细微的差别都可能造成结汇问题和索赔问题。

案例思考

1. A出口公司与国外成交国光苹果一批,合同与来证均要求交付三级品,但发货时A出口公司才发现三级国光苹果的库存已空,于是改以二级品交货,并在发票上加注"二级国光苹果仍按三级计价"。当时正赶上苹果的国际市场价格大幅度下浮,买方拒收了货物,A出口公司遭受巨大的损失。

【案例提示】本案例涉及卖方的交货品质问题。为了避免履约失职,减少收汇风险,请以货、证、船、款作为参考顺序,就履约的基本问题展开讨论并辅以相应的训练。

请问:买方拒收苹果的做法是否合理,为什么?

2. 我国某企业出口自行车1000辆,合同规定木箱装。来证亦为"Packed in Wooden Case"。但"Case"之后有C、K、D三个缩写字母(CKD即将自行车拆散后装入木箱)。该企业不知,所有的单据均按来证以整车发运。结果货到目的港被海关罚款并多交关税。

【案例提示】本案例所揭示的就是常为当事人忽视的包装条款在国际货物买卖中的重要性。

请问:该企业有无责任?你将如何处理此纠纷?

3. 我方甲公司向德国乙公司出口棉纱一批。合同规定,水分最高为12%,杂质不得超过3%。但在成交前甲公司曾向乙公司寄过样品,订约后又电告对方成交货物与样品相似。货到德国后乙公司提出货物的质量比样品低5%,检验证明确实如此,据此要求赔偿5000英镑的损失。

【案例提示】本案例涉及样品与实际交货品质存在出入的问题。

请问:甲公司是否可以以该批业务并非凭样买卖而不予理睬?

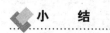
拓展提高

备货的注意事项如下：
(1) 所备货物的品质必须与国际贸易合同的规定一致；
(2) 掌握货物的标准要改技术标准为用户标准，改生产标准为贸易标准；
(3) 货物的数量、包装也必须与国际贸易合同的规定一致；
(4) 货物备妥时间应与信用证装运期限相适应；
(5) 卖方对货物要有完全的所有权并不得侵犯他人的权利；
(6) 货物品质要能够通过某些国家的严格标准，避开技术生态壁垒。

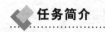
小 结

备货也叫排产，是出口单位根据合同或信用证的规定，向生产加工及仓储部门或国内厂商下达联系单或购销合同，并对货物进行清点、加工整理、刷制运输标志以及办理申报检验和领证等工作。本任务介绍了备货工作的相关内容，并着重讲解了国内购销合同、商业发票以及装箱单的填制。出于单证相符、单货相符的目的，要求学生熟悉备货的整个程序，掌握备货模拟操作的基本流程。

子任务 2　落实信用证

任务简介

本部分任务是在威海 A 贸易有限公司同日本 B 公司签订的合同正式成立后，出口商威海 A 贸易有限公司在备货的同时进行的。在以信用证为付款方式的交易中，落实信用证是履行国际贸易合同不可缺少的重要环节。出口商为了使出口收汇建立在稳定可靠的基础之上，就必须十分关注信用证及其条款的规定。

任务分解

本部分任务具体分解为以下 3 个小任务，分别是：
任务 1：催开信用证；
任务 2：审核信用证；
任务 3：修改信用证。
其中，任务 2"审核信用证"和任务 3"修改信用证"是重点，具体的业务流程如图 4-4 所示。

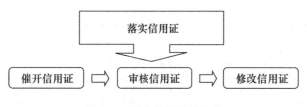

图 4-4 落实信用证的流程

一、催开信用证

2013 年 11 月 2 日,威海 A 贸易有限公司同日本 B 公司签订的 No. KNK-71112 合同正式成立,作为出口商的威海 A 贸易有限公司随即开始着手备货,并于 2013 年 11 月 5 日同青岛 C 服饰有限公司签订了国内购销合同。但直到 2013 年 11 月 10 日,出口商威海 A 贸易有限公司仍未收到进口商日本 B 公司开来的信用证,于是,威海 A 贸易有限公司于 2013 年 11 月 11 日给进口商日本 B 公司发出了一份催证函。

Dear Johnny,

With reference to our Sales Contract No. KNK-71112 covering 900 pieces of JACQUARD HOME MAT, we regret to inform you that we have not received your relevant L/C, though you promised to establish the L/C immediately after the signing of the contract. According to the contract stipulation, shipment is to be effected before November 10, 2013. Please note that if your L/C cannot reach us within one week, we are afraid that delivery will have to be postponed.

Please give this matter your immediate attention and expedite the covering L/C so that we can effect shipment without any delay.

We hope to receive your L/C soon.

Yours sincerely

Wang

二、审核信用证

开证行在收到日本 B 公司的开证押金后,经审核申请无误后按照开证申请书的要求于 2013 年 11 月 12 日向其开出信用证。开证行将信用证副本转交日本 B 公司审核复查(一般应当在 2 日内通知银行是否需要修改),没有问题后开证行通过电子方式将信用证传递通知行。日本 B 公司也于 2013 年 11 月 13 日将开证副本传真给出口商——威海 A 贸易有限公司,告知信用证已开出,请尽快按证要求备货装运。

```
        RECEIVED MESSAGE *****        NOV-10-2013 16:52   Page no: 7057
Status:   MESSAGE DELIVERED
Station:  1              BEGINNING OF MESSAGE
```

RCVD * FIN/Session/OSN   : F01 6673   604639
RCVD * Own Address   : COMMCNSHAWHI   BANK OF COMMUNICATIONS
RCVD *   WEIHAI
RCVD *   (WEIHAI BRANCH)
RCVD * Output Message Type   : 710   ADV THIRD OR NON BANK DOC CRED
RCVD * Input Time   : 1605
RCVD * MIR   : 071Q19PNBPHKHHK×××3164764538
RCVD * Sent by   : PNBPHKHHK×××   WACHOVIA BANK. NA(HONG KONG
RCVD *   BRANCH)
RCVD *   HONG KONG
RCVD * Output Date/Time   : 131019/1606
RCVD * Priority   : Normal
RCVD *

RCVD * 27 /SEQUENCE OF TOTAL
RCVD *   1/1
RCVD * 40B/FORM OF DOCUMENTARY CREDIT
RCVD *   IRREVOCABLE
RCVD *   WITHOUT OUR CONFIRMATION
RCVD * 20 /SENDER'S REFERENCE
RCVD *   255-612-04704
RCVD * 21 /DOCUMENTARY CREDIT NUMBER
RCVD *   255-612-04704
RCVD * 31C/DATE OF ISSUE
RCVD *   131112
RCVD *   NOV-12-2013
RCVD * 40E/APPLICABLE RULES
RCVD *   UCPURR LATEST VERSION
RCVD * 31D/DATE AND PLACE OF EXPIRY
RCVD *   131210CHINA
RCVD *   DEC-10-2013
RCVD * 52A/ISSUING BANK-BIC
RCVD *   NISLJPJTFKK
RCVD *   THE NISHI-NIPPON CITY BANK, LTD
RCVD *   FUKUOKA
RCVD *   (INTERNATIONAL DEPT.)

RCVD *		
RCVD *	50 /APPLICANT	
RCVD *	B CORPORATION	
RCVD *	6F. SEIWA BLDG. ,1-4-21 UOMACHI	
RCVD *	KOKURAKITAKU, KITAKYUSHU-CITY	
RCVD *	FUKUOKA. JAPAN	
RCVD *	59 /BENEFICIARY-NAME & ADDRESS	
RCVD *	WEIHAI A CO. , LTD	
RCVD *	28, HAIBIN(N)ROAD, WEIHAI.	
RCVD *	SHANDONG, CHINA	
RCVD *	32B/CURRENCY CODE, AMOUNT	
RCVD *	USD12096,00	
RCVD *	US Dollar	
RCVD *		
RCVD *	39A/PERCENTAGE CREDIT AMT TOLERANCE	
RCVD *	05/05	
RCVD *	41D/AVAILABLE WITH…BY?	NAME & ADDR
RCVD *	ANY BANK	
RCVD *	BY NEGOTTATION	
RCVD *	42C/DRAFTS AT…	
	RECEIVED MESSAGE *****	NOV-12-2013 16:52 page no:7058
Status : MESSAGE DELIVERED		
Station : 1	CONTINUATION OF MESSAGE	
RCVD *	DRAFTS AT SIGHT	
RCVD *	FOR FULL INVOICE VALUE	
RCVD *	42A/LDRAWEE-BIC	
RCVD *	NISIJPJTFKK	
RCVD *		THE NISH-NIPPON CITY BANK, LTD
RCVD *		FUKUOKA
RCVD *		(INTERNATIONAL DEPT.)
RCVD *		
RCVD *	48P/PARTIAL SHIPMENTS	
RCVD *	ALLOWED	
RCVD *	43T/TRANSHIPMENT	
RCVD *	ALLOWED	
RCVD *	44E/PORT OF LOADING/AIRPORT OF DEP.	
RCVD *	QINGDAO. CHINA	
RCVD *	44F/PORT OF DISCHRGE/AIRPORT OF DEST	
RCVD *	MOJI. JAPAN	
RCVD *	44C/LATEST DATE OF SHIPMENT	

续

```
RCVD*    131123
RCVD*                                              NOV-23-2013
RCVD*    45A/DESCRIPIN OF GOODS &/OR SERVICES
RCVD*         JACQUARD HOME MAT
RCVD*         200CM×200CM      420PCS    AT USD11.20    USD4704.00
RCVD*         200CM×250CM      240PCS    AT USD14.00    USD8360.00
RCVD*         200CM×300CM      240PCS    AT USD16.80    USD4092.00
RCVD*         TOTAL:           900PCS                   USD12096.00
RCVD*
RCVD*         CFR   MOJI. JAPAN
RCVD*    46A/DOCUMENTS REQUIRED
RCVD*         +SIGNED COMMERCIAL INVOICE IN TOW COPIES
RCVD*          INDICATING THIS CREDIT NUMER
RCVD*         +3/3 SET OF CLEAN ON BOARD OCEAN BILLS OF LADING
RCVD*          MADE OUT TO ORDER OF SHIPPER AND BLANK ENDORSED.
RCVD*          MARKED "FREIGHTPREPAID"AND NOTIFY: APPLICANT
RCVD*         +PACKING LIST IN TWO COPIES
RCVD*         +G.S.P. CERTIFICATE OF ORIGIN "FORM A" IN TWO COPIES
RCVD*         +BENEFICIARY'S CERTIFICATE STATING THAT ONE SET OF SHIPPING
RCVD*          DOCUMENTS INCLUDING 1/3 ORIGINAL B/L AND ONE ORIGINAL G.S.P.
RCVD*          CERTIFICATE OF ORIGIN FORM A HAVE BEEN SENT DIRECTLY TO THE
RCVD*          APPLICANT IMMEDIATELY AFTER SHIPMENT.
RCVD*    47A/ADDITIONAL CONDITIONS
RCVD*         +INSURANCE TO BE EFFECTED BY APPLICANT.
RCVD*         +5 PERCENT MORE OR LESS IN QUANTITY AND AMOUNT IS ACCEPTABLE.
RCVD*         +THE LETTER OF CREDIT HAS BEEN ISSUED BY THE NISHI-NIPPON CITY
RCVD*          BANK, LTD AND RELAYED BY WACHOVIA BANK,N.A.,HONG KONG
RCVD*          PLEASE CORRESPOND DIRECTLY TO THE NISHI-NIPPON CITY BANK, LTD
RCVD*          FUKUOKA, JAPAN RECARDING THE L/C TERMS.
RCVD*         +IF DOCUMENTS ARE PRESSENTED WITH DISCEEPANCIES,A DISCREPANCY FEE
RCVD*          OF USD50.00 SHOULD(WILL)BE DEDUCTED FROM THE REIMBURSEMENT
RCVD*          CLAIM(THE PROCEEDS)
RCVD*         +UPON RECEIPT OF THE DRAWING DOCUMENTS. THE LC PROCESSING
RCVD*          AGENT(AS DEFINED IN THIS CREDIT)WILL PROCESS AND IMMEDIATELY
RCVD*          FORWARD DOCUMENTS TO THE ISSUING BANK. THE FIFTH BANKING DAY
RCVD*          WRITTEN IN UCP600 NO. 14B IS NOW DEFINED AS FIFTHR BANKING DAY
RCVD*          FOLLOWING THE DAY OF RECEIPT OF DOCUMENTS BY THE ISSUING BANK
RCVD*          (INSTEAD OF THE LC PROCESSING AGENT).
RCVD*    71B/CHARGES
         RECEIVED MESSAGE * * * *    NOV-12-2013  16:52   page no : 7059
Status  : MESSAGE DELIVERED
```

Station	:	1	CONTINUATION OF MESSAGE

RCVD *   ALL BANKING CHARGES OUTSIDE JAPAN
RCVD *   INCLUDING REIMBURSEMENT COMMISSION
RCVD *   ARE FOR ACCOUNT OF THE BENEFICIARY
RCVD * 80 /PERIOD FOR PRESENTATION
RCVD *   DRAFTS AND DOCUMENTS MUST BE
RCVD *   PRESENTED FOR NEGOTIATION WITHIN
RCVD *   20DAYS AFTER THE DATE OF SHIPMENT
RCVD *   BUT WITHIN CREDIT VALIDITY.
RCVD * 49 /CONFIRMATION INSTRUCTIONS
RCVD *   WITHOUT
RCVD * 53A/REIMBURSING BANK-BIC.
RCVD *   PNBPHKHH
RCVD *   WACHOVIA BANK. NA(HONG KONG
RCVD *   BRANCH)
RCVD *   HONG KONG
RCVD *
RCVD * 78 /INSTR TO PAYC/ACCPTC/NEGOTG BANK
RCVD *   +T. T. REIMBURSEMENT IS PROHIBITED.
RCVD *   +NEGOTIATING BANK IS AUTHORIZED TO REIMBURSE YOURSELVES TO
RCVD *   WACHOVIA BANK, NA HONG KONG BR. ATTN. TEAM W, 7/F CITYPLAZA FOUR 12
RCVD *   TAIKOO WAN ROAD TAIKOO SHING, H. K, IF ALL THE DOCS ARE COMPLIED
RCVD *   WITH LC TERMS. REIMBURSEMENT IS SUBJECT TO LCC URR 525.
RCVD *   +THE REIMBURSING BANK HAS BEEN REQUESTED TO SEND 1-DAY PRE-DEBIT
RCVD *   NOTIFICATION TO THE ISSUING BANK.
RCVD *   +NEGOTIATING BANK MUST SEND DRAFTS AND DOCS VIA COURIER IN
RCVD *   TWO CONSECUTIVE LOTS TO THE NISH-NIPPON CITY BANK, LTD.
RCVD *   (IN WACHOVIA BANK. N. A, HONG KONG)ATTN: L/C PROCESSING AGENT 7/F,
RCVD *   CITYPLAZA FOUR 12 TAIKOO WAN ROAD TAIKOO SHING. HONG KONG
RCVD *   AS L/C PROCESSING AGENT FOR THE ISSUING BANK.
RCVD * 57A/ 'ADVISE THROUGH' BANK-BIC
RCVD *   COMMCNSHWHI
RCVD *   BANK OF COMMUNICATIONS
RCVD *   WEIHAI
RCVD *   (WEIHAI BRANCH)
RCVD *
RCVD * 72 /SENHER TO RECEIVER INFORMATION
RCVD *   AMOUNT OF EACH DRAFT MUST BE
RCVD *   ENDORSED ON REVERSE OF THIS CREDIT
RCVD *   BY NEGOTIATING BANK. THIS CREDIT IS

RCVD * SUBJECT TO U. C. P. 2013. I. C. C.	
RCVD * PUBLICATION 600	
RCVD *	
RCVD *	
RCVD * MAC：Authentication Code	
RCVD * 00000000	
RCVD * CHK：CheckSum	
RCVD * EF4C7D1187CB	
RCVD *	
RCVD * SAC：SWIFT Authentication Correct	
RCVD * COP：P：CBT Primary Copy	
RCVD * PCC：F：PC Connect：First Copy Of The Message	
RCVD *	

三、修改信用证

出口商威海A贸易有限公司于2013年11月13日收到由通知行转来的信用证之后立即进行审核，发现有几个条款必须修改，于是该公司在2013年11月14日向对方致改证函。

威 海 A 贸 易 有 限 公 司
WEIHAI A CO.,LTD.

地址：山东威海市海滨北路28号
28. Haibin(N)Rd. Weihai City, Shandong, China
E-mail：A@wh-public.sd.cninfo.net

电话(TEL)：0086-631-523××××
传真(FAX)：0086-631-523××××

Dear Sir or Madam：

Thank you for your L/C No. 255-612-04704 which arrived here Nov. 13, 2013.

On going through the L/C, however, we find the following discrepancies do not conform to our Sale Contract No. KNK-71112, please make amendment to it.

1. Amend full set of 3/3 original clean on board ocean Bill of Loading to full set of 2/3 original clean on board ocean Bill of Loading.

2. Partial shipment and transshipment should be prohibited.

3. The latest date of shipment should be Nov. 23, 2013.

Please kindly make your amendment to the L/C soonest enable us effect shipment within the delivery time. Your prompt attention to the matter will be much appreciated.

Yours truly
Wang

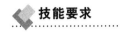
技能要求

一、基本理论：熟悉催开信用证、审核信用证以及修改信用证的有关理论

1. 催开信用证

催证，是指出口商通知或催促进口商及时开出信用证以便出口商如期备货装运。按照合同的规定，及时开证是进口商的主要义务，因而在正常情况下无须催证。但有时进口商在遇到市场情况发生变化或资金发生短缺的情况时往往会拖延开证。为了保证按时交货，提高履约率，出口商有必要在适当的时候提醒和催促进口商依约办理开证手续。在必要时，也可请驻外机构或中国银行协助代为催证。需要提前交货时，也可洽请对方提前开证。

通常，在遇到以下情况时，出口商需要催促进口商开证。

（1）合同规定的装运期距合同签订的日期较长，或合同规定进口商应在装运前的一定时间开证。

（2）出口商备货完毕，在征得进口商的同意后，提前交货，可催请对方早日开证。

（3）出现进口商因资金困难无力交纳押金或当地市价下跌等原因而故意拖延开证的现象，特别是大宗商品交易或按进口商的要求而特别制定的商品的交易，更应结合备货情况及时进行催证。

2. 审核信用证

通常信用证的内容与含义应与合同规定一致。但在实践中，由于种种原因，如工作的疏忽、电文传递的错误、贸易习惯的不同、客观情况的变化、进口商有意加列一些新要求（如增加在签订合同时未争取到的某些要求）等，使信用证条款与合同规定不一致，如若受益人未提出修改，银行就按该证的规定办理。还有合同条款强调的是出口商所交的货物，而信用证上强调的是出口商所提交的单据，由此会出现在信用证中有一些不同于合同对单据方面的要求，如果出口商对此不能同意，应立即指出，要求改正。

审证是银行和外贸部门的共同责任，但各有分工侧重，银行重在开证行的资信，而出口商重在审查信用证条款。在审证实务中，主要把握以下内容（参见表4-6）。

表4-6 审证实务内容列表

审证依据	根据国内的有关政策和规定、交易双方成交的合同、国际商会的第600号出版物（UCP 600）以及实际业务操作中出现的具体情况
审证原则	当信用证条款比合同规定严格时，应当作为存在的问题提出修改；当信用证条款比合同规定宽松时，可不要求修改
审证要点	1. 对信用证本身的审核：性质；惯例；有效性；当事人；到期日和到期地点以及开证行的资信情况；开证行对付款的责任有无保留等 2. 专项审核：金额；币种；付款期限；品名；货号；规格；数量；装运期限；装运港；卸货港；分批转运；单据的出具（由谁出具、能否出具、单据与证前后是否矛盾、单据与合同是否一致）

3. 修改信用证

对信用证经过上述的细致审查后,若发现问题应区别其性质,会同银行、运输、保险、商检等部门作出妥善处理。凡属不符合我国对外贸易的方针政策,影响合同执行和安全收汇的情况,要及时向开证人提出并通过开证行修改,在未收到开证行的修改通知书之前,切勿对外发货,以免发生货物装出后而修改通知书未到的情况,造成我方工作被动和经济损失。

在改证实务中,主要应把握以下内容(参见表 4-7)。

表 4-7 改证实务内容列表

改证原则	收到国外来证后,仔细核对销售合同,有时会存在这样或那样的问题及不符之处,在不影响收汇和不增加出口成本的情况下,可不要求改证。但对装运货物、出口制单、安全收款和控制货权有不利影响的,则必须改证,且应一次性提出修改
改证函的缮制	审证后,将不利因素集中起来函告或电告对方修改,即通常所说的改证函(电)。改证函(电)的质量取决于审证的质量,一封规范的改证函(电)应包括以下内容: 1. 感谢对方开来的信用证; 2. 列明不符点并说明如何修改; 3. 感谢对方合作并希望信用证修改书早日到达
	例:THANK YOU FOR YOUR L/C No. 1879346. HOWEVER, WE ARE SORRY TO FIND IT CONTAIN THE FOLLOWING DISCREPANCIES, PLEASE MAKE AMENDMENT TO IT. THE EXPIRY DATE SHOULD BE APRIL 4, 2013 INSTEAD OF MARCH 4, 2013. THANK YOU FOR YOUR KIND COOPERATION, PLEASE SEE TO IT THAT THE L/C AMENDMENT REACH US WITHIN NEXT WEEK, OTHERWISE WE CANNOT EFFECT PUNCTUAL SHIPMENT.
改证注意事项	1. 不要把改证函(电)发给开证行 2. 改证函(电)必须提及修改的是哪一份信用证 3. 货物的数量有时会发生偏差,如果信用证的数量比合同规定的数量少了,要求进口商按照合同修改;如果多了,可更改数量,也可以在货源充足的情况下询问是否确实需要增订。这时,信用证总金额必须修改 4. 修改方法:先列不符点,再集中说明修改方法;或逐条指出,逐条修改 5. 提及不符点时,不要用"MISTAKE"表示,如到期地在国外是称不上错误的

二、业务操作:掌握落实信用证的过程中涉及的相关单据的填制

落实信用证的过程中涉及的主要单证之一是信用证开证申请书。

IRREVOCABLE DOCUMENTARY CREDIT APPLICATION

TO: DATE:

Beneficiary (full name and address)	L/C No. Ex-card No. Contract No.	
Partial shipments ☐ Allowed ☐ Not allowed	Transshipment ☐ Allowed ☐ Not allowed	Date and place of expiry for the credit ☐ Issue by airmail ☐ With brief advice by teletransmission ☐ Issue by express delivery ☐ Issue by teletransmission (which shall be the operative instrument)
Loading on board/dispatch/taking in charge at/from not later than for transportation to	Amount (both in figures and words)	
Description for goods:	Credit available with ☐ By sight payment ☐ By acceptance ☐ By negotiation ☐ By deferred payment against the documents herein ☐ And beneficiary's draft for %of the invoice value at on	
Packing	☐ FOB ☐ CFR ☐ CIF ☐ Or other terms	

Documents required (marked with ×)

1. ( ) Signed commercial invoice in copies indicating L/C no. and Contract No.
2. ( ) Full set of clean on board ocean bills of lading made out to order and blank endorsed, marked "freight [ ] to collect/[ ] prepaid [ ] showing freight amount" notifying.
3. ( ) Air waybills showing "freight [ ] to collect/[ ] prepaid [ ] showing freight amount" and consigned to
4. ( ) Memorandum issued by consigned to
5. ( ) Insurance policy/certificate in copies for % of the invoice value showing claims payable in currency of the draft, blank endorsed, covering ([ ] ocean marine transportation /[ ] air transportation /[ ] overland transportation) all risks, war risk.
6. ( ) Packing List/Weight Memo in copies indicating quantity/gross and net weights of each package and packing conditions as called for by the L/C.
7. ( ) Certificate of quantity/weight in copies issued by an independent surveyor at the loading port, indicating the actual surveyed quantity/weight of shipped goods as well as the packing condition.
8. ( ) Certificate of quality in copies issued by[ ] manufacturer/[ ] public recognized surveyor/[ ]
9. ( ) Beneficiary's certified copy of cable/telex dispatched to the applicant within _____ hours after shipment advising[ ] name of vessel/[ ] flight No. /[ ] wagon No., date, quantity, weight and value of shipment.
10. ( ) Beneficiary's certificate certifying that extra copies of the documents have been dispatched according to the contract terms.
11. ( ) Shipping Co.'s certificate attesting that the carrying vessel is chartered or booked by accountee or their shipping agents.
12. ( ) Other documents, if any:

Additional instructions:

1. ( ) All banking charges outside the opening bank are for beneficiary's account.
2. ( ) Documents must be presented within days after date of issuance of the transport documents but within the validity of this credit.
3. ( ) Third party as shipper is not acceptable. Short form/blank back B/L is not acceptable.
4. ( ) Both quantity and credit amount % more or less are allowed.
5. ( ) Prepaid freight drawn in excess of L/C amount is acceptable against presentation of original charges voucher issued by shipping Co. / air line /or it's agent.
6. ( ) All documents must be forwarded in one cover, unless otherwise stated above.
7. ( ) Other terms, if any:

Account No. :   with   (name of bank)
Transacted by: (applicant: name, signature of authorized person)
Telephone No. :   (with seal)

常见问题

1. 信用证业务流程如图 4-5 所示。

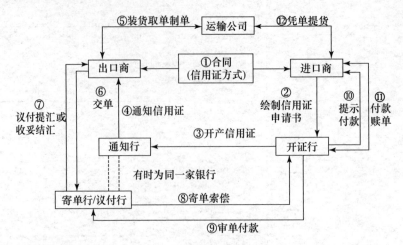

图 4-5　信用证业务流程

2. 审核信用证常见的问题参见表 4-8。

表 4-8　审核信用证常见的问题

信用证中常见的问题	有限制生效的条款
	信用证为可撤销的
	开证行无保证付款的责任文句
	信用证金额大小写不一致
	汇票金额币种与合同规定货币不符
	信用证金额不够（未满足溢短装条款）
	货物分批和转运与合同规定不一致
	信用证漏列 UCP600 办理条款
	信用证密押不符
	申请人或受益人名称、地址与合同不符
	信用证无有效期
	到期地点在国外
	信用证有效期的规定与装运期相矛盾
	装运期的规定与交单期相矛盾
	到期日的年份有错误
	交单期过短（装船日—信用证截止日之间）

续表

信用证中常见的问题	货物本身、单价和数量与销售合同不符
	单证要求的格式有特殊规定
	汇票付款人不是开证行
	发票要求领事签证
	提单抬头错误
	提单抬头与背书要求不符
	运费支付方法与成交条件相矛盾
	正本提单直寄客户
	空运提单收货人不是开证行
	运输工具限制过严(限制船名、船籍、船旗、挂靠码头)
	装运港和目的港与合同不一致
	投保险别与合同规定或实际情况不符
	保单种类有误
	投保金额未按合同规定
	产地证明出具机构有误(如国外机构或无授权机构)
	要求提交的检验证书与实际不符
	要求提交客户出具的检验证书(属于软条款)
	漏列或多列提交的单据
	费用条款规定不合理
	信用证号码前后矛盾
	汇票付款期限与合同不符
	要求有其他机构提供的证明文件

3. 在审查对方来证后,如发现有我方不能接受的条款,应及时向开证人提出,提出改证时还应注意以下六个问题。

(1) 掌握好"改"与"不改"的界限。凡属于开证行承担责任不明确或来证中有关规定与合同不符,一些特殊要求我方无法办到的,应坚决要求改证。对一些条款或要求虽与合同规定不符,但经努力可以办到的,一般不改,以减少其中的周折和改证费用。

(2) 修改信用证的内容,要征得开证人的同意,由开证行发修改通知书才有效。修改通知书同开立信用证一样仍须通过该开证行转送,以图安全。

(3) 对于需修改的内容,应一次向对方全部提出,以节约改证费用,减少周折。

(4) 对修改通知书的内容,只能全部接受或拒绝,不能只接受其中一部分而拒绝另一部分。

(5) 对银行转来的修改通知书的内容,根据 UCP 600 的规定,受益人应作出接受或拒绝的通知;如果没有发出此类通知则以受益人提交的单据作为判断,如单据符合修改通知书的内容,即被认为已接受。

(6) 在收到修改通知书经审核无异议后,应立即向开证行表示接受,然后方可装船出运,不可在未接到通知书之前贸然出运,以免陷入被动。还应将修改通知书与原信用证钉在一起(俗称"锁证"),以防修改通知书丢失从而影响受益人议付货款。

4. 信用证中常出现的一些"软条款"。

(1) 规定开证行另行指示或通知后方能生效的信用证。在此类信用证中,待通知的项目有装船期、船名及装载数量、样品检验认可、进口许可证取得等,实践中一旦行情发生不利变化,开证申请人很可能不予通知,即使在有些交易中开证行在信用证有效期内作出指示,也常常因为有效期临近,导致延迟装运或其他不符点的产生,为开证行拒付创造了条件。

(2) 规定必须在货物抵达目的地后经买方检验合格方予付款。作出此项规定,银行信用证的付款保证已无从谈起,实质上把信用证结算变成了托收业务中的远期承兑交单,出口商的风险剧增。

(3) 规定某些单据必须由指定人签署方能付款,如规定由特定人(通常为开证申请人指定)签发客检单。这一做法实际上把信用证变成了可撤销信用证,且在实践中即使开证申请人出具了客检单,开证行仍随时可以客检单签章与留底不符为由拒付货款。

(4) 无明确保证付款条款,或明确表示开证行付款以进口商承兑出口商汇票为前提,事实上已将信用证业务中的银行信用蜕变为商业信用。

(5) 要求提供不易获得的单据,如违反运输业务常规,要求提供装在舱内的集装箱提单等。

(6) 设置不易被察觉的陷阱,使出口商难以取得合格的单据,从而随时保留拒付的权利。如要求 1/3 正本提单寄客,使用记名提单,使用 CMR 运输单据。

(7) 申请人通知船公司、船名、装船日期、验货人等才能装船,此条款使出口商装船完全由进口商控制。

(8) 所设条款无形中制约了受益人的权利,如信用证到期地点在开证行所在国;信用证限制运输船只、船龄;自相矛盾的条款,如既规定允许提交联运提单,又规定禁止转船等。

以上仅就国际贸易中最常见的软条款进行了举例,实际上远不止这些。软条款出现的形式及出现的频率与贸易的大环境和业务员驾驭交易的能力有着密切的联系。

案例思考

1. 南非华裔商人李华是一家南非公司的总经理,2005 年被中国法院判处诈骗罪成立,原因是其"以设置信用证软条款、伪造客检单等手段诈骗"。案例经过如下:2005 年年初,李华与建华衬衫厂达成购买领带及衬衫的意向,因建华衬衫厂无进出口经营权,遂委托华泰进出口公司做代理。2005 年 1 月,李华代表南非公司与华泰进出口公司达成购销合同,并于 1 月 31 日通过一香港公司委托香港银行出具不可撤销信用证,金额为 249970 美元(合 2076550 元人民币)。信用证规定,出口商应提供装船前检验证书,该证书须由开证申请人(即香港公司)田成签字,且签字盖章须与银行留底相符。信用证开出之前,李华按约定向建华衬衫厂和华泰进出口公司收取佣金和信用证保证款共计 461500 元人民币。

2005 年 2 月 28 日,建华衬衫厂按要求将货物运至李华指定的船务公司的仓库,李华同时按信用证要求向建华衬衫厂出具了客方检验合格单(即客检单,该单在进库前由华泰进出口公司的业务人员打印清楚,交李华转托他人带至香港经田成签字后带回)。在货物装船时,李华和华泰进出口公司发的货物不能按原设想装入一个货柜,只好多装了一个小货柜,而由此引起的费用负担纠纷却一直未能达成一致。2005 年 3 月,在未经李华同意的情况下,华泰进出口公司指示船务公司发运货物至香港,同时取得信用证约定的运费到付提单,连同商业发票、客检单等一起,交中国银行并转寄香港开证行。李华在得知货已发出后通知香港开证行拒付。不久,香港开证行告知华泰进出口公司,由于客检单上的签字与银行留底不符,现已将不符点交开证公司,如果开证公司确认不符点成立,银行将拒付信用证款项。2005 年 4 月 3 日,香港银行正式通知受益人拒付提单,4 月 10 日信用证过期。华泰进出口公司在与李华多次协商未果的情况下,委托船务公司将货物从香港拉回。此后,建华衬衫厂向李华追索上述 46 万余元佣金及保证金,李华以各种借口推托,建华衬衫厂遂向当地公安机关报案。

2005 年 5 月,李华被公安机关拘捕,经检察机关的侦查后,指控李华"以设置信用证软条款、伪造客检单等手段诈骗"。

2005 年 11 月,法院一审判决李华诈骗罪成立,判处有期徒刑 14 年。李华不服判决,理由是信用证条款为卖方认可,客检单并非伪造,涉案货物已由卖方收回,至于 46 万余元佣金的归属,充其量是合同纠纷,法院认定为诈骗缺乏法律依据。

2006 年 1 月,二审法院经审理认为,一审法院原判认定的事实清楚,证据确实、充分,定罪准确,量刑适当,审判程序合法,依照《中华人民共和国刑事诉讼法》,驳回上诉,维持原判。

【案例提示】本案例中李华的行为到底是正常的合同纠纷还是商业诈骗,要想搞清这个问题我们必须吃透信用证整个业务以及所谓的"信用证软条款"。信用证是银行根据开证申请人(即贸易关系中的出口商)开具的规定期限内凭规定的单据支付一定金额的书面保证。在信用证业务中,银行承担付款责任,因而对出口商的利益保证更为充分。根据国际惯例,受益人取得信用证金额的唯一条件是提供与信用证要求严格一致的单据。在国际贸易中,许多进口商或开证行便利用这一点设置陷阱条款(也称软条款),使出口商提交的单据动辄出现不符点,为其拒付货款寻找借口,以保护自身利益或争取对自己最为有利的交易条件。①

请问:(1)在本案例中,李华设定的哪些条款属于软条款;(2)在国际贸易实务中,如何很好地防范此类风险?

2. 我方向英国出口冻牛肉 200 公吨,每公吨 FOB 价 350 美元。合同规定数量可增减 10%。国外按时开来信用证,信用证中规定金额为 7 万美元,数量约 200 公吨。结果我方按 220 公吨发运装货,但持单到银行议付时遭到拒绝。

【案例提示】本案例涉及我方交货时在信用证的支付条件下对数量条款应该怎样掌握浮动空间。

请问:开证行拒付的理由是否正确,为什么?

3. 南京东海出口公司出售一批货物给台湾 N 商,价格条件为 CIF 伦敦,付款条件为 D/P 见票 30 天付款,东海出口公司同意 N 商指定花旗银行为代收行。东海出口公司在合同规定的装船期限内将货物装船,取得清洁提单,随即出具汇票,连同提单和商业发票等委托中国银行通过花旗银行向 N 商收取贷款。15 天后所装货物安全运抵伦敦,因当时该商品的行市看好,N 商信托收据向花旗银行借取提单,提取货物并将部分货物出售。不料因到货过于集中,导致货物的价格迅速下跌,N 商以缺少保险单为由在汇票到期时拒绝付款。

【案例提示】本案例涉及在合同的支付条款中托收方式的风险问题。

请问:(1)合同的支付条款存在的风险指数有何不同;(2)银行有没有失误,客户的做法有无道理?

1. 信用证开证申请书背面内容

---

① http://finance.sina.com.cn/xiaofei/puguangtai/20060306/16532394842.shtml。

致：　　　银行（开证行名称）

　　我公司已依法办妥一切必要的进口手续，兹谨请贵行直接或通过贵行上级依照本申请书所列条款开立第　　号国际货物买卖合同项下不可撤销跟单信用证，并承诺如下：

　　1. 同意贵行依照国际商会第 600 号出版物《跟单信用证统一惯例》办理该信用证项下的一切事宜，并同意承担由此产生的一切责任。

　　2. 及时提供贵行要求提供的真实、有效的文件和资料，接受贵行的审查监督。

　　3. 在贵行规定的期限内支付该信用证项下的各种款项，包括货款及贵行和有关银行的各项手续费、利息以及国外受益人拒绝承担的有关银行费用等。

　　4. 在贵行到单通知书规定的期限内，书面通知贵行办理对外付款/承兑/确认迟期付款/拒付手续。否则，贵行有权自行确定对外付款/承兑/确认迟期付款/拒付，并由我公司承担全部责任。

　　5. 我公司如因单证有不符之处而拟拒绝付款/承兑/确认迟期付款时，将在贵行到单通知书规定期限内向贵行提出拒付请求，并附拒付理由书一式两份，一次列明所有不符点，对单据存在的不符点，贵行有独立的终结认定权和处理权。经贵行根据国际惯例审核认为不属可据以拒付的不符点的，贵行有权主动对外付款/承兑/确认迟期付款，我公司对此放弃抗辩权。

　　6. 该信用证如需修改，由我公司向贵行提出书面申请，贵行可根据具体情况确定能否办理修改。我公司确认所有修改当受益人接受时生效。

　　7. 经贵行承兑的远期汇票或确认的迟期付款，我公司无权以任何理由要求贵行止付。

　　8. 按上述承诺，贵行对外付款时，有权主动借记我公司在贵行的账户款项。若发生任何形式的垫付，我公司将无条件承担由此而产生的债务、利息和费用等，并按贵行要求及时清偿。

　　9. 在收到贵行开出信用证、修改书的副本之后，及时核对，如有不符之处，将在收到副本后两个工作日内书面通知贵行。否则，视为正确无误。

　　10. 该信用证如因邮寄、电讯传递发生遗失、延误、错漏，贵行概不负责。

　　11. 本申请书一律用英文填写。如用中文填写而引发的歧义，贵行概不负责。

　　12. 因信用证申请书字迹不清或词义含混而引起的一切后果均由我公司负责。

　　13. 如发生争议需要诉讼时，同意由贵行住所所在地法院管辖。

　　14. 我公司已对开证申请书及承诺书各印就条款进行审慎研阅，对各条款含义与贵行理解一致。

　　　　　　　　　　　　　　　　申请人（盖章）
　　　　　　　　　　　　　　　　法定代表人
　　　　　　　　　　　　　　　　或授权代理人
　　　　　　　　　　　　　　　　　　年　　月　　日

　　同意受理
银行（盖章）
负责人
或授权代理人
　　　　年　　月　　日

2. 汇付业务流程(如图 4-6 所示)

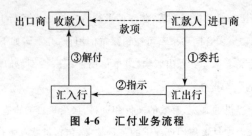

图 4-6　汇付业务流程

3. 托收业务流程(如图 4-7 所示)

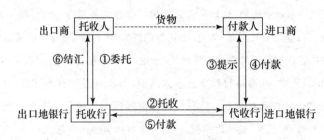

图 4-7　托收业务流程

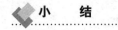 小　　结

落实信用证是履行国际贸易合同中很重要的一个环节。本任务仍然以威海 A 贸易有限公司的一笔实际出口业务为背景,介绍了催开信用证、审核信用证以及修改信用证这三项工作的具体内容以及应注意的问题,并着重讲解了信用证开证申请书、信用证以及改证函(电)等有关单据的填制。通过学习,学生可以掌握信用证的操作流程,能够填写开证申请书,审核来证内容是否符合要求并会修改来证的不符点。

子任务 3　租 船 订 舱

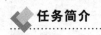 任务简介

本部分任务是在合同履行阶段,出口商备好货之后进行的。根据货物的数量,选择不同的运输形式。如果货物的数量大需整船载运,需要提前办好租船手续;如果货物的数量不大,但时间紧迫,也可以选择空运。但是,一定要注意需要按照合同或者信用证要求的日期装船出运,否则合同结算付款时会造成议付行拒绝付款或者违约罚款的问题。

在这笔业务中,货物将于 2013 年 11 月 17 日装船出运,一般在货物发运 7 个工作日前填制订舱单,并交给船公司。本次业务中船公司 SUNGLOW CORPORATION 确认订舱单后,发出装货单,根据装货单的内容,货代公司向威海 A 贸易有限公司发出入货通知,威海 A

贸易有限公司按时组织货物装船。货物装船后,威海 A 贸易有限公司还需向收货人发出装船通知书,提醒收货人按时收货。

任务分解

本部分任务具体分解为以下 4 个小任务,分别是:

任务 1:填制订舱单;

任务 2:船公司发出入货通知;

任务 3:核对海运提单;

任务 4:发出装船通知。

其中,任务 1"填制订舱单"和任务 3"核对海运提单"是重点,具体的业务流程如图 4-8 所示。

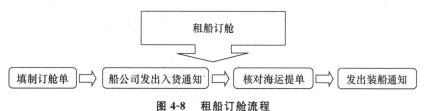

图 4-8 租船订舱流程

一、填制订舱单

威海 A 贸易有限公司于 2013 年 11 月 10 日将填好的订舱单交给船公司 SUNGLOW CORPORATION,并要求其及时发出装货单。

订 舱 单

ATTN:	NO.: TOSH1110
Shipper(发货人)	预定船期:NOV.17,2013
WEIHAI A CO.,LTD.	
28,HAIBIN(N)ROAD,WEIHAI,SHANDONG,	船名/航次:
CHINA	
Consignee(收货人)	提单号:
TO ORDER OF SHIPPER	
	集装箱规格:1×20'GP
Notify Party(通知人)	
B CORPORATION	拖货地址:青岛 C 服饰有限公司
6F. SEIWA BLDG.,1-4-21 UOMACHI,	
FUKUOKA,JAPAN	订舱单位:威海 A 贸易有限公司
Ocean Vessel(船名) Port of Loading(装货港)	地址:威海市海滨北路 28 号
QINGDAO,CHINA	TEL:0631-521××××
	FAX:0631-523××××
Port of Discharge(卸货港)	联系人:王先生
MOJI,JAPAN	

续

Container No. & Seal No. Mark & Nos.（标记与号码）	No. of containers or p'kgs（箱数或件数）	Kind of Package; Decsription of Goods（包装种类与货名）	Gross Weight 毛重（公斤）	Measurement 尺码（立方数）
N/M	95BAGS	JACQUARD HOME MAT FREIGHT PREPAID	2531.000KGS	28.000CBM
Total Number of Containers or Packages(In Words) 集装箱数或件数合计（大写）		SAY: NINTY-FIVE BAGS ONLY.		

Prepaid at（预付地点）　　　Payable at（到付地点）　　　Palace of Issue（签发地点）
QINGDAO,CHINA　　　　　　　　　　　　　　　　　　QINGDAO,CHINA

备注：

二、船公司发出入货通知

船公司 SUNGLOW CORPORATION 确认订舱单后，发出装货单，根据装货单的内容，货代公司向威海 A 贸易有限公司发出入货通知，要求该公司按时组织货物装船。

入货通知

Mr Wang

您好！现将贵公司由青岛发往 MOJI 的 1×20'GP 货柜入货信息告知如下：

船名/航次：ACACIA729 开船日：2013 年 11 月 17 日

提单号：ACQMJ729655 校正码：6550

场站：中集裕龙，电话：8693×××，联系人：胡先生

以上货物请于 11 月 17 日 18：00 时前入货通关

截单时间：11 月 17 日 16：00 时

★★背箱时请检查箱况，若有问题请及时与我公司联系，否则产生的责任与我公司无关。若有其他事宜，欢迎来电垂询。

★★船公司规定，提单确认必须在截单时间之前确认完毕，否则收取改单费￥100/票。

★★提箱须持双号（提箱校正码和提单号），场站方给放箱。

11 月 11 日

三、核对海运提单

根据信用证及其修改通知书的要求,威海 A 贸易有限公司于 2013 年 11 月 17 日将该批货物在青岛港装上来开往 MOJI 的 ACACIA729 号货轮。货物装船后返回一份收货单(大副收据),托运人凭该单据向船公司换取了正本提单,海运提单如下。

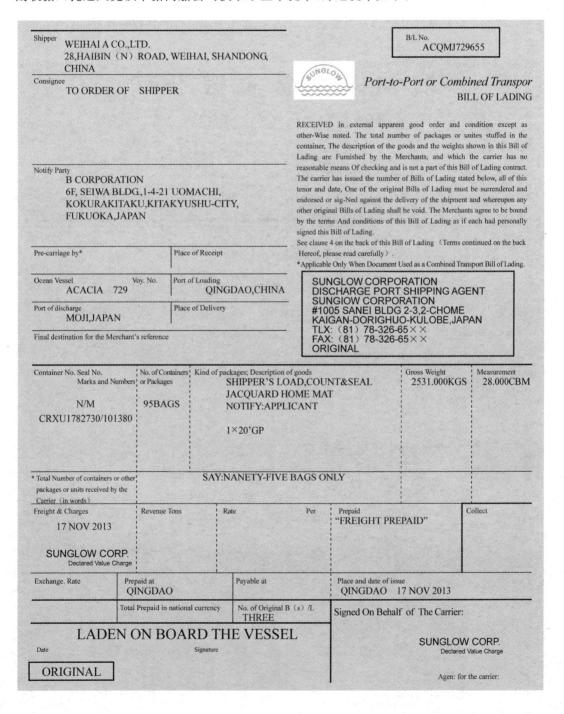

四、发出装船通知

根据信用证及其修改通知书的要求,威海 A 贸易有限公司于 2013 年 11 月 17 日将该批货物在青岛港装上开往 MOJI 港的 ACACIA729 号货轮。货物装船后返回一份收货单(大副收据),托运人凭该单据向船公司换取了正本提单。货物装上船后,出口方威海 A 贸易有限公司即向进口商日本 B 公司发出装船通知(船积通知书),以提醒其按时收货。

威海 A 贸易有限公司
WEIHAI A CO. ,LTD.

地址:山东威海市海滨北路 28 号
28, Haibin(N)Rd. Weihai City, Shandong, China　　电话(TEL):0086-631-523××××
E-mail:A@wh-public.sd.cninfo.net　　传真(FAX):0086-631-523××××

SHIPPING ADVICE
(船积 通知书)

DATE: NOV. 17, 2013

TO: __B CORPORATION__

NAME OF COMMODITY: __JACQUARD HOME MAT__
　　　　(品名)

QUANTITY: __900PCS/95BAGS__
　　(数量)

CONTRACT NO.(契约书 NO.): __KNK-71112__

INVOICE NO.: __WK070047__　　INVOICE YALUE(金额): __USD12096.00__

B/L NO.: __ACQMJ729655__　　B/L DATE(出港日): __NOV. 17. 2013__

L/C NO.: __255-612-04704__　　NAME OF VESSEL(船名) __ACACIA 729__

CONTAINER NO.: __CRXU1782730/101380__

FROM: __QINGDAO, CHINA__　　TO: __MOJI, JIPAN__
　　(船积港)　　　　　　　　　　(目的港)

PLEASE　EFFECT　INSURANCE

ATTN:末松 样

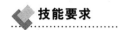
技能要求

一、基本理论：了解各种运输方式，并能够根据货物的数量情况选择适合的方式进行运输

1. 国际货物运输方式概况

根据使用的运输工具不同，国际货物运输方式可分为海洋运输、铁路运输、公路运输、航空运输、管道运输等运输方式。

我国国际货物运输的进出口货物，大部分是通过海洋运输，少部分通过铁路运输或公路运输，也有些货物通过管道运输或邮政运输。随着航空事业的发展，通过航空运输的货运量近年来有较大的增长，货物种类和范围也在不断扩大。

2. 国际海上货物运输

国际海上货物运输，是指使用船舶通过海上航道在不同的国家和地区的港口之间运送货物的一种运输方式。

(1) 国际海上货物运输的特点

① 运输量大

国际货物运输是在全世界范围内进行的商品交换，地理位置和地理条件决定了海上运输是国际货物运输的主要手段。国际贸易总运量的 75% 以上是利用海上运输来完成的，有的国家的对外贸易运输海运占运量的 90% 以上。主要原因是船舶向大型化发展，如 50 万～70 万吨的巨型油船，16 万～17 万吨的散装船，以及集装箱船的大型化，船舶的载运能力远远大于火车、汽车和飞机，是运输能力最大的运输工具。

② 通过能力大

海上运输所利用的天然航道四通八达，不像火车、汽车要受轨道和道路的限制，因而其通过能力要超过其他的各种运输方式。如果因政治、经济、军事等条件的变化还可以随时改变航线驶往有利于装卸的目的港。

③ 运费低廉

船舶的航道天然构成，船舶运量大，港口设备一般均为政府修建，船舶经久耐用且节省燃料，所以，货物的单位运输成本相对低廉。据统计，海运运费一般约为铁路运费的 1/5，公路汽车运费的 1/10，航空运费的 1/30，这就为低值大宗货物的运输提供了有利的竞争条件。

④ 对货物的适应性强

由于上述特点使海上运输基本上适应各种货物的运输，如石油井台、火车、机车车辆等超重大货物，其他的运输方式无法装运的，船舶一般都可以装运。

⑤ 运输的速度慢

由于商船的体积大，水流的阻力大，加之装卸时间长等其他各种因素的影响，因此货物的运输速度比其他的运输方式慢。较快的班轮航行速度也仅为每小时 30 海里左右。

⑥ 风险较大

由于船舶海上航行受自然气候和季节性的影响较大,海洋环境复杂,气象多变,随时都有遇上狂风、巨浪、暴风、雷电、海啸等人力难以抗衡的海洋自然灾害袭击的可能,遇险的可能性比陆地、沿海要大。同时,海上运输还存在着社会风险,如战争、罢工、贸易禁运等因素的影响。为转嫁损失,海上运输的货物、船舶保险尤其应引起重视。

(2) 国际海上货物运输的作用

① 海上运输是国际贸易运输的主要方式

海上货物运输虽然存在速度较低、风险较大的缺点,但是由于它的通过能力大、运量大、运费低,以及对货物适应性强等优点,加上全球特有的地理条件,使它成为国际贸易主要的运输方式。我国进出口货运总量的 80%～90% 是通过海上运输进行的,由于集装箱运输的兴起和发展,不仅使货物运输向集合化、合理化方向发展,而且节省了货物包装用料和运杂费,减少了货损货差,保证了运输质量,缩短了运输时间,从而降低了运输成本。

② 海上运输是国家节省外汇支付,增加外汇收入的重要渠道之一

在我国,运费支出一般占外贸进出口总额的 10% 左右,尤其大宗货物的运费占的比重更大,贸易中若充分利用国际贸易术语,争取我方多派船,不但节省了外汇的支付,而且还可以争取更多的外汇收入。特别是把我国的运力投入到国际航运市场,积极开展第三国的运输,可以为国家创造外汇收入。

③ 发展海上运输业有利于改善国家的产业结构和国际贸易出口商品的结构

海上运输是依靠航海活动的实践来实现的,航海活动的基础是造船业、航海技术和掌握技术的海员。造船工业是一项综合性的产业,它的发展又可以带动钢铁工业、船舶设备工业、电子仪器仪表工业的发展,促进整个国家的产业结构的改善。近年来,我国由原来的船舶进口国逐渐变成了船舶出口国,而且正在迈向船舶出口大国的行列。

④ 海上远洋运输船队是国防的重要后备力量

海上远洋运输船队历来在战时都被用作后勤运输工具。美、英等国把商船队称为"除陆、海、空之外的第四军种",苏联的商船队也被西方国家称之为"影子舰队"。可见,它对战争的胜负所起的作用。正因为海上运输占有如此重要的地位,世界各国都很重视发展海上航运事业,通过立法加以保护,从资金上加以扶植和补助,在货载方面给予优惠。

3. 国际铁路货物运输

(1) 铁路货物运输的特点

铁路是国民经济的大动脉,铁路运输是现代化运输业的主要运输方式之一,它与其他的运输方式相比具有以下主要特点。

① 铁路运输的准确性和连续性强。铁路运输几乎不受气候的影响,一年四季可以不分昼夜地进行定期的、有规律的、准确的运转。

② 铁路运输的速度比较快。铁路货运速度每昼夜可达几百公里,一般货车可达每小时100公里左右,远远高于海上运输。

③ 运输量比较大。铁路一列货物列车一般能运送3000~5000吨货物,远远高于航空运输和汽车运输。

④ 铁路运输的成本较低。铁路运输的费用仅为汽车运输费用的几分之一到十几分之一,运输耗油约是汽车运输的1/20。

⑤ 铁路运输安全可靠,风险远比海上运输的风险小。

⑥ 初期投资大。铁路运输需要铺设轨道、建造桥梁和隧道,建路工程艰巨复杂;需要消耗大量的钢材、木材;占用土地,其初期投资大大超过其他的运输方式。

另外,铁路运输由运输、机务、车辆、工务、电务等业务部门组成,要具备较强的准确性和连贯性,各业务部门之间必须协调一致,这就要求在运输指挥方面实行统筹安排,统一领导。

(2) 国际铁路货物运输的作用

① 有利于发展同欧亚各国的贸易。

② 有利于开展同港澳地区的贸易,并通过香港进行转口贸易。

③ 对进出口货物在港口的集散和各省、市之间的商品流通起着重要作用。

④ 利用欧亚大陆桥运输是必经之道。

大陆桥运输,是指以大陆上铁路或公路运输系统为中间桥梁,把大陆两端的海洋连接起来的集装箱连贯运输方式。

4. 国际航空货物运输

(1) 国际航空货物运输的特点

国际航空货物运输虽然起步较晚,但发展极为迅速,这是与其所具备的许多特点分不开的,这种运输方式与其他的运输方式相比具有以下特点。

① 运送速度快

现代喷气运输机一般时速在900英里左右,协和式飞机时速可达1350英里。航空线路不受地面条件的限制,一般可在两点间直线飞行,航程比地面短得多,而且运程越远,快速的特点就越显著。

② 安全准确

航空运输管理制度比较完善,货物的破损率低,可保证运输质量,若使用空运集装箱则更为安全。飞机航行有一定的班期,可保证按时到达。

③ 手续简便

航空运输为了体现其快捷便利的特点,为托运人提供了简便的托运手续,也可以由货运代理人上门取货并为其办理一切运输手续。

④ 节省包装、保险、利息和储存等费用

由于航空运输速度快,商品在途时间短、周期快,存货可相对减少,资金可迅速收回。

⑤ 航空运输的运量小、运价较高

但是,由于航空运输的优点突出,可弥补运费高的缺陷,加之保管制度完善、运量又小,货损货差较少。

(2) 国际航空货物运输的作用

① 当今国际贸易有相当数量的洲际市场,商品竞争激烈,市场行情瞬息万变,时间就是效益。国际航空货物运输具有比其他的运输方式更快的特点,可以使进出口货物能够抢行市,卖出好价钱,增强商品的竞争能力,对国际贸易的发展起到了很大的推动作用。

② 国际航空货物运输适合于鲜活易腐和季节性强的商品的运输。

③ 利用航空来运输电脑、精密仪器、电子产品、成套设备中的精密部分、贵稀金属、手表、照相器材、纺织品、服装、丝绸、皮革制品、中西药材、工艺品等价值高的商品,适应市场的变化快的特点。

④ 国际航空货物运输是国际多式联运的重要组成部分。

5. 集装箱与国际多式联运

集装箱运输是以集装箱作为运输单位进行货物运输的现代化运输方式,目前已成为国际上普遍采用的一种重要的运输方式。国际多式联运是在集装箱运输的基础上产生和发展起来的,一般以集装箱为媒介,把海洋运输、铁路运输、公路运输和航空运输等传统单一的运输方式有机地联合起来,从而完成国际间的货物运输。

(1) 集装箱运输的优越性

① 对于货主而言,集装箱运输的优越性体现在大大地减少了货物的损坏、偷窃和污染的发生;节省了包装费用;由于减少了转运时间,能够更好地对货物进行控制,从而降低了转运费用,也降低了内陆运输和装卸的费用,便于实现更迅速的"门到门"的运输。

② 对于承运人来说,集装箱运输的优点在于减少了船舶在港的停泊时间,加速了船舶的周转,船舶加速的周转可以更有效地利用它的运输能力,减少对货物的索赔责任等。

③ 对于货运代理人来说,使用集装箱进行货物运输可以为他们提供更多的机会来发挥无船承运人的作用,提供集中运输服务、分流运输服务、拆装箱服务、门到门运输服务和提供联运服务的机会。

(2) 集装箱运输的缺点

① 受货载的限制，使航线上的货物流向不平衡，往往在一些支线运输中出现空载回航或箱量大量减少的情况，从而影响了经济效益。

② 需要大量的投资，产生资金困难。

③ 转运不协调，造成运输时间延长，增加一定的费用。

④ 受内陆运输条件的限制，无法充分发挥集装箱运输"门到门"的运输优势。

⑤ 各国集装箱运输方面的法律、规章、手续及单证不统一，阻碍国际多式联运的开展。

(3) 国际多式联运的优点

① 手续简便，责任统一

在国际多式联运方式下，货物运程不论多远，不论由几种运输方式共同完成货物运输，也不论货物在途中经过多少次转运，所有的运输事项均由多式联运承运人负责办理。而货主只需办理一次托运、订立一份运输合同、支付一次运费、办理一次保险，并取得一份联运提单。与各运输方式相关的单证和手续上的麻烦被减少到最低限度。发货人只需与多式联运经营人进行交涉。

② 减少运输过程中的时间损失，使货物运输更快捷

国际多式联运作为一个单独的运输过程而被安排和协调运作，能减少在运转地的时间损失和货物灭失、损坏、被盗的风险。多式联运承运人通过他的通信联络和协调，在运转地各种运输方式的交接可连续进行，使货物更快速地运输，从而弥补了与市场距离远和资金积压的缺陷。

③ 节省了运杂费用，降低了运输成本

国际多式联运由于使用了集装箱，集装箱运输的优点都体现在多式联运中，多式联运承运人一次性收取全程运输费用、一次性保险费用。货物装箱后装上一程运输工具即可用联运提单结汇，有利于加快资金周转，减少利息损失，同时也节省了人、财、物资源，从而降低了运输成本。这有利于减少货物的出口费用，提高了商品在国际市场上的竞争能力。

④ 提高了运输组织水平，实现了"门到门"运输，使合理运输成为现实

国际多式联运可以提高运输的组织水平，改善了不同运输方式间的衔接工作，实现了各种运输方式的连续运输，可以把货物从发货人的工厂或仓库运到收货人的内地仓库或工厂，做到了"门到门"的运输，使合理运输成为现实。

在当前国际贸易竞争激烈的形势下，货物运输要求速度快、损失少、费用低，而国际多式联运适应了这些要求。因此，在国际上越来越多地采用多式联运。可以说，国际多式联运是当前国际货物运输的发展方向。我国地域辽阔，更具有发展国际多式联运的潜力。未来，随着我国内陆运输条件的改善，我国的国际多式联运必将蓬勃地发展起来。

二、业务操作：掌握租船订舱的过程中涉及的相关单据的填制

1. 订舱单的填制

填制订舱单时需要注意以下问题。

（1）如果通过货代公司订舱，则订舱单由货代公司根据出口商（托运人）制作的代运委托书的内容填制。

（2）托运人为提单的发货人（Shipper），一般即出口商。

（3）编号船名即提单号和所配载的船名航次，由船公司配载后填写。

（4）备注栏可填写对运输和单据的特殊要求，如提单上需注明目的港代理的名称、地址、联系电话等。

（5）长联内容中要求注明的金额为信用证或合同金额。

此部分对于专业知识要求较低，订舱单中的内容可根据箱单发票和信用证填写。一般业务中，货代公司都会要求卖方直接填制托运单，并和船公司进行核对。因此，订舱委托书的填制内容与提单完全一致，若在填制订舱委托书时有错误将直接影响提单的内容。所以，在填写过程中一定要仔细认真，必须注意遵循国际贸易业务中"单单相符，单证相符"的基本原则。

"单单相符"的要求：所有提交银行议付的单据和单据之间要相符。向船公司订舱时还需要同时提供商业发票、装箱单等其他必要的单证，必须保证所有单据共有的项目严格一致，如 Container No. & Seal No. Mark & No（标记与号码）、No. of Containers or pkgs（箱数或件数）、Kind of Package Decrsiption of Goods（包装种类与货名）、Gross Weight（毛重）、Measurement 尺码（立方数）、Total Number of Containers or Packages（In Words）（集装箱数或件数合计）（大写）等。

"单证相符"的要求：信用证中对于运输单据的类型；起运地，转运地，目的地；装运日期/出单日期；收货人和被通知人；商品的名称可使用货物的统称；运费预付或运费到付须正确表明；正副本份数；运输单据上不应有不良批注；全套正本都须盖妥承运人的印章及签发日期章；应加背书的运输单据，须加背书。

2. 装船通知的编写

装船通知也叫装运通知，是指出口商在货物装船后发给进口商的包括货物详细装运情况的通知，其目的在于让进口商做好筹措资金、付款和接货的准备，如成交条件为 FOB/FCA、CFR/CPT 等还需要向进口国保险公司发出该通知以便其为进口商办理货物保险手续。出口装船通知应按合同或信用证规定的时间发出，该通知副本常作为向银行交单议付的单据之一。在进口商派船接货的交易条件下，进口商为了使船、货衔接得当，也会向出口

商发出有关通知。通知以英文制作,无统一格式,内容一定要符合信用证的规定,一般只提供一份。

由于格式上并无统一要求,内容符合信用证的规定即可,装船通知的主要内容包括单据名称、通知对象、通知内容(所发运货物的合同号或信用证号、品名、数量、金额、运输工具名称、开航日期、启运地和目的地、提运单号码、运输标志等)、制作和发出日期。

3. 海运提单的填制

(1) 提单的号码(B/L. NO. _____):承运人或其代理人按承运人接受托运货物的先后次序或按舱位入货的位置编排的号码。

(2) 提单的名称:必须注明"提单"(Marine/Ocean Bill of Lading)字样。

(3) 托运人(Shipper)的名称和营业所:此栏填写出口商的名称和地址,在没有特殊规定时应填写信用证受益人的名称和地址。如果信用证要求以第三者为托运人的,必须按信用证的要求予以缮制。

(4) 收货人或指示(Consignee or Order)的名称:收货人指定与否关系提单能否转让,以及货物的归属问题,收货人的名称必须按信用证的规定填写。

(5) 通知地址(Notify Address):被通知人即进口商或进口商的代理人,如信用证有具体规定,要严格按照信用证的规定缮制。

(6) 海运船只(Ocean Vessel):此栏按实际情况填写承担本次运输货物的船舶的名称和航次。

(7) 装货港(Port of Lading):此栏填写货物的实际装船的港口名称,即启运港。

(8) 卸货港(Port of Discharge):此栏填写海运承运人终止承运责任的港口名称。

(9) 交货地点(Place of Delivery):此栏只有在转船运输时填写。

(10) 收货地点(Place of Receipt):此栏只有在转船运输时填写。

(11) 标志和号码(Marks and Nos):又称唛头,是提单与货物联系的主要纽带,是收货人提货的重要依据,必须按信用证或合同的规定填写。如无唛头规定时可注明 quote:"NO MARKS"(N/M)。

包装种类和件数,货名(Number and Kind of Packages, Description of Goods):此栏按货物是散装货、裸装货和包装货的实际情况填写。

(12) 毛重和尺码(Gross Weight and Measurement):此栏填写货物的毛重总数和体积总数。

(13) 运费和其他费用(Freight and Charges):此栏填写运费及额外的附加费用。

(14) 运费支付地点(Freight Payable at):此栏按信用证的规定填写。

(15) 签单地点和日期(Place and Date of Issue):提单签发地为装运港所在城市的名

称,签发日期为货物交付承运人或装船完毕的日期。

（16）正本提单份数（Number of Original B/Ls）：正本提单签发的份数必须符合信用证规定的份数。

（17）代表承运人签字（Signed for or on behalf or the Carrier）：提单必须由船长或承运人或其代理人签字盖章。

常见问题

如果违反以上规定,对出现的问题必须进行及时的更正和修正,否则,将影响安全收汇。对于严重的不符点（如发货日期晚于信用证要求的最晚日期）,议付行可拒绝付款,若不符点不是非常重要,信用证中往往也对出现的不符点规定了罚款金额,因此单据出现不符点必然会带来损失或者不便,在填制订舱单时一定要严格审核。

在实际操作中,为了避免出现这种问题,有再次确认的程序。在发货人收到船公司的提单后,需要立即进行审核,确认无误后,可再次签字并交给船公司（传真件也可）,船公司方出具正式的海运提单。

案例思考

1. 我国 A 出口公司先后与伦敦 B 公司和瑞士 S 公司签订两个出售农产品合同,共计 3500 长吨,价值 8.275 万英镑。装运期为当年12月至次年1月。但由于原定的装货船舶出故障,只能改装另一艘外轮,至使货物到 2 月 11 日才装船完毕。在 A 出口公司的请求下,外轮代理公司将提单的日期改为 1 月 31 日,货物到达鹿特丹后,买方对装货日期提出异议,要求 A 出口公司提供1月份装船证明。A 出口公司坚持提单是正常的,无须提供证明。结果买方聘请律师上货船查阅船长的船行日志,证明提单日期是伪造的,立即凭律师拍摄的证据向当地法院控告并由法院发出通知扣留该船,经过 4 个月的协商,最后,A 出口公司赔款 2.09万英镑,买方才肯撤回上诉而结案。

【案例提示】本案例涉及倒签提单的问题。所谓倒签提单,是指承运人应托运人的要求在货物装船后,提单签发的日期早于实际装船完毕日期的提单。

请问：在本案例中,A 出口公司的行为有何不妥？

2. 我方某公司以 FOB 条件出口一批冻鸡。合同签订后接到买方的来电称租船较为困难,委托我方代为租船,有关费用由买方负担。为了方便合同履行,我方接受了对方的要求。但时至装运期我方在装运港无法租到合适的船,且买方又不同意改变装运期。因此,到装运期满时货仍未装船,买方因销售季节即将结束,便来函以我方未按期租船履行交货义务为由撤销了合同。

【案例提示】本案例涉及 FOB 贸易术语中租船订舱责任的归属问题。

请问：我方某公司应如何处理这起纠纷？

3. 出口箱装货物共 100 箱，报价为每箱 4000 美元 FOB 上海，基本费率为每运费吨 26 美元或 1.5%，以 W/M or Ad Val 选择法计算，每箱体积为 1.4m×1.3m×1.1m，毛重为每箱 2 公吨，并加收燃油附加费 10%，货币贬值附加费 20%，转船附加费 40%。

【案例提示】本案例涉及班轮运输运费的计算。

请问：本案例应如何计算总运费？

4. 北京某公司出口 2000 公吨大豆，国外来证规定：不允许分批装运。结果该公司在规定的期限内分别在大连和青岛各装 1000 公吨于同一航次的同一船只上，提单上也注明了不同的装货港和不同的装船日期。

【案例提示】本案例涉及分批装运的问题。

请问：北京某公司的做法是否违约？银行能否议付？

拓展提高

1. 目前大多数船公司都采用一单九联的订舱单（参见表 4-9）

表 4-9 订舱单一览表

第一联	货代留底（集装箱货物托运单）B/N	货主留底联
第二联	船代留底（集装箱货物托运单）	外代定舱留底联
第三联	运费通知	
第四联	运费联	
第五联	提箱申请书（集装箱货物托运单）	提箱联
第六联	装货单（Packing List）	报关后船东留底联
第六联附页	缴纳出口货物港务费申请书	拖车、堆场留底联
第七联	大副收据（场站收据副本）	大副联
第八联	场站收据（Dock Receipt）D/R	提单联
第九联	船代留底	外代申报留底联

2. 信用证中常见有关装船通知条款分析

(1) ORIGINAL FAX FROM BENEFICIARY TO OUR APPLICANT EVIDENCING

B/L NO., NAME OF SHIP, SHIPMENT DATE, QUANTITY AND VALUE OF GOODS.

要求应向申请人提交正本通知一份,通知上列明提单号、船名、装运日期、货物的数量和金额。制作单据时只要按所列项目操作即可。

(2) INSURANCE EFFECTED IN IRAN BY IRAN INSURANCE CO., THE NAME OF INSURANCE CO. AND THE POLICY NO. ××× DD. HAVE TO BE MENTIONED ON B/L, SHIPMENT ADVICE TO BE MADE TO SAID INSURANCE CO. VIA TLX NO. ××× INDICATING POLICY NO. AND DETAILS OF SHIPMENT, A COPY OF WHICH IS TO BE ACCOMPANIED BY THE ORIGINAL DOCS.

该条款要求货物的保险由伊朗保险公司办理,提单上应明确保险公司的名称、保单号码和出单日期,所出的装运通知则应标明保险公司的名称、电传号码、保单号码和货物的详细情况,电抄副本随正本单据向银行提交。

(3) SHIPMENT ADVICE WITH FULL DETAILS INCLUDING SHIPPING MARKS, CTN NUMBERS, VESSEL'S NAME, B/L NUMBER, VALUE AND QUANTITY OF GOODS MUST BE SENT ON THE DATE OF SHIPMENT TO US.

该项规定要求装运通知应列明包括运输标志、箱号、船名、提单号、货物金额和数量在内的详细情况,并在货物发运当天寄开证行。

(4) BENEFICIARY MUST FAX ADVISE TO THE APPLICANT FOR THE PARTICULARS BEFORE SHIPMENT EFFECTED AND A COPY OF THE ADVICE SHOULD BE PRESENTED FOR NEGOTIATION.

根据这条规定,受益人发出的装运通知的方式是传真,发出时间是在货物装运前,传真副本作为议付单据提交。

(5) INSURANCE COVERED BY OPENERS. ALL SHIPMENTS UNDER THIS CREDIT MUST BE ADVISED BY YOU IMMEDIATELY AFTER SHIPMENT DIRECT TO M/S ABC INSURANCE CO. AND TO THE OPENERS REFERRING TO COVER NOTE NO CA364 GIVING FULL DETAILS OF SHIPMENT. A COPY OF THIS ADVICE TO ACCOMPANY EACH SET OF DOCUMENTS.

该条款要求保险由申请人负责,货物装运后由受益人直接发通知给 ABC 保险公司和申请人,通知上应注明号码为 CA364 的暂保单,并说明货物的详细情况。每次交单都应随附该通知副本。

(6) BENEFICIARY'S CERTIFIED COPY OF FAX SENT TO APPLICANT WITHIN 48 HOURS AFTER SHIPMENT INDICATING CONTRACT NO. L/C NO. GOODS

NAME, QUANTITY, INVOICE VALUE, VESSEL'S NAME, PACKAGE/CONTAINER NO. , LOADING PORT, SHIPPING DATE AND ETA.

按这条信用证要求,受益人出具的装运通知必须签署,通知应在发货后 48 小时内发出,具体通知内容为合同号、信用证号、品名、数量、发票金额、船名、箱/集装箱号、装货港、装运日期和船舶预抵港时间。受益人应严格按所要求的内容缮制。

(7) SHIPMENT ADVICE QUOTING THE NAME OF THE CARRYING VESSEL, DATE OF SHIPMENT, NUMBER OF PACKAGES, SHIPPING MARKS, AMOUNT, LETTER OF CREDIT NUMBER, POLICY NUMBER MUST BE SENT TO APPLICANT BY FAX, COPIES OF TRANSMITTED SHIPMENT ADVICE ACCOMPANIED BY FAX TRANSMISSION REPORT MUST ACCOMPANY THE DOCUMENTS.

表明船名、装船日期、包装号、唛头、金额、信用证号、保险单号的装船通知必须由受益人传真给开证人,装船通知和传真副本以及发送传真的电讯报告必须随附议付单据提交。

(8) BENEFICIARY'S CERTIFICATE CERTIFYING THAT THEY HAVE DESPATCHED THE SHIPMENT ADVICE TO APPLICANT BY FAX(FAX NO 2838-0983) WITHIN 1 DAY AFTER B/L DATE ADVISING SHIPMENT DETAILS INCLUDING CONTRACT NO, INVOICE VALUE, NAME OF THE VESSEL, LOADPORT, QUANTITY GOODS LOADED, B/L DATE, THE VESSEL MOVEMENT INCLUDING TIME OF ARRIVAL, TIME OF BERTHED, TIME OF START LOADING, TIME OF FINISH LOADING AND DEPARTURE TIME FROM DALIAN AND THIS CREDIT NO.

这条规定来自香港的某份信用证,其对装船通知的要求是:装运货物后一天内受益人通过传真加以通知,内容包括合同号、发票金额、船名、装运港、货物数量、提单日,包括抵达时间、靠泊时间、开始装货时间、装货完毕时间和驶离大连港的时间等船舶的航行轨迹和本信用证号码。

3. 货物保险的业务操作

(1) 选择险别

在投保时,最经济的做法是在保险范围和保险费之间寻找平衡点。要做到这一点,首先要对自己所面临的风险作出评估,甄别哪种风险最大、最可能发生,并结合不同险种的保险费率来加以权衡。多投险种当然安全感会强很多,但保险费的支出肯定也要增加。一般在对货物投保时,通常要对以下几个因素进行综合考虑:货物的种类、性质和特点;货物的包装情况;货物的运输情况(包括运输方式、运输工具、运输路线);发生在港口和装卸过程中的损耗情况等;目的地的政治局势。

一切险是最常用的一个险种。买方开立的信用证也多是要求出口商投保一切险。投保一切险最方便,因为它的责任范围包括了平安险、水渍险和 11 种一般附加险,投保人不用费心思去考虑选择什么附加险。但是,往往最方便的服务需要付出的代价也最大,就保险费率而言,水渍险的费率约相当于一切险的 1/2,平安险的费率约相当于一切险的 1/3。

另外,还要根据货物的性质具体选择险别,一般来说,毛、棉、麻、丝、绸、服装类和化学纤维类商品遭受损失的可能性较大,如沾污、钩损、偷窃、短少、雨淋等有必要投保一切险。此笔业务中出口商品为提花布地垫,应该投保一切险。

(2) 填制投保单

一般保险公司都有事先印好的投保单,上面主要有被保险人、保险条款(PICC 或 ICC,两者任选一个,如 L/C 有规定,从其规定)、运输条款(按约定的运输方式及运输路线填写)、保险险别(按 L/C 规定,如无规定,则按惯例投最低级别的险,如 PICC 下的平安险、ICC 下的 C 险)、保险金额(按 L/C 规定,如无规定,则按惯例按 CIF 发票金额的 110%计)。

一般项目如下:

Assured's	被保险人(一般为进口商,除非信用证特别要求填指定银行)
Marks & Nos.	标记
Quantity	包装及数量
Description of Goods	保险项目(要求具体明确)
Amount Insured	保险金额(一般采用 CIF 加成 10%)
Pre Conveyance	装载运输工具(填船名、航次,若转运须注明)
Slg. On abt.	开航日期(此处可填"约",不必确定具体到某一天)
Special Coverage	承保险别(根绝实际需要填写)
Premium	保险费(保险公司填写)
Rate	费率(保险公司填写)

小 结

本任务仍然结合威海 A 贸易有限公司的该笔业务介绍了有关租船订舱过程中的内容,并着重讲解了订舱单、海运提单以及装船通知书的填制。在国际贸易中有一种说法,即国际贸易就是单据贸易。在实际工作中,租船订舱往往通过货代公司完成,这就使得在发货人和船公司之间传递单据时会出现一个"二传手"。虽然许多的工作由货代公司代劳,但由于涉及最后结算货款,所以,填写订舱单和核对海运提单必须由发货人亲自完成。在这个任务中要求学生在学习的过程中必须养成认真谨慎的良好习惯。

项目四　一般贸易实务之出口流程

子任务4　报　　检

任务简介

本部分任务是在合同生效之后,出口商开始备货的时候进行的。在国际贸易中,货物经过长途运输,经常发生残损、短少甚至灭失等现象,这样就需要一个公正的、专业的第三方机构对货物进行检验或鉴定,以查明货损原因,确定责任归属,以利于货物的交接和交易的顺利进行。因此,检验条款是国际贸易合同的一项重要条款,商品检验是国际货物买卖的一个重要环节,是买卖双方交接货物、结算货款、处理索赔和理赔的重要依据。《中华人民共和国商品检验法》(以下简称《商品检验法》)中明确规定,凡是法定检验检疫范围之内的商品都需要到相关检验检疫机构办理报检手续。但是,在具体实务操作时,报检往往成为贸易流程中不可缺少的环节。

该笔业务于2013年11月16日在出口地青岛进行了报检,青岛出入境检验检疫局进行了检验检疫,签发了检验检疫证书,并应报检人——威海A贸易有限公司的要求签发了该批货物的原产地证明。

任务分解

本部分任务具体分解为3个小任务,分别是:

任务1:填制出境货物报检单;
任务2:签发检验检疫证书;
任务3:签发原产地证明。

其中,任务1"填制出境货物报检单"是重点,具体的业务流程如图4-9所示。

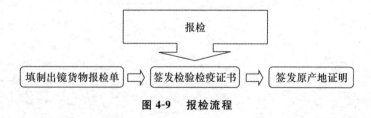

图4-9　报检流程

一、填制出境货物报检单

2013年11月16日,威海A贸易有限公司将填好的出境货物报检单送交青岛出入境检验检疫局,申请对该批货物进行检验检疫。

中华人民共和国出入境检验检疫

出境货物报检单

报检单位(加盖公章):	威海A贸易有限公司	*编　号	
报检单位登记号:	联系人: 王先生　电话: 0631-530××××	报检日期: 2013年11月16日	

发货人	(中文)	威海A贸易有限公司
	(外文)	WEIHAI A CO., LTD.
收货人	(中文)	日本B公司
	(外文)	B CORPORATION

货物名称(中/外文)	H.S.编码	产地	数/重量	货物总值	包装种类及数量
200CM×200CM 提花布地垫	621423020	中国	420PCS	US$4704.00	35包
200CM×250CM 提花布地垫	621423020	中国	240PCS	US$3360.00	20包
200CM×300CM 提花布地垫	621423020	中国	240PCS	US$4032.00	40包

运输工具名称号码	ACACIA729	贸易方式	一般贸易	货物存放地点	工厂仓库
合同号	KNK-71112	信用证号	255-612-04704	用途	
发货日期	2013-11-18	输往国家(地区)	日本	许可证/审批号	
启运地	青岛	到达口岸	门司	生产单位注册号	
集装箱规格、数量及号码			CRXU1782730/101380		

合同、信用证订立的检验检疫条款或特殊要求	标记及号码	随附单据(画"√"或补填)	
	N/M	☑合同	☐包装性能结果单
		☑信用证	☐批文件
		☑发票	☐
		☐换证凭单	☐
		☐装箱单	☐
		☐厂检单	☐

需要证单名称(画"√"或补填)				*检验检疫费
☑品质证书	1 正 1 副	☐植物检疫证书	___正___副	总金额(人民币元)
☑重量证书	1 正 1 副	☐熏蒸/消毒证书	___正___副	
☑数量证书	1 正 1 副	☐出境货物换证凭单	___正___副	计费人
☐兽医卫生证书	___正___副	☐		
☐健康证书	___正___副	☐		收费人
☐卫生证书	___正___副	☐		
☐动物卫生证书	___正___副	☐		

报检人郑重声明:
1. 本人被授权报检。
2. 上列填写内容正确属实, 货物无伪造或冒用他人的厂名、标志、认证标志, 并承担货物质量责任。

签名: _____

领取证单	
日期	
签名	

注: 有"*"号栏由出入境检验检疫机关填写　　◆国家质量监督与检验检疫局制

[1-2(2000.1.1)]

二、签发检验检疫证书

经青岛出入境检验检疫局的检验,该批货物符合国家有关规定的要求,于 2013 年 11 月 16 日签发了检验检疫合格证书。

中华人民共和国出入境检验检疫　　正本
ENTRY-EXIT INSPECTION AND QUARANTINE　　ORIGINAL
OF THE PEOPLE'S REPUBLIC OF CHINA

编号 No.: WH0000077548

品 质 证 书
QUALITY CERTIFICATE

发货人
Consignor　　WEIHAI A CO.,LTD

收货人
Consignee　　B CORPORATION

品名
Description of Goods　　JACQUARD HOME MAT

报验数量/重量
Quantity/Weight Declared　　900PCS/ 2531KGS/28CBM

包装种类及数量
Number and Type of Packages　　900PCS

运输工具
Means of Conveyance　　BY SEA

标记及号码
Mark & No.
N/M

检验结果
RESULTS OF INSPECTION:
AFTER EXAMINING THE PRODUCTS MEET EUROPEAN STANDARDS

印章　　签证地点 Pace of Issue　　QINGDAO　　签证日期 Date of Issue Nov. 17, 2013
Official Stamp
　　　　　授权签字人 Authorized Officer_____　　签　名 Signature _____

我们已尽所知和最大能力实施上述检验,不能因我们签发本证书而免除买方或其他方面根据合同和法律所承担的产品质量责任和其他责任。All inspections are carried out conscientiously to the best of our knowledge and ability. This certificate does not in any respect absolve the seller and other related parties from his contractual and legal obligations especially when product quality is concerned.

三、签发原产地证明

应威海 A 贸易有限公司的要求，青岛出入境检验检疫局在 2013 年 11 月 16 日为该批货物签发了原产地证明。

ORIGINAL

1. Goods consigned from (Exporter's business name, address, country) WEIHAI A CO,LTD 28, HAIBIN（N） ROAD,WEIHAI, SHANDONG,CHINA	Reference No. 0073712201220015 GENERALIZED SYSTEM DF PREFERENCES CERTIFICATE OF ORIGIN (Combined declaration of certificate) FORM A
2. Goods consigned to (Consignee's name,address,country) B CORPORATION 6F.SEIWA BLDG,1-4-21 UOMACHI, KOKURAKITAKU,KITAKYUSHU-CITY, FUKUOKA,JAPAN	Issued in THE PEOPLE'S REPUBLIC OF CHINA (country) See Notes. Overleaf
3. Means of transport and route (as far as known) FROM QINGDAO,CHINA TO MOJI,JAPAN BY SEA	4. For offical use

5. Item number	6. Marks and numbers of packages	7. Number and kind of packages; description of goods	8. Origin criterion (see note overleaf)	9. Gross weight or other quantity	10. Number and date of invoices
1	N/M	NINETY FIVE （95） BAGS OF JACQUARD HOME MAT *** *** *** *** ***	"P"	900PCS	WK070047 NOV 02,2013

11. Certification It is hereby certified,on the basts of control carried out,that the declaration by the exporter is correct. Qingdao CHINA,NOV 16,2012 Place and date,signature and stamp of certifying authority	12. Declaration by the exporter The undersigned hereby declares that the above details and statements are correct;that all the goods were produced in _____CHINA_____ * and that they comply with origin requirements specified for those goods in the Generalized System of Preferences for goods exported to _____JAPAN_____ （importing country） WEIHAI CHINA,NOV 12,2013 Place and date,signature of authorized signatory

S 065748837

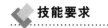

技能要求

一、基本理论：熟悉商品检验的时间、地点和机构以及我国出入境检验检疫工作的一般流程

1. 检验的时间和地点

检验的时间和地点包括：在出口国检验；在进口国检验；出口国检验，进口国复验；装运港（地）检验重量，目的港（地）检验品质。

2. 检验的机构

在我国从事进出口商品检验的机构，根据《商品检验法》的规定是国家设立的国家质量监督与检验检疫局和其设在全国各地的检验检疫机构。中国检验认证集团（CCIC）及其设在各地的分公司根据国家质量监督与检验检疫局的指定，也以第三者的地位办理进出口商品的检验和鉴定业务。

3. 我国出入境检验检疫工作的一般流程（参见表4-10）

表4-10 出入境检验检疫工作的一般流程

报检/申报 （报检单位）	申请人按照有关规定向检验检疫机构报检或申报，检验检疫机构的工作人员审核报检人提交的报检单内容填写是否正确，应附单据资料是否齐全并符合规定，索赔或出运是否超过有效期等，审核无误后，方可受理报检
计/收费 （相关工作人员）	检验检疫机构的工作人员按照2004年4月1日实施的《出入境检验检疫收费办法》的规定向受理报检企业计费并收取费用，检验检疫收费办法和收费标准的基本原则是统一制定、简化减少、公开透明和公正合理
抽样/采样 （检验检疫人员）	检验检疫人员对需检验检疫并出具结果的出入境货物，需到现场抽取（采取）样品进行检验，如不能直接进行检验的，应对样品进行制样。样品及制备的小样经检验检疫后要重新封存
检验检疫 （检验检疫人员）	检验检疫人员对报检货物，通过感官、物理、化学和微生物等方法进行检验检疫，判定其是否符合有关强制性标准、合同或进口国官方机构的有关规定，其方式有全数检验、抽样检验、形式试验、过程检验、登记备案、符合性检验、符合性评估、合格保证和免于检验
卫生除害处理 （检验检疫人员）	检验检疫人员按照《中华人民共和国国境卫生检疫法》及其实施细则、《中华人民共和国出入境动植物检疫法》及其实施条例的有关规定，对有关出入境货物、动植物、运输工具和交通工具等实施入境货物卫生除害处理
签证与放行	检验检疫机构对检验检疫合格的出境货物签发出境货物通关单，作为通关依据；对检验检疫不合格的出境货物签发出境货物不合格通知单。入境货物经除害处理或检验检疫合格后签发入境货物通关单或入境货物检验检疫证明，不合格的签发检验检疫证书以供有关方面对外索赔

二、业务操作:掌握进出口货物报检单的填制

1. 出境货物报检单的填制

中华人民共和国出入境检验检疫出境货物报检单

报检单位(加盖公章): 填写报检单位的全称　*编号:电子报检受理后自动生成,在受理回执中自动反馈

报检单位登记号: 填写报检单位在检验检疫机构备案或注册登记的代码

联系人: 填写报检人员的姓名　　**电话:** 报检人员的联系电话

报检日期: 　年　月　日　检验检疫机构实际受理报检的日期,由检验检疫机构受理报检人员填写

发货人	(中文)根据不同情况填写:预检报检的,可填写生产单位;出口报检的,应填写外贸合同中的卖方或信用证受益人
	(外文)
收货人	(中文)按外贸合同、信用证中所列买方名称填写
	(外文)

货物名称(中/外文)	H.S.编码	产地	数/重量	货物总值	包装种类及数量

货物名称:按外贸合同、信用证上所列名称及规格填写
H.S.编码:填写本批货物的商品编码,以当年海关公布的商品税则编码分类为准
产地:指货物的生产(加工)地,填写省、市、县名
数/重量:按实际申请检验检疫数/重量填写,重量还应填写毛重/净重
货物总值:填写本批货物的总值及币种,应与外贸合同、发票上所列的货物总值一致
包装种类及数量:填写本批货物实际运输包装的种类及数量,应注明包装的材质

运输工具名称号码	填写装运本批货物的运输工具的名称和号码	贸易方式	填写本批货物进口的贸易方式,根据实际情况选填写一般贸易、来料加工、进料加工、易货贸易、补偿贸易、边境贸易、无偿援助、外商投资、对外承包工程进出口货物、出口加工区进出境货物、出口加工区进出区货物、退运货物、过境货物、保税区进出境仓储、转口货物、保税区进出区货物、暂时进出口货物、暂时进出口留购货物、展览品、样品、其他非贸易性物品、其他贸易性货物等	货物存放地点	填写本批货物存放的具体地点、厂库
合同号	填写对外贸易合同、订单的号码	信用证号	填写本批货物对应的信用证编号	用途	填写本批货物的用途,根据实际情况选填种用或繁殖、食用、奶用、观赏或演艺、伴侣动物、试验、药用、饲料、其他
发货日期	填写出口装运日期,预检报检可不填	输往国家(地区)	指外贸合同中买方(进口方)所在国家和地区,或合同注明的最终输往国家和地区	许可证/审批号	对已实施许可/审批制度管理的货物,报检时填写质量许可证编号或审批单编号
启运地	填写装运本批货物离境的交通工具的启运口岸/城市地区名称	到达口岸	指本批货物最终抵达目的地停靠口岸名称	生产单位注册号	指生产、加工本批货物的单位在检验检疫机构注册登记编号

续

集装箱规格、数量及号码	货物若以集装箱运输应填写集装箱的规格、数量及号码		
合同、信用证订立的检验检疫条款或特殊要求	标记及号码	随附单据(画"√"或补填)	
填写在外贸合同中特别订立的有关质量、卫生等条款或报检单位对本批货物检验检疫的特别要求	货物的标记号码,应与合同、发票等有关外贸单据保持一致,若没有标记号码则填"N/M"	□ 合同 □ 信用证 □ 发票 □ 换证凭单 □ 装箱单 □ 厂检单 □ 许可/审批文件	□ 包装性能结果单 按实际向检验检疫机构提供的单据,在对应的"□"上打"√"或补填
需要证单名称(画"√"或补填)		*检验检疫费 由检验检疫机构计费人员填写	
□ 数量证书 ___正___副 □ 品质证书 ___正___副 □ 重量证书 ___正___副 □ 兽医卫生证书 ___正___副 □ 健康证书 ___正___副 □ 卫生证书 ___正___副	□ 植物检疫证书 ___正___副 □ 熏蒸/消毒证书 ___正___副 □ 出境货物换证凭单 ___正___副 □ 动物卫生证书 ___正___副 根据所需由检验检疫机构出具的证单,在对应的"□"上打"√"或补填,并注明所需证单的正副本数量	总金额(人民币元) 计费人 收费人	
报检人郑重声明: 1.本人被授权报检; 2.上列填写内容正确属实,货物无伪造或冒用他人的厂名、标志、认证标志,并承担货物质量责任。 报检人员必须亲笔签名　　　　签名:_____		领取证单　报检人在领取证单时填写领证日期并签名 日期 签名	
注:有"*"号栏由出入境检验检疫机关填写　　　　◆国家质量监督与检验检疫局制			

2. 出境货物通关单的填制

中华人民共和国出入境检验检疫出境货物通关单			
收货人		标记及唛码	
发货人			
合同/提(运)单号		输出国家或地区	
运输工具名称及号码		目的地	集装箱规格及数量
货物名称及规格	H.S.编码	申报总值	数/重量、包装数量及种类
证明 　　上述货物业已报检/申报,请海关予以放行。 签字:　　　　　　　　　　　　日期:			
备注			

3. 检验检疫证书的填制

商品检验检疫证书是检验检疫机构签发的用以证明出口货物的品质、数量、卫生等书面文件。商品检验检疫证书的主要作用包括：作为履行合同的法律依据，作为议付的有效单据；出入境货物通关的重要凭证；作为索赔、仲裁和诉讼举证等的法律文件。填写出口商品检验检疫证书的注意事项有：信用证品质条款的内容品质检验证书必须予以说明；货物的包装件数或数量是数量检验证书的重要内容，应与信用证要求相符；检验检疫的结果应符合合同和信用证的要求。

检验检疫证书的名称因其证明内容有别、各国标准不一、货物差异、当事人要求不同等而名称各异。卫生证书(Certificate of Sanitation)、消毒证书(Certificate of Disinfection)、熏蒸证书(Certificate of Fumigation)、植物检疫证书(Phytosanitary Certificate)、动物检疫证书(Veterinary Certificate)、未再加工证明(Certificate of Non-manipulation)和非木制包装证(Non-wood packing certificate)等近年较多出现，除非信用证另有规定，检验检疫证书的名称应与合同或信用证规定相符。

检验检疫证书的一般项目如下：

No.：编号

Consignor：发货人

Consignee：收货人一般填写"＊＊＊"，也可填"To who it may concern"

Description of Goods：品名

Mark & No.：标记及号码

Quantity/Weight Declared：报验数量/重量

Number and Type of Packages：包装种类及数量

Means of Conveyance：运输工具

Results of Inspection：检验结果

All inspections are carried out conscientiously to the best of our knowledge and ability. This certificate does not in any respect absolve the seller and other related parties from his contractual and legal obligations especially when product quality is concerned.

我们已尽所知和最大能力实施上述检验，不能因我们签发本证书而免除买方或其他方面根据合同和法律所承担的产品质量责任和其他责任。

4. 普惠制原产地证明书 FORM A 填制说明

ORIGINAL

1.Goods consigned from （Exporter's business name, address, country） 此栏是带有强制性的，应填明在中国境内的出口商的详细地址，出口商必须是已办理产地注册的企业，且公司英文名称应与检验检疫局注册备案的一致。此栏切勿有中国香港、中国台湾等中间商出现			Reference No. 例如：证书号 G 08 410708001 0030 是注册号为 410708001 的单位 2008 年办理的第 30 票 FORM A 证书 **GENERALIZED SYSTEM DF PREFENCES CERTIFICATE OF ORIGIN （Combined declaration of certificate） FORM A** Issued in THE PEOPLE'S REPUBLIC OF CHINA （country） See Notes. overleaf		
2.Goods consigned to （Consignee's name, address, country） 一般应填给国最终收货人名称（即信用证上规定的提单通知人或特别声明的收货人），此栏不能填中国香港、中国台湾等其他中间商的名称，在特殊情况下，此栏也可填上TO ORDER 或 TO WHOM IT MAY CONCERN					
3.Means of transport and route （as far as known） 运输路线始发地填中国内地最后一道离境地，如系转运货物，加加上转运港，如 FROM NINGBO TO PIRAEUS, GREECE VIA HONGKONG BY SEA. 运输方式有海运、陆运、空运、海空联运等			4.For offical use		
5.Item number 在收货人、运输条件相同的情况下，如同一批出口货物有不同品种，则可按不同品种分列 "1" "2" "3"……	6.Marks and numbers of packages 此栏按实际货物和发票上的唛头，填写完整的图案文字标记及包装号。唛头中注意： 1. 唛头不得出现 "HONGKONG" "MACAO" "TAIWAN" "R.O.C." 等以及其他中国以外其他产地制造字样 2. 此栏不能留空。货物无唛头时，应填 "N/M"。如唛头过多，可填第7、8、9、10栏的空白处 3. 如唛头为图文等较复杂的唛头，则可在该栏填上 "SEE ATTACHMENT"，并另加附页。附页需一式三份，附页上方填上 "ATTACHMENT TO THE CERTIFICATE OF ORIGIN FORM A NO...（证书号码），参照 FORM A 证书，附页下方两边分别打上签证地点、签证日期和申报地点、申报日期，右下方盖上申报单位签证章并由申报单位申报员签名。附页应与 FORM A 证书大小一致 4. 此栏内容及格式必须与实际货物的外包装箱上所刷的内容一致	7.Number and kind of packages; description of goods 此栏按实际货物和发票上的唛头，填写完整的图案文字标识及包装号。唛头请勿忘记填写包件数量及种类，并在包装数量的英文数字描述后用括号加上阿拉伯数字。商品名称应填写具体，应详细到可以准确判定该商品的H.S.品目号。如果信用证中品名笼统或拼写错误，必须可在括号内加注具体描述或正确品名。商品名称等项列完后，应在末行加上截止线，以防止外商加填伪造内容。国外信用证有时要求填写合同、信用证号等，可加在此栏截止线下方，并以 "REMARKS:" 作为开头	8.Origin criterion (see Notes OVERLEAF) 1. 完全原产的，填写 "P"；含有进口成分，但符合原产地标准，输往下列国家时，填写如下：（1）挪威、瑞士、欧盟、日本、土耳其，填 "W"，其后填明出口产品在《商品名称和编码协调制度》中的四位数税则号（如 "W" 96.18）；但属于给惠国成分的进口原料可视作本国原料，所以，如果产品的进口成分完全采用给惠国成分，则该产品的原产地标准仍填 "p"；（2）加拿大，进口成分占产品出口价的40%以下，填 "F"；（3）俄罗斯、白俄罗斯、乌克兰、哈萨克斯坦：进口成分不得超过产品离岸价的50%，填 "Y"，其后填明进口原料和部件的价值在出口产品离岸价中所占百分率（如 "Y" 35%）；（4）澳大利亚和新西兰，本国原料和劳务不低于产品出厂成本的50%，第8栏留空	9.Gross weight or other quantity 此栏应以商品的正确计量单位，如 "只" "件" "匹" "双" "台" "打" 等。以重量计算的则填毛重，只有净重的，填净重也可，但要标上：N.W. (NET WEIGHT)	10.Number and date of invoices 发票内容必须与正式商业发票一致，此栏不得留空，以避免误解，月份一般用英文缩写 JAN.、FEB.、MAR.等表示，发票日期年份太长需换行打印，应使用折行符 "D"。发票日期不能迟于提单日期和申报日期
11.Certification 此栏填签证地址和日期，一般情况下与出口商的申报日期、地址一致，签证机构授权签证人员在此栏手签并加盖签证当局印章 Place and date, signature and stamp of certifying authority			12.Declaration by the exporter The undersigned hereby declares that the above details and staternents are correct;that all the goods were produced in CHINA . and that they comply with origin requirements specified for those goods in the Generalized System of Preferences for goods exported to （importing country） Place and date, signature of authorized signatory 生产国的横线上应填上 "CHINA"（证书上已印制），进口国横线上的国名一定要填写正确，进口国必须是给惠国，一般与最终收货人或目的港的国别一致。申请单位的申报员应在此栏签字，加盖已注册的中英文合璧签证章，填上申报地点、时间，印章应清晰。注意：申报日期不要填法定休息日，日期不得早于发票日期。在证书正本和所有的副本上盖章签字时避免覆盖进口国名称、原产国名称、申报地址和申报时间。更改证申报日期一般与原证一致，重发证申报日期应为当前日期		

S 065748837

常见问题

1. 报检应注意以下问题

（1）关于检验检疫证书有效期的规定。一般货物是从发证之日起 2 个月内有效，鲜果、鲜蛋类为 2 或 3 个星期有效,植物检疫为 3 个星期有效。出口货物务必在有效期内出运,若因船期不准而超期,应向商检局申请展期,经过其复检后才能出口。

(2) 商检出证后,应仔细审核检验检疫证书与信用证是否一致,如其间信用证有某些修改使得货物规格作了变动,应及时填制更改申请单,由商检局重新出证。

2. 填制出境货物报检单的总体要求

报检单位须加盖报检单位的印章,并准确填写本单位在检验检疫机构备案或注册登记的代码。所列各项内容必须完整、准确、清晰,不得涂改,没有内容的栏目以"＊＊＊"表示,不得留空。原则上一批货物填写一份报检单。"一批"货物是指同一合同、同一类货物、同一种运输工具、运往同一地点,特殊情况除外。

案例思考

1. 2012 年年初,浙江一家外贸公司采用承兑交单 90 天的方式出口五金工具到美国,货到 1 个月后,美国进口商来电,称由于几家批发商相继毁约,销售遇到困难,但不会延误付款。然而在应收账款到期日,该外贸公司没有收到货款。之后,美国进口商突然发来一份据称是美国一家著名的金属研究所签发的质检证明,称货物有严重的质量问题,要求折价 50%,否则全部退货。该外贸公司虽据理力争,然而外销合同中未明确约定签发有效质检证明的机构(国家质量监督与检验检疫局),致使美国进口商在"商检机构"上大做文章,以达到少付或者拒付货款的目的,最终导致该外贸公司蒙受巨大的损失,最后货款仅以原价的 60% 收回。

【案例提示】本案例涉及商检机构的确定以及商品索赔期限的问题。

请问:(1) 在外贸实践过程中应如何约定有利于出口商及时收到货款的质检机构;(2) 怎样才能避免类似情况的发生;(3) 一旦出现上述问题,我方应如何积极应对?

2. 甲国公司与乙国商人签订一份食品出口合同,并按乙国商人的要求将该批食品运至某港后通知丙国商人。货到目的港后,经丙国卫生检疫部门抽样化验发现霉菌含量超过该国标准,决定禁止在丙国销售并建议就地销毁。丙国商人去电请示,并经乙国商人的许可将货就地销毁。事后,丙国商人凭丙国卫生检疫部门出具的证书及有关单据向乙国商人提出索赔。乙国商人理赔后,又凭丙国商人提供的索赔依据向甲国公司索赔。

【案例提示】本案例涉及理赔的条件问题。

请问:作为甲国公司的代表,你将如何处理此事,为什么?

3. 我方 A 公司与泰国某客商凭样品成交达成一笔出口镰刀的交易。合同中规定复验有效期为货物到达目的港后的 60 天。货物到目的港经泰国客商复验后,未提出任何异议。但事隔半年,泰国客商来电称:镰刀全部生锈,只能降价出售,因此要求我方 A 公司按成交价格的30%赔偿其损失。我方A公司接电后立即查看留存的复样,也发现类似情况。

【案例提示】本案例涉及检验期限的问题。

请问:我方A公司应否同意对方的要求,为什么?

拓展提高

1."检疫"一词的来源

现在国际上通用的"检疫"(Quarantine)一词来源于意大利文"Quarantte",原意为"40"。14世纪初,欧洲鼠疫(黑死病)流行,为防止通过商船传播鼠疫,1348年意大利威尼斯首先对来往商船实行卫生检疫,当时规定彻底取缔患者入境;对来自疫区的船只及怀疑患者,在远离港口地设立登陆处,隔离30天,以后又延长到40天,对患者的用品及钱币等用冷冻、火炼、醋浸等方法消毒,从而有效地避免了鼠疫的传入。后来就用阻隔鼠疫的周期"40"天来表示阻隔鼠疫的有效措施"检疫"。

2. 入境货物报检单的填制

中华人民共和国出入境检验检疫入境货物报检单

报检单位(加盖公章):填写报检单位的全称　　＊编号:企业发送电子报检信息后,收到尾号为"E"的预报检号,正式编号由检验检疫机构报检受理人员填写,前6位为申报地检验检疫局机关代码,第7位为报检类代码(入境01,出境02),第8位和第9位为年代码,第10位至第15位为流水号

报检单位登记号:填写报检单位在检验检疫机构备案或注册登记的代码

联系人:填写报检人员的姓名　　　　　　　电话:报检人员的联系电话

报检日期:　　年　　月　　日　　检验检疫机构实际受理报检的日期,由检验检疫机构受理报检人员填写

收货人	(中文)外贸合同中的收货人,应中英文对照填写				
	(外文)				
发货人	(中文)外贸合同中的发货人,应中英文对照填写				
	(外文)				
货物名称(中/外文)	H.S.编码	产地	数/重量	货物总值	包装种类及数量
货物名称:按外贸合同、发票上所列名称及规格填写 H.S.编码:填写本批货物的商品编码,以当年海关公布的商品税则编码分类为准 产地:该进口货物的原产地国家或地区 数/重量:按实际申请检验检疫数/重量填写,并注明数/重量单位 货物总值:填写本批货物的总值及币种,应与外贸合同、发票上所列的货物总值一致 包装种类及数量:填写本批货物实际运输包装的种类及数量,应注明包装的材质					
运输工具名称号码	运输工具的名称与号码		合同号	与外贸合同、订单或形式发票的号码相同	
贸易方式	该批货物进口的贸易方式	贸易国别(地区)	进口货物的贸易国别	提单/运单号	货物海运提单号或空运单号,有二程提单的应同时填写

续

到货日期	进口货物到达口岸的日期	启运国家（地区）	货物的启运国家或地区	许可证/审批号	需办理进境许可证或审批的货物应填写相关号码
卸毕日期	货物在口岸的卸毕日期	启运口岸	货物的启运口岸	入境口岸	货物的入境口岸
索赔有效期至	外贸合同中约定的索赔期限	经停口岸	货物在运输中曾经停靠的外国口岸	目的地	货物的境内目的地
集装箱规格、数量及号码		货物若以集装箱运输应填写集装箱的规格、数量及号码			
合同、信用证订立的检验检疫条款或特殊要求	在合同中订立的有关检验检疫的特殊条款及其他要求应填入此栏	货物存放地点		货物存放地点	
		用途	货物的用途自以下9个选项中选择：种用或繁殖；食用；奶用；观赏或演艺；伴侣动物；试验；药用；饲用；其他		
随附单据（画"√"或补填）	标记及号码	*外商投资财产画（"√"或补填）		□ 是 □ 否 由报检受理人员填写	
□ 合同 □ 发票 □ 提/运单 □ 兽医卫生证书 □ 植物检疫证书 □ 动物检疫证书 □ 卫生证书 □ 原产地证	□ 许可/审批文件 □ 到货通知 □ 装箱单 □ 质保书 □ 理货清单 □ 磅码单 □ 验收报告	货物的标记号码，应与合同、发票等有关外贸单据保持一致。若没有标记号码则填"N/M"	*检验检疫费 总金额/人民币元 计费人 收费人	由检验检疫机构计费人员核定费用后填写	
报检人郑重声明： 1.本人被授权报检； 2.上列填写内容正确属实，货物无伪造或冒用他人的厂名、标志、认证标志，并承担货物质量责任。 报检人员必须亲笔签名　　　　　　　签名：_____			领取证单　报检人在领取证单时填写领证日期并签名 日期 签名		

注：有"*"号栏由出入境检验检疫机关填写　　　　　　◆国家质量监督与检验检疫局制

小 结

进出口货物检验，是指专门的商品检验机构，依照法律、法规和合同的规定，对进出口商品的品质、规格、数量、包装、安全性能等进行各种分析和测量，并出具检验证书的活动。本任务仍然以威海A贸易有限公司的一笔实际出口业务为背景，介绍了有关商品检验的时间、地点以及商检机构，并着重讲解了进出口货物报检单等有关报检单据的填制。在收集相关商检工作操作材料的基础上，引导学生以"报检员"的身份融入相关各项技能训练的"情境"中，将模拟教学、案例教学和讨论教学等启发式教学引入课堂，强调理论知识为业务操作服务，全面培养学生从事外贸商检工作的能力。

子任务 5　报　　关

任务简介

本部分任务是在出口货物报检之后进行的,是履行国际贸易合同中非常重要的一个环节。在准备报关材料、填制出口货物报关单、配合海关查验、缴纳关税到装船运输,每一个环节都要做好准备工作,加强沟通协调,出现问题及时解决,以免产生纠纷。

该笔业务于 2013 年 11 月 18 日在出口地青岛进行报关,青岛海关对威海 A 贸易有限公司所填报的报关数据进行审核、查验、征税,最终放行。

任务分解

本部分任务具体分解为以下 2 个小任务,分别是:

任务 1:整理出口货物海关报关资料;

任务 2:填制报关单。

其中,任务 2"填制报关单"是重点,具体的业务流程如图 4-10 所示。

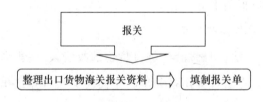

图 4-10　出口报关流程

一、整理出口货物海关报关资料

出口商向海关报关时需提交以下单证。

(1) 进出口货物报关单。一般进口货物应填写一式二份,需要由海关核销的货物(如加工贸易货物和保税货物等)应填写专用报关单一式三份。货物出口后需国内退税的,应另填一份退税专用报关单。

(2) 货物发票。要求货物发票的份数比报关单少一份,对货物出口委托国外销售,结算方式是待货物销售后按实销金额向出口单位结汇的,出口报关时可准予免交。

(3) 陆运单、空运单和海运进口的提货单及海运出口的装货单。海关在审单和验货后,在正本货运单上签章放行退还报关单,凭此提货或装运货物。

(4) 货物装箱单。货物装箱单的份数与发票的份数相同,但是散装货物或单一品种且包装内容一致的件装货物可免交。

(5) 出口收汇核销单。一切出口货物在报关时应交验外汇管理部门加盖"监督收汇"章的出口收汇核销单,并将核销编号填在每张出口报关单的右上角处。

(6) 海关认为必要时,还应交验贸易合同、货物产地证书等。

(7) 其他有关单证。

① 经海关批准准予减税、免税的货物,应提交海关签章的减免税证明,北京地区的外资企业需另交验海关核发的进口设备清单。

② 已向海关备案的加工贸易合同进出口的货物,应交验海关核发的登记手册。

二、填制报关单

出口货物的发货人或其代理人向海关办理出口手续时,在货物出口的时候填写出口货物报关单,同时提供批准货物出口的证件和有关的货运、商业票据,以便海关审查货物的进出口是否合法,确定关税的征收或减免事宜,编制海关统计。能否正确填制报关单将直接影响报关率、企业的经济利益和海关监管的各个工作环节。因此,正确填制报关单是海关对报关企业和报关员的基本要求,也是报关员必须履行的义务。

威海 A 贸易有限公司在备齐报关用相关资料后将报关单填制好,于 2013 年 11 月 17 日向青岛海关提出货物出口报关申请。

1. 进出口货物报关单的法律地位

《中华人民共和国海关法》明确规定,进口货物的收货人,应当向海关如实申报,交验进出口许可证和有关单证。进出口货物报关单就是向海关报告其进出口货物的情况,申请海关审查、放行货物的必要的法律文书。它在对外经济贸易活动中具有十分重要的法律效力,既是海关对进出口货物进行监管、征税、统计以及开展稽查和调查的重要依据,又是加工贸易进出口货物核销以及出口退税和外汇管理的重要凭证,也是海关处理进出口货运走私、违规案件及税务、外汇管理部门查处骗税和套汇犯罪活动的书证。

2. 报关单填制的一般要求

进出境货物的收发货人或其代理人向海关申报时必须填写并向海关递交进口货物报关单或出口货物报关单。申报人在填制报关单时必须做到真实、准确、齐全、清楚。

(1) 报关单的填写必须真实,要做到两个相符:一是单证相符,即报关单与合同、批文、发票、装箱单等相符;二是单货相符,即报关单中所报内容与实际进出口货物的情况相符。特别是货物的品名、规格、数量、价格等内容必须真实,不得出现差错,更不能伪报、瞒报及虚报。

(2) 不同合同的货物不能填写在同一份报关单上。同一批货物中有不同贸易方式的货物,也需用不同的报关单向海关申报。

（3）一张报关单上如有多种不同的商品，应分别填报清楚，但一张报关单上一般最多不能超过5项海关统计商品编号的货物。

（4）进料加工/来料加工的料需标识清楚。

（5）报关单中填报的项目要准确、齐全。报关单所列各栏要逐项详细填写，内容无误；要求尽可能打字填报，如用笔写，字迹要清楚、整洁、端正，不可用铅笔（或红色复写纸）填报；填报项目若有更改，必须在更改项目上加盖校对章。

（6）为了实行报关自动化的需要，申报单位除填写报关单上的有关项目外还应填上有关项目的代码。

（7）电脑预录入的进出口货物报关单，其内容必须与原始报关单完全一致。报关员应认真核对，防止录错，一旦发现有异，应及时提请录入人员重新录入。

（8）向海关申报的进出口货物报关单，事后由于各种原因出现原来填报的内容与实际进出口货物不一致的，需立即向海关办理更正手续，填写报关单更正单，对原来填报项目的内容进行更改，更改内容必须清楚，一般情况下，错什么，改什么；但是，如果更改的内容涉及货物件数的变化，则除应对货物的件数进行更改外，与件数有关的项目（如货物的数量、重量、金额等）也应作相应的更改；如果一张报关单上有两种以上的不同货物，更正单上应具体列明是哪些货物作了更改。

（9）对于海关接受申报并放行后的出口货物，由于运输工具配载等原因，全部货物或部分货物未能装载上原申报的运输工具的，发货人应向海关递交出口货物报关单更改申请。

技能要求

一、基本理论：熟悉出口通关的程序

1. 通关的含义

出口通关，是指货物出运之前，出口企业如实向海关申报货物的情况，交验规定的单据文件，办理接受海关监管事宜。出口报关必须在货物进入装货码头的仓库后进行，一般在装货的24小时以前向海关申报。

2. 出口通关的程序（如图4-11所示）

出口报关所需单证包括出口报关单的6、7、8联，报关委托书，清单，发票，核销单，分柜清单。

检查单证是否齐全，有否盖统一的公章，核销章（手册）是否过期，手册有否超量，检查排载单与单证的重量、规格、发货人、目的港、数量、品名是否相符。

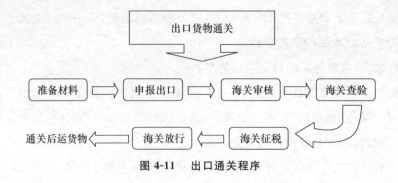

图 4-11 出口通关程序

二、业务操作：出口货物报关单及其填制

出口货物报关单是出口商向海关申报出口的重要单据，也是海关直接监督出口行为、核准货物放行及对出口货物进行汇总统计的原始资料，直接决定了出口外销活动的合法性。出口货物报关单由中华人民共和国海关统一印制。

中华人民共和国海关出口货物报关单

预录入编号 115022032	海关编号：4227200707777715307			
出口口岸 青开发区 4218	备案号	出口日期 2013-11-18	申报日期 2013-11-18	
经营单位 威海A贸易有限公司 3710961525	运输方式 江海运输	运输工具名称 ACACIA729	提运单号 ACQMJ729655	
发货单位 威海A贸易有限公司 3710961525	贸易方式 一般贸易 0110	征免性质 一般征税（101）	结汇方式 信用证	
许可证号	运抵国（地区）日本（116）	指运港 日本（116）	境内货源地 青岛其他（37029）	
批准文号 089657805	成交方式 C&F	运费总价 300 美元	保费	杂费
(J)合同协议号 KNK-71112	件数 95	包装种类 包	毛重（公斤）2531	净重（公斤）2436
(O)集装箱号 CRXU1782730	随件单据		生产厂家	
标记唛码及备注				
项号 商品编码	商品名称、规格型号	数量及单位	最终目的国（地区）	单价　　总价　　币制　　征免
01　621423020　0.000	提花布地垫 200CM×200CM	420.000 件	日本（116）用途	11.2000　4704.00　USD美元　照章征税
02　621423020　0.000	提花布地垫 200CM×250CM	240.000 件	日本（116）用途	14.0000　3360.00　USD美元　照章征税
03　621423020　0.000	提花布地垫 200CM×300CM	240.000 件	日本（116）用途	16.8000　4032.00　USD美元　照章征税
税费征收情况				
录入员××× 录入单位	兹声明以上申报无讹并承担法律责任		海关审单批注及放行日期（签章） 审单　　审价	
报关员			征税　　统计	
单位地址		申报单位（签章）	查验　　放行	
邮编　　　电话		填制日期		
青岛××国际物流发展有限公司			签发关员：郑×× 签发日期：2013-11-16	

常见问题

1. 报关单填制内容出现与单证不符,做不到单证一致、单单相符。
2. 贸易方式的多样性使报关单各个栏目的填制与海关规定的要求不符,要多加练习。
3. 在报关的过程中衔接各个环节,遇到问题及时解决。

案例思考

1. 2012年2月7日深圳海关对外公布,该关缉私部门破获一宗伪报品名、低报价格走私琥珀大案,摧毁一个走私、加工琥珀的团伙,案中走私分子通过将进口琥珀伪报成松香、树脂以及低报价格等方式,共计走私进口琥珀原料逾232吨,案值8.28亿元,涉嫌偷逃税款1.2亿元,3名犯罪嫌疑人目前已被移送深圳市人民检察院审查起诉。

深圳海关在审单时发现机场一票申报为"松香"的入境快件货物有异常,这批货物申报单价为50欧元/公斤,收货单位为加工琥珀首饰的深圳昌某公司。琥珀首饰加工企业为何进口松香?海关缉私警察就此展开调查。经抽样查看,缉私警察发现该票货物实际为已经完整加工的项链、手链等首饰。经权威机构检测,送检的15件样品均为天然琥珀首饰,该票货物伪瞒报嫌疑明显。

随后,海关缉私警察调阅了大量的进口资料,发现自2010年7月至2011年3月,该公司共进口申报为"松香"的货物14票,申报单价为每公斤港币58.5元。而相关资料显示,中国是松香生产国,每年松香的生产量较大,松香与琥珀的化学成分基本相同,但两者的价格则有天壤之别,昌某公司是加工琥珀首饰的企业,大量进口化工原料松香不合常理。海关缉私警察据此确信该公司存在伪报品名、低报价格走私琥珀的嫌疑。

2011年5月27日,海关缉私部门展开大规模查缉行动,抓获2名境外犯罪嫌疑人,查获涉案琥珀原料500余公斤,价值近千万元,同时查扣重要书证、物证一批。随后,海关缉私部门成立专案组对此案进行立案侦查。专案组还前往该公司的加工车间进行现场调查,均证实该公司的加工原料只有琥珀。同时,调查中该公司的销售下家也证实其销售的产品全部是琥珀。在大量的证据面前,犯罪嫌疑人不得不承认其走私事实。

经多方调查比对以及证人确认,专案组查实该公司于2010年7月至2011年4月期间,涉嫌伪报品名、低报价格走私琥珀约20.4吨,案值8315万元,偷逃税款1398万元。与此同时,专案组还查清了为该公司制作虚假合同发票等报关资料的代理报关公司的犯罪事实,并抓获公司法人兼总经理邱某。①

【案例提示】 本案例涉及进口货物报关伪造货物品名走私行为。

---

① http://gzdaily.dayoo.com/html/2012-02/07/content_1603243.htm,有改动。

请问：该报关行为需要承担哪些法律责任？

2. 永进进出口公司在上海海关登记注册后取得了报关权,2009年3月该公司与美国一公司签订进口500吨玉米的合同,并约定贸易条件为CIF SHANGHAI,但由于运输船只途中遭遇飓风偏离航线而被迫停靠在厦门,待天气好转再运往上海,并将情况及时通知了买卖双方,考虑这样会耽搁很长的时间,永进进出口公司和美国公司商定在厦门交货并通知运输公司卸货,同时永进进出口公司委派其报关员到厦门为这批货物报关,但厦门海关不予这批货物报关。

【案例提示】永进进出口公司的报关权只能在登记注册的海关也就是上海海关所辖区域内行使,而不能超出这个范围。以上问题的解决方式有两种:一是委托厦门当地的报关公司报关;二是申请异地报关备案,得到批准后永进进出口公司的报关员就可在批准的异地报关。

请问：厦门海关为什么不予这批货物报关？应该如何解决这个问题？

3. 2010年2月,汕头A公司向香港B公司订购了一批国家限制进口的钢材,香港B公司随后与韩国C公司签订了购买钢材的合同,同时委托境外D银行为其购买上述钢材开具信用证,D银行于同年4月向韩国C公司开立了金额为92.5万美元的信用证。2010年5月,韩国C公司按合同约定将上述信用证项下钢材运抵汕头港并储存在港口海关监管区内,但此后汕头A公司未收取货物、支付货款并办理进口报关手续,香港B公司也没有就该批钢材向境外D银行支付货款赎取提单。

【案例提示】本案例是一起海关处理超期未报关进口货物的典型执法案例。

请问：在此情况下该批货物应该如何处理？

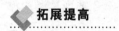

拓展提高

报 关 术 语

刷卡：报关员到海关现场报关时要把报关员条码卡在海关的电脑上先扫描一下,完成身份确认,然后再扫描报关单的条码进行登记。同样的,海关监管的卡车在进出港区时也要扫描。

预录：申报人在到海关大厅现场报关前先通过专门的报关电脑系统将报关的信息录入电脑,通过网络发送到海关服务器的过程。

集港：集装箱港口。

回箱单：海运货物装进集装箱以后会有一张海运装箱单,这个单子在进海关监管区域时海关要审核。通过以后会在海运装箱单上盖章,表示这个集装箱审查通过进入港区。然后把这张海运装箱单退给出口公司作为场站收据。

进出境运输工具：用于装载进出境人员、货物、物品的各种船舶、车辆、航空器以及驮畜。

过境货物：由境外启运,通过我国境内陆路运输,继续运往国外的货物。

转运货物：由境外启运,在我国境内设立海关的地点换装运输工具,不采用境内陆路运输,继续运往国外的货物。

通运货物:利用船舶、航空器由境外启运进境,并利用原运输工具继续运往国外的货物。

海关监管货物:进出境货物及过境、转运、通运货物。

保税货物:经海关批准为办理纳税手续进境,在境内储存、加工、装配后复运出境的货物。

关税税则:国家制定公布的对进出其关境的货物所征收关税的条例和税类方法分类表。

关税壁垒:用极高的进口关税以阻止或限制外国商品输入的措施。

关税减让:国与国之间相互削减关税,促进国际贸易的措施。

国民待遇:一国赋予在本国境内的外国人享有和本国人同等的民事权利和待遇。

小　　结

出口通关是履行国际贸易合同中非常重要的一个环节,本部分任务结合威海 A 贸易有限公司的该笔业务实际介绍了出口通关的一般程序,并着重讲解了出口货物报关单等单据的填制。通过模拟练习,使学生能够熟悉出口通关的程序,掌握出口通关的操作流程,掌握出口通关程序的应用案例。

子任务6　制 单 结 汇

任务简介

本部分任务是在租船订舱与办理货运保险之后进行的。在信用证支付方式下,能否提供符合要求的单据是最终顺利收汇的关键所在,因此,制单结汇是贸易流程中最为关键的环节之一。

威海 A 贸易有限公司出口的该批货物已于 2013 年 11 月 18 日装船完毕并开始发运。根据信用证的要求,为了能顺利结汇,威海 A 贸易有限公司需要缮制各种结汇单据。

任务分解

本部分任务具体分解为以下 9 个小任务,分别是:

任务 1:缮制汇票;

任务 2:核对商业发票;

任务 3:核对装箱单;

任务 4:核对海运提单;

任务 5:核对保险单;

任务 6:核对原产地证明书;

任务 7:核对装船通知;

任务 8：签发受益人证明；

任务 9：提交议讨交单记录。

其中，任务 1"缮制汇票"、任务 8"签发受益人证明"及任务 9"提交议讨交单记录"是重点，具体的业务流程如图 4-12 所示。

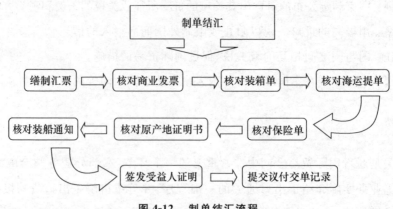

图 4-12　制单结汇流程

一、缮制汇票

威海 A 贸易有限公司根据开立于 2013 年 11 月 18 日的编号为 255-612-04704 的信用证缮制的汇票如下。

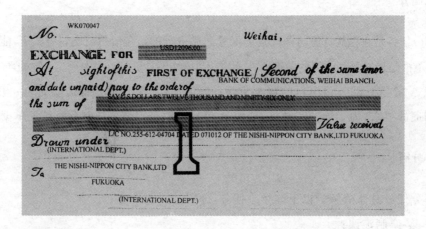

二、核对商业发票

根据 NO. KNK-71112 的国际贸易合同内容，威海 A 贸易有限公司已于 2013 年 11 月 17 日缮制好商业发票（商业发票详见子任务 1"备货"的相关内容）。

三、核对装箱单

根据编号为 NO.WK070047 的商业发票,威海 A 贸易有限公司已于 2013 年 11 月 17 日缮制好装箱单(装箱单详见子任务 3"租船订舱"的相关内容)。

四、核对海运提单

威海 A 贸易有限公司于 2013 年 11 月 17 日收到由船公司 SUNGLOW CORPORATION 签发的该批货物的海运提单(海运提单详见子任务 3"租船订舱"的相关内容)。

五、核对保险单

由于该笔贸易是以 CFR 术语成交的,所以货物的保险事宜是由进口商日本 B 公司负责办理。

六、核对原产地证明书

应威海 A 贸易有限公司的要求,威海出入境检验检疫局于 2013 年 11 月 16 日为该批货物签发了原产地证明(原产地证明详见子任务 4"报检"的相关内容)。

七、核对装船通知

该批货物在 2013 年 11 月 17 日装船发运后,出口方威海 A 贸易有限公司即向进口方日本 B 公司发出装船通知(装船通知详见子任务 3"租船订舱"的相关内容)。

八、签发受益人证明

威海 A 贸易有限公司于 2013 年 11 月 18 日为自己出具了一份受益人证明,阐明自己履行了信用证规定的条款,并已按要求寄单等。

威 海 A 贸 易 有 限 公 司
WEIHAI A CO.,LTD

地址:山东威海市海滨北路 28 号
28, Haibin(N)Rd. Weihai City, Shangdong, china
E-mail: A@wh-public.sd.cninfo.net

电话(TEL):0086-631-523××××
传真(FAX):0086-631-523××××

BENEFICIARY'S CERTIFICATE

NOV. 18, 2013

TO WHOM IT MAY CONCERN,
    WE HEREBY CERTIFY THAT ONE SET OF SHIPPING DOCUMENTS INCLUDING 1/3 ORIGINAL B/L AND ONE ORIGINAL G. S. P. CERTIFICATE OF ORIGIN FORM A HAVE BEEN SENT DIRECTLY TO THE APPLICANT IMMEDIATELY AFTER SHIPMENT.

九、提交议付交单记录

2013年11月18日结汇单据缮制完毕后,出口商威海A贸易有限公司首先作初步审核,按照信用证上规定的单据种类、份数、日期、内容要求进行纵向审核;然后对单据之间进行横向审核。审核完毕以后,威海A贸易有限公司将全套结汇单据汇集起来,于2013年11月20日填制交单记录,连同全套单据提交银行议付。

交单记录

发票号：WK070047　　议付日期：　　核销单号：　　银行编号：

开证银行(或)国外代收行 THE NISHI—NIPPON CITY BANK,LTD.	信用证号：255-512-04704
	合同号：KNK-71112
发票金额：US$12096.00	支付方式：信用证
品名： 提花布地垫(JACQUARD HOME MAT)	件数：95袋
	数量：900件

单据名称	汇票	发票	正本提单	副本提单	保险单	重量单	装箱单	尺码单	FA产地证	贸易产地证	商产地证	厂产地证	海关发票	邮局收据	商检证	船方证明	起运电	证明函
银行			√			√	√						√		√			
客户	√	√	√	√	√													

不符事项及其他	公司内部事项记录
	装货期：2013年11月17日 效货期：2013年11月20日
	起运港：中国,青岛
	目的港：日本,门司
	提单日期：
本证修改次数：1	送交银行日期：2013年11月20日
索汇路线：向开证行索汇	交单天数：

银行审单复核：　　银行审单：　　公司复核：　　公司制单：

技能要求

一、基本理论：熟悉出口结汇的常用方法以及所需的主要单据

1. 出口结汇常用的方法

货物发运后，出口商即按信用证的要求整理和缮制各种单据，并在信用证规定的交单有效期内送交银行议付和结汇。在我国，信用证方式及托收下的出口结汇有三种做法（参见表4-11）。

表4-11 结汇三种方式异同表

结汇方法	含　义	特　点
押汇	也叫买单结汇，也就是议付行应出口商的请求，在扣除掉利息和手续费后买下单据，银行保留追索权	可以加速外贸公司资金周转的速度，但银行需承担部分收汇风险，当国外付款行拒付或拖延时，银行虽然可以行使追索权，索要票款，但也可能造成利息损失
收妥结汇	也叫收妥付款，银行先将单据寄国外的开证行，待国外银行通知贷款已收在议付行的账户后，议付行才按当日外汇牌价将货款折成人民币交付出口商	对于出口商来说，虽然利息负担较轻，但收汇货款的速度较慢，不利于资金周转；对于议付行来说，不必动用自身的资金，也不承担任何的风险
定期结汇	议付行根据向国外付款行索偿所需时间，预先确定一个固定的结汇期限，到期后主动将票款折成人民币交出口商	

2. 出口结汇需要提交的单据

根据信用证的要求，出口商在结汇的时候可能需要提供的单据有：汇票；商业发票；海关发票；领事发票；厂商发票；海运提单；保险单；装箱单和重量单；检验证书；原产地证明书；普惠制单据；装船通知副本；船公司证明等。

上述结汇单据的制作总体要求是：美观大方，缮写或打印的字迹要清楚，对改正的地方要加盖校对图章；按信用证要求和国际惯例填写，不画蛇添足加列不必要的内容；在信用证有效期内及时将单据送交议付行，最迟不得超过提单签发日后21天；所提供的单据，按照信用证的规定要齐全，不得短少；单位要正确无误。单据正确，要做到两个一致，即单证一致、单单一致。

二、业务操作：缮制审核结汇单据

1. 汇票的填制

英文汇票样本如下：

汇 票
BILL OF EXCHANGE

No. 汇票编号 由出票人自行编号填入,一般使用发票号兼作汇票的编号。在国际贸易结算单证中,商业发票是所有单据的核心,以商业发票的号码作为汇票的编号,表明本汇票属第×××号发票项下。在实务操作中,银行也接受此栏是空白的汇票。

Date: 出票日期

For: 汇票金额 此处要用数字小写表明。填写小写金额,一般要求汇票金额使用货币缩写和用阿拉伯数字表示金额小写数字,如 USD1234.00。大小写金额均应端正地填写在虚线格内,不得涂改,且大小写数量要一致。除非信用证另有规定,汇票的金额不得超过信用证的金额,而且汇票的金额应与发票的金额一致,汇票的币别必须与信用证规定和发票所使用的币别一致。

At 付款期限 sight of this second of exchange(first of the same tenor and date unpaid)pay to the order of _____

受款人 _____ the sum of _____

Drawn under 出票条款

L/C No._____ Dated 填写信用证的准确开证日期,而非出具汇票的日期,如非信用证方式则不填。

To. 付款人 被出票人的名称和地址,通常为进口商。

出票人签章

付款期限: 一般可分为即期付款和远期付款两类。

即期付款只需在汇票固定格式栏内打上"at sight"。若已印有"at sight",可不填。若已印有"at sight",应在横线上打"----"。

远期付款一般有以下四种。

a. 见票后××天付款,填上"at ×× days after sight",即以付款人见票承兑日为起算日,××天后到期付款。

b. 出票后××天付款,填上"at ×× days after date",即以汇票出票日为起算日,××天后到期付款,将汇票上印就的"sight"划掉。

c. 提单日后××天付款,填上"at ×× days after B/L",即付款人以提单签发日为起算日,××天后到期付款。将汇票上印就的"sight"划掉。

d. 某指定日期付款,指定××××年×月×日为付款日。如"On 25th Feb. 2013",汇票上印就的"sight"应划掉。这种汇票称为定期付款汇票或板期汇票。托收方式的汇票付款期限,如 D/P 即期者,填"D/P at sight";D/P 远期者,填"D/P at×× days sight";D/A 远期者,填"D/A at ×× days sight"。

受益人: 也称抬头人或抬头。在信用证方式下通常为出口地银行。汇票的抬头人通常有三种写法。

a. 指示性抬头(Demonstrative order)。如"付××公司或其指定人"(Pay ×× Co., or order, Pay to the order of ×× Co.,)。

b. 限制性抬头(Restrictive order)。如"仅付××公司"(Pay ×× Co. only)或"付××公司,不准流通"(Pay ×× Co. Not negotiable)。

c. 持票人或来票人抬头(Payable to bearer)。如"付给来人"(Pay to bearer)。这种抬头的汇票无须持票人背书即可转让。

在我国对外贸易中,指示性抬头使用较多,在信用证业务中要按照信用证规定填写。若来证规定"由中国银行指定"或来证对汇票受款人未规定,此栏应填上"pay to the order of Bank of China"(由中国银行指定);若来证规定"由开证行指定",此栏应填上"Pay to the order of ××Bank"(开证行名称)。

2. 受益人证明的填制

受益人证明是一种由受益人自己出具的书面证明,以证明自己履行了信用证规定的条款,如证明所交的货物的品质、运输包装处理和按要求寄单等。

受益人证明
BENEFICIARY'S CERTIFICATE

TO:收货人的信息　　　　　　INVOICE No.:发票编号
S/C No.:销售确认书编号
L/C No.:信用证编号
Dear Sirs:
　　We hereby that one set of non-negotiable shipping documents together with the original from A have been sent to the applicant by airmail within 48 hours after the shipment.

******** CO.,LTD

张××

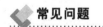
常见问题

1. 制作汇票时应注意的问题

(1)"付款人"一栏按信用证的规定填写,如来证未具体规定付款人的名称,则以开证行为付款人。若采用D/P、D/A支付方式,汇票付款人应填写国外进口商。

(2)受款人,除个别来证另有规定外,通常为中国的银行。

(3)出票依据,即开具汇票的依据,在信用证业务中,应按来证规定文句填写;若来证上没有规定具体的文句,则可在汇票上填具开证行的名称、地点、信用证号码和日期,若采用托收方式,汇票上应注明合同号码。

(4)汇票份数一般为一式两份(均为正本),其中一份付讫,另一份自动失效。

(5)汇票上不能有任何的涂改,也不能有校对章。

应注意的是,欧洲有些国家的银行为避税,在即期信用证上注明不要汇票,要求出具收据。现在有很多的银行在信用证业务中不要求开具汇票,以商业发票代替汇票,只在信用证下托收业务中才用汇票。对此,我方照办即可。

2. 制作发票时应注意的问题

(1)对于"收货人"一栏,如属信用证方式,除少数信用证另有规定外,一般均应填写来证的开证申请人。

（2）在信用证业务中，对货物的描述（如货物的名称、数量、单价、包装等项内容）应与来证规定完全一致，不得有任何的遗漏和不同。

（3）来证如果要求发票内加列船名、原产地和生产企业的名称，许可证号码均可一一照办。

（4）发票金额不应超过信用证的金额。在无特别规定的情况下，商业发票的金额应与汇票的金额一致。对商品单位的表示应完整准确，单价中的计量单位、价码、计价货币、贸易术语等应书写完整。来证和合同中的单价若含有佣金，发票应照样填写。应注意"佣金"和"折扣"不能互相替代，因为进口海关或有关当局对佣金要征税，而对折扣不存在征税问题。

（5）信用证规定超额运费、超额保费或选港费由买方负担，但是信用证的金额若已包括上述费用者，或信用证的金额虽不包括上述费用，但规定可由信用证项下支取者，则可连同货款一并列在总值内，否则，还应另制汇票进行托收。

（6）由于各国的法令或习惯不同，有的来证要求在发票上加注"证明所列内容真实无误"（certified invoice 或称证实发票）、"货款已经收讫"（receipt invoice 或称收妥发票），或有关出口商国境、原产地证明文句，应在不违背我国的方针、政策和法令的情况下酌情处理。

3. 海关发票

海关发票是某些国家的海关要求国外出口商填制的一种固定格式的发票。填写海关发票时要注意以下五点：

（1）各个国家（地区）使用的海关发票的格式各不相同，切勿混用；

（2）商业发票和海关发票上有某些共有内容，要保持一致，不得相互矛盾；

（3）"出口国国内市场价格"一栏要慎重填写，因为它可以作为确定是否存在倾销的重要依据；

（4）若按 CIF、CIP 条件出口，应分别列明 FOB 价、运费、保险费，三者的总和应等于 CIF（或 CIP）；

（5）签字人和证明人均须以个人身份出面，而且不得是同一个人，个人签字均须手写。

4. 制作提单时应注意的问题

（1）提单的种类、国外来证均要求提供"已装船清洁提单"（clean on board B/L）。

（2）提单抬头即提单收货（consignee）的填写。在信用证或托收方式下，绝大多数的提单都做成"凭指定（to order）"抬头或者"凭发货人指定（to order of shipper）"抬头。这种提单经发货人背书才可流通转让，也有做成凭开证行指定的。

（3）提单的货物名称可以按概括性或大类名称填制，不必列出详细的规格，但要注意不能与来证所规定的货物特征相矛盾。

（4）对运费一项，若按 CIF 或 CFR 条件成交，提单应注明"运费已付"（freight prepaid）；若按 FOB 条件成交，则应注明"运费到付"（freight to collect）。

（5）提单上的目的港和件数，原则上应和运输标志上所列的内容相一致，如果包装货物在装船的过程中发生漏装少量件数，可在提单上运输标志前面加"EX"字样，以表示其中有缺件。

案例思考

1. 2012 年 12 月 7 日，S 公司（以下称受益人）向 Z 行提交了韩国 N 银行（以下称开证行）开出的信用证为 M03A W110N W00185 项下单据，金额为 USD41397.20，出口品种为冻带鱼。经审核，Z 行认为单据相符，于当天议付了单据，并向开证行寄单索汇。

12 月 14 日，Z 行收到开证行的拒付电报，称装箱单上的"FAX NO."与信用证不符。尽管这是一个非实质性的不符点，但为了尽快收回货款，Z 行建议受益人重新提交一套新的箱单，并于 14 日当天（信用证交单期的最后一天）将新的箱单寄往开证行更换旧的箱单，同时要求开证行在收到新单据之后即付款。

之后，开证行杳无音讯，经 Z 行两次催询，开证行终于在 12 月 26 日回电，称更正过的箱单于 19 日收到，但他们不能接受在信用证有效期和交单期之内重新提交的单据，因为他们已于 14 日发出拒付电报。另外，开证行还声称："OUR APPLICANT SAYS COUNTER-SIGN ON COMMERCIAL INVOICE BY MR. CHOI, HONG JIN IS UNTRUE AND HIS PASSPORT COPY IS RECOPIED"，并说他们将把单据退回。

Z 行对开证行这种违背国际惯例的做法十分不解，于 12 月 29 日直接向其进口部经理回电反驳，认为其做法违背了国际惯例和 UCP500 的有关规定以及对受益人的公平待遇原则，理由如下：第一，信用证为自由议付信用证，有效地点在中国；第二，更正的单据在信用证的有效期及交单期内提交；第三，国际商会出版物 NO. 459、NO. 515 和 NO. 565 的有关案例均声明，当单据含有不符合点时，受益人有权对其更正并在信用证的有效期及交单期内重新提交，而且 ICC NO. 613 R324 之 CASE NO. 1 也认为如果更正过的单据在信用证的有效期内提交至议付行，只要单据符合信用证的规定，那么开证行必须向议付行进行偿付；第四，至于申请人所提的观点，我行无法接受，因为根据 UCP500 的第 9 条和第 14 条，对单据是否与信用证相符的决定应由开证行作出而非申请人。何况，UCP600 第 4 条也指出，在信用证业务中，各有关当事人所处理的只是单据，而不是单据所涉及的货物、服务及/或其他行为。因此，我行的单据完全符合信用证条款，请开证行尽快付款，我行保留追索迟付利息的权利。

2013 年 1 月 4 日，开证行回电，不再提单据重新提交无效的问题，但仍坚称单据系伪造，

"BENEFICIARY APPROVED THAT YOUR DOCUMENTS WAS COUNTERFEITED. THIS IS THE INTENTIONAL AND INCOMPREHENSIBLE ACTION",并称受益人已向申请人提议减额付款,一旦双方达成协议,将予以付款。从该电报可以看出,开证行方面已有了松动。对开证行一再提出的单据伪造问题以及减额付款一事,Z 行向受益人进行了询问。出乎意料的是,受益人承认发票上"CHOI HONG JIN"的签字确系仿签,但该公司表示由于申请人违约在先拒绝在发票上会签,因货已出运,为能收回货款,不得已出此下策。而对于减额付款之说,受益人予以否认。

虽然 Z 行认为受益人隐瞒伪造签字的行为违背诚信原则,但是为了维护其作为议付行的权益,Z 行仍于 2013 年 1 月 7 日向开证行进口部经理去电,声明:依据 UCP 600 第 15 条对单据有效性的免责条款,我行提交的由"CHOI HONG JIN"会签的发票及护照副本表面上与信用证条款完全相符。因此,根据 UCP 500 的第 9 条和第 14 条,请其尽快偿付我行——该信用证项下的正当持票人。

为了尽快追回货款,2013 年 1 月 9 日,Z 行又直接去电开证行的总经理,向其陈述了整个拒付案的大概情况,重申了单证相符的观点,认为:如果他们仍坚持单据伪造的观点,应出具确切的证据而不是仅仅声称,为了捍卫信用证项下议付行作为正当持票人的权益,我们坚决要求开证行偿付我行,同时也是为了他们在中国的长久利益及两行的关系着想,请敦促其进口部门履行付款责任。

2013 年 1 月 11 日,开证行终于放弃单据系伪造的拒付理由,全额支付了款项。

【案例提示】判断受益人是否在欺诈,首先要分析双方的履约情况,到底是谁违约在先。

请问:本案中的受益人的行为是否构成了实质性的欺诈?从这个案例中我们能够吸取哪些经验教训?

2. 某日,B 银行开立一张不可撤销保兑信用证,该证的保兑行与通知行均为 A 银行。受益人在接到 A 银行的通知后,即刻备货装运,且将全套单据送 A 银行议付。A 银行审核单据后发现有两处不符:第一是迟装;第二是单据晚提示。于是 A 银行与受益人电话联系,征求受益人的意见。受益人要求 A 银行单寄开证行并授权议付。

收到议付行寄来的不符单据,B 银行认为其不能接受此两处不符点,并且将此情况通知了开证申请人。开证申请人也认为单据严重不符,拒绝付款。于是 B 银行电告 A 银行:"由于货物迟装运以及单据晚提示的原因,金额为×××的第×号信用证项下的款项被拒付。我们掌握单据听候你们方便处理。我们已与申请人联系,据告他们会直接与受益人协商,请指示。"

A 银行受到 B 银行的电传即告受益人。受益人要求 A 银行电告 B 银行单据交由 B 银行掌握并等待受益人的进一步指示。根据受益人的指示,A 银行即电告 B 银行上述内容。

收到A银行要求单据交由其掌握,听候受益人进一步指示的电传后,B银行与申请人取得了联系。由于申请人迫切希望得到这批货物,他随即指示B银行付款。于是,B银行电传A银行道:"你方要求单据交由我方掌握,进一步听候受益人指示的电传已收到,经进一步与申请人联系,他已同意接受不符的单据,并且授权付款,即对受益人付款,并借记我方开在你处的账户外加所有的银行费用。"

收到B银行的电传指示,A银行打电话通知受益人。受益人认为他们不能接受。因为在得到申请人拒付的信息后,货物的市价突然上涨,他们已将货物以更高的价格转卖给了另一买主。况且对方拒付,他们毫不延迟地作出决定:单据交由A银行掌握,听候处理。得知此信息后,A银行给B银行发了一份电传:"由于你方拒绝接受我方的不符单据,在此情况下,受益人已将货物转卖给另一客商。因此他们不能接受你方在拒绝不符单据后再次接受该单据的做法。此外,据受益人称,申请人已掌握了代表货物所有权的正本提单。我们认为未经我方许可,你方擅自放单的做法是严重违反UCP 600的规定。"

B银行电告A银行称申请人与其关系极好,该行的放单行为纯粹是为了有利于争端的解决。B银行认为由于收益人提供的单据与信用严重不符,据其估计该笔业务只能以跟单托收的方法进行。既然申请人随后接受了单据并且支付了货款,B银行在此情况下将提单背书给买方,即将货物的所有权转至买方,故B银行也无须再将全套单据退A银行掌握。

【案例提示】参考UCP 600有关单据接受相关条款的规定。

请问:此案若交由你处理,你将如何解决?接受已拒绝的不符单据是否依然有效?B银行放单放给申请人的做法是否正确?

3. 中国南方A公司与丹麦AS公司在2012年9月按CIF条件签订了一份出口圣诞灯具的商品合同,支付方式为不可撤销即期信用证。丹麦AS公司7月通过丹麦日德兰银行开来信用证,经审核与合同相符,其中保险金额为发票金额的110%。就在南方A公司正在备货期间,丹麦AS公司通过通知行传递给南方A公司一份信用证修改书,内容为将保险金额改为发票金额的120%。南方A公司没有理睬,仍按原证规定投保、发货,并于货物装运后在信用证交单期和有效期内向议付行议付货款。议付行审单无误,于是放款给受益人,后将全套单据寄丹麦开证行。开证行审单后,以保险单与信用证修改书不符为由拒付。

【案例提示】参考UCP 600有关单据审核的相关条款规定。

请问:开证行拒付是否有道理?为什么?

拓展提高

1. 审核议付单据的方法及常见的问题

出口上提交的所有单据必须符合信用证的要求,若不符合即为不符点,就会遭到拒付,因此,必须认真核查。审核结汇单据主要从两个方面进行:一是将单据对照信用证条款进行审核——纵向审核;二是将单据与单据对比审核——横向审核。

单据容易出现的问题	信用证是否已经过期
	信用证装运日期是否已过
	信用证是否错过交单日期
	信用证议付金额是否超证
	货物溢装或短装,超过来证许可幅度
	发票上的货物描述与信用证不符,金额超证
	发票上的名字与申请开出信用证的名字不一致
	运输单据是否不清洁
	运输单据类别是否可以接受
	是否有"货物已装船"证明
	运费由受益人承担,但运输单据上没有"运费付讫"字样
	起运港、目的港或转运港与信用证规定不符
	来证不许分批和转运,却分批或转运了
	保险单等单据的签发日期迟于运输单据的签发日期(不合理)
	保险金额不足,保险比例与信用证不符
	投保险别与信用证不符
	保险单、产地证等单据的类别与证不符
	汇票上的出票日期不明
	汇票上的付款人名、地址不符
	各种单据的币种不一致
	汇票、发票或保险单据金额的大小写不一致
	汇票、运输单据和保险单据的背书错误,或应有背书而没有
	单据上没有必要的签字或有效印章
	单据的份数与信用证要求的不一致
	各种单据上的"shipping mark"(唛头)不一致
	各种单据上有关货物数量或重量的描述不一致

2. 单单、单证不符情况下出口商可以采取的措施

在国际贸易实务中,单据存在不符点,即单据存在瑕疵的情况是经常发生的,而开证行向出口商即受益人支付信用证金额的前提条件是单据和信用证相符。原则上,如果单据有瑕疵,此时受益人无权要求开证行履行其付款承诺。

当单据出现瑕疵时,有以下办法可供受益人选择。

（1）改正单据中的不符点，并在信用证规定的单据提交期限内二次交单。采取上述做法时要注意两点：一是在被通知单证不符时，受益人应立即联系尽早取回单据，修改全部的不符点；二是修改后要尽快地（最迟不得晚于信用证规定的单据交货期限）向银行再次交单。

3. 不加修改，采取以下措施

（1）请求开证申请人即进口商批准。当单据出现不符点时，受益人要同时向申请人和开证行请求接受单据。如果申请人同意，开证行一般也会同意接受。

（2）有保留付款。议付行议付不符单据是有风险的，为保证得到货款，受益人可与议付行及其他中间行商定利用保留追索权方式付款或议付，其含义是受益人承认单据有瑕疵，银行保留从受益人处索回已付金额的权利。

（3）表提。议付行发现单证存在不符点时，一般不先对受益人付款或作为有追索权付款，而是将不符点一一列出，征求开证行的意见，多数情况下，开证行都会询问申请人是否接受不符点。这样做实际上开证行的责任受开证人的意思制约，如果申请人接受不符点，开证行就答复中间行并准备付款，反之，开证行就退回单据。中间行则将单据退还受益人，如果付了款，则可向受益人索回款项。

（4）电提。即议付行先向开证行发电请求授权付款。对受益人提交的单据有实质性不符，议付行向开证行发电传列明单据不符点，询问其意见，如果开证行同意不符点则可将单据寄往开证行，按正常信用证的结算方式进行。

小 结

制单结汇是履行国际贸易合同中很重要的一个环节。本任务继续以威海 A 贸易有限公司的一笔实际出口业务为背景，介绍了制单结汇工作的具体内容以及制单的过程中应注意的问题，并着重讲解了结汇用各种单据的填制。通过学习，学生会发装运通知，能够缮制和审核主要结汇单据，填写交单记录。

子任务 7　外汇核销与出口退税

任务简介

本部分任务是在出口结汇之后进行的，根据规定，凡是需要退税的商品需要到相关的税务部门办理出口退税手续。

任务分解

本部分任务具体分解为1个任务,即办理出口退税。

该笔业务经过外汇核销后,外贸公司于2014年1月11日提交了出口退税的有关凭证,在出口地威海办理了出口退税业务,国家税务机关审核了购进出口货物的增值税专用发票(税款抵扣款)、出口货物销售明细账、盖有海关验讫章的出口货物报关单(出口退税联),办理了出口退税工作。

一、退税用单据

出口商于2014年1月10日将退税用单据统一整理好并装入正规的档案袋,封面单据格式及内容如下。

企业所属市区及性质:市直外贸企业　　　　　　本袋编号:
企业名称:威海A贸易有限公司　　　　　　　　税款所属期:20131101

序号	单证	内容		备注
1	报关单	份数	5.00	
		本次报关销售额(美元)	55905.60	
		累计报关销售额(美元)	595977.04	
		本次销售数量	69838.50	
2	专用发票	份数	9.00	
		进项金额(元)	331060.70	
		退税金额(元)	36416.70	
		进货数量	69838.50	
3	专用税票	份数		
		计数金额(元)	331060.70	
		进货数量	69838.50	
4	普通发票	份数		
		进货金额(元)		
		进货数量		
5	其他	代理出口货物证明(份)		
		进料加工贸易申请表(份)		
		软盘(张)	1.00	

续

审 核 项 目	一审	二审	终审
贸易性质(① 一般贸易② 进料加工③ 进外投资④ 中标机电产品)			
你对单证(增值税发票、报关单、核销单、专用缴款书、代理证明、进料加工贸易申请表等)真实性是否验证,请签字			
你认为增值税发票已经认证请签字			
经营方式：① 自营出口② 代理出口			
是否清算：你认为清算请签字			
应退税额　　　　　人民币大写：			

二、进货增值税发票抵扣联

出口商除了认真拟订封面单据外,还于2014年1月10日准备好了增值税发票等相关单据,并于11日提交给税务局,税务局于当日进行了认真的审核。

青岛增值税专用发票

3702072140　　　　　　　　　　　　　　　　　　　　　　　　　　NO.00430862

抵 扣 联

名　称：威海A贸易有限公司 识别号：371002720741579 地址及电话：海滨路28号　523×× ×× 银行及账号：交通银行　2012017456	密码区	77775—>＋365—3/13/＋9＋ 873＋68＋<10*8—/＋*—＋33< >25*—>7/0504>7—43/53— 2/<＋/>4*>20—4—>>*0—0＋	加密版本：01 3702072140 00408620
应税劳务名称 提花布地垫	规格型号 200CM×200CM 200CM×250CM 200CM×300CM	单位 件	数量 420 240 240	单价 80 92 98	金额 ¥79200.00	税率 17%	税额 ¥13464.00

合计(大写)　壹万叁仟肆佰陆拾肆元整　　　(小写)	¥4760.00
名称：青岛D纺织品有限公司 识别号：37020276027002X 电话：青岛市南区黄岛路6号　82820627 及账号：工行中山路分理处 38030215092000×××××	备注
复核：　　　　　　开票人：范××	销货单位：(章)

三、中华人民共和国海关出口货物报关单出口退税专用联

税务机关于 2014 年 1 月 11 日审核了出口货物报关单出口退税专用联,并确认无误。

中华人民共和国海关出口货物报关单　出口退税专用联

预录入编号：115022032　　　　　海关编号：422720120777715307

出口口岸　青开发区 4218	备案号	出口日期　2013-11-18	申报日期　2013-11-18
经营单位　威海 A 贸易有限公司 3710961525	运输方式 江海运输	运输工具名称 ACACIA729	提运单号 ACQMJ729655
发货单位　威海 A 贸易有限公司 3710961525	贸易方式 一般贸易 0110	征免性质 一般征税（101）	结汇方式 信用证
许可证号	运抵国（地区）日本（116）	指运港　日本（116）	境内货源地　青岛其他（37029）
批准文号 089657805	成交方式　C&F	运费总价　300 美元	保费 　　　　杂费
合同协议号 KNK-71112	件数 95	包装种类 包	毛重（公斤）　净重（公斤） 2531　　　　2436
集装箱号　CRXU1782730	随件单据		生产厂家
标记唛码及备注			

项号	商品编码	商品名称、规格型号	数量及单位	最终目的国（地区）	单价	总价	币制	征免
01	6214230200.000	提花布地垫 200CM×200CM	420.000 件	日本（116） 用途	11.2000	4704.00	USD 美元	照章征税
02	6214230200.000	提花布地垫 200CM×250CM	240.000 件	日本（116） 用途	14.0000	3360.00	USD 美元	照章征税
03	6214230200.000	提花布地垫 200CM×300CM	240.000 件	日本（116） 用途	16.8000	4032.00	USD 美元	照章征税

税费征收情况			
录入员　录入单位	兹声明以上申报无讹并承担法律责任	海关审单批注及放行日期（签章） 审单　　　　　　审价	
报关员			
单位地址	申报单位（签章）	征税　　　　　　统计	
邮编　　　　电话	填制日期	查验　　　　　　放行	

青岛××国际物流发展有限公司　　　　　　　　　　签发关员：郑××
　　　　　　　　　　　　　　　　　　　　　　　签发日期：2013-11-18

四、外贸企业出口退税进货明细表

下面是税务机关于 2014 年 1 月 11 日审核的与本笔业务有关的又一种单据,具体样式如下。

外贸企业出口退税进货明细表

企业代码:3710961525
企业名称:(章)威海 A 贸易有限公司
纳税人识别号:371002702744159I
所属期:2013 年 11 月
申报批次:01
金额单位:元至角分

开票日期	商品代码	商品名称	计量单位	数量	计税金额	征税率%	征税税额	退税率%	应退税额	专用税票号	备注
2013-11-26	621423010	梭织领巾	条	2440.0000	17726.50	17.0000	3013.50	11.0000	1949.92		
2013-11-27	621423020	提花布地垫	千克	925.0000	17726.50	17.0000	4760.00	11.0000	3080.00		
2013-11-28	621423020	提花布地垫	千克	925.0000	17726.50	17.0000	4760.00	11.0000	3080.00		
2013-11-29	621423020	提花布地垫	千克	925.0000	17726.50	17.0000	4760.00	11.0000	3080.00		
2013-11-30	621423050	纯棉针织男短裤	件	23102.0000	71936.46	17.0000	12229.54	11.0000	7913.23		
2013-12-1	621423050	纯棉针织男短裤	件	23102.0000	71936.46	17.0000	12229.54	11.0000	7913.23		
2013-12-2	621423070	涤纶梭织提花布	千克	1041.0000	6814.21	17.0000	6816.38	11.0000	4410.81		
2013-12-3	621423070	涤纶梭织提花布	千克	1041.0000	6814.21	17.0000	6816.38	11.0000	4410.81		
2013-12-4	621423090	男士棉质袜子	双	9625.0000	1398.50	17.0000	1398.50	11.0000	904.92		
2013-12-5	621423090	男士棉质袜子	双	9625.0000	1398.50	17.0000	1398.50	11.0000	904.92		
2013-12-6	621423090	男士棉质袜子	双	9625.0000	1398.50	17.0000	1398.50	11.0000	904.92		
2013-12-7	621423090	男士棉质袜子	双	9625.0000	1398.50	17.0000	1398.50	11.0000	904.92		
				92001.0000	234001.34		60979.34		39457.68		
				92001.0000	234001.34		60979.34		39457.68		

企业填表人: 财务负责人: 企业负责人: 填报日期:2014 年 1 月 11 日

五、外贸企业出口退税出口明细申报表

税务机关审核了出口明细申报表,确认无误后盖章,并随即为外贸公司办理了退税业务。

企业代码:3710961525
企业名称:(章)威海A贸易有限公司
纳税人识别号:3710027027144159　　所属期:2013年11月　　申报批次:01

外贸企业出口退税出口明细申报表

金额单位:元至角分,美元

序号	关联号	出口发票号	报关单号	出口日期	核销单号	商品代码	商品名称	计量单位	出口数量	美元离岸价	退税率(%)	应退增值税额	应退消费税	代理证号	进料登记册号	备注
0001	2013110001	00247243	371020731400059112	2013-11-26	089657818	6214230010	梭织领巾	条	2440.0000	17726.50	11.0000	1949.92	0.00			
0002	2013110002	00247244	371020731400059810	2013-11-27	089657819	6214230020	提花布地垫	千克	925.0000	17726.50	11.0000	3080.00	0.00			
0003	2013110003	00247245	371020731400059810	2013-11-28	089657820	6214230020	提花布地垫	千克	925.0000	17726.50	11.0000	3080.00	0.00			
0004	2013110004	00247246	371020731400059810	2013-11-29	089657821	6214230020	提花布地垫	千克	925.0000	17726.50	11.0000	3080.00	0.00			
0005	2013110005	00247247	371020731400059131	2013-11-30	089657822	6214230050	纯棉针织男短裤	件	23102.0000	71936.46	11.0000	7913.23	0.00			
0006	2013110006	00247248	371020731400059814	2013-12-1	089657823	6214230050	纯棉针织男短裤	件	23102.0000	71936.46	11.0000	7913.23	0.00			

续表

序号	关联号	出口发票号	报关单号	出口日期	核销单号	商品代码	商品名称	计量单位	出口数量	美元离岸价	退税率（%）	应退增值税额	应退消费税	代理证号	进料登记册号	备注
0007	2013110007	00247249	371020731400059814	2013-12-2	089657824	621423070	涤纶梭织提花布	千克	1041.0000	6814.21	11.0000	4410.81	0.00			
0008	2013110008	00247250	371020731400059869	2013-12-3	089657825	621423070	涤纶梭织提花布	千克	1041.0000	6814.21	11.0000	4410.81	0.00			
0009	2013110008	00247251	371020731400059870	2013-12-4	089657826	621423090	男士棉质袜子	双	9625.0000	1398.50	11.0000	904.92	0.00			
0010	2013110008	00247252	371020731400059868	2013-12-5	089657827	621423090	男士棉质袜子	双	9625.0000	1398.50	11.0000	904.92	0.00			
0011	2013110008	00247253	371020731400059871	2013-12-6	089657828	621423090	男士棉质袜子	双	9625.0000	1398.50	11.0000	904.92	0.00			
0012	2013110008	00247254	371020731400059811	2013-12-7	089657829	621423090	男士棉质袜子	双	9625.0000	1398.50	11.0000	904.92	0.00			
小计									92001.0000	234001.34		39457.68				
总计									92001.0000	234001.34		39457.68				

企业填表人：　　　　　　财务负责人：　　　　　　企业负责人：　　　　　　填报日期：2014年1月11日

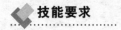
技能要求

一、基本理论

出口企业在办理出口退税时要特别注意申报程序,要熟悉出口退税的时间和地点、机构,注意时间观念,以免造成损失。出口企业在办理出口退税时应注意以下四个时限规定。

一是"30 天"。出口企业购进出口货物后,应及时向供货企业索取增值税专用发票或普通发票,属于防伪税税控增值税发票,必须在开票之日起 30 天内办理认证手续。

二是"90 天"。出口企业必须在货物报关出口之日起 90 天内办理出口退税申报手续,生产企业必须在货物报关出口之日起 3 个月后免抵退税申报期内办理免抵税申报手续。

三是"180 天"。出口企业必须在货物报关出口之日起 180 天内,向所在地主管退税部门提供出口收汇核销单(远期收汇除外)。

四是"3 个月"。出口企业出口货物纸质退税凭证丢失或内容填写有误,按有关规定可以补办或更改的,出口企业可在申报期限内向退税部门提出延期办理出口货物退(免)税申报的申请,经批准后,可延期 3 个月申报。

二、业务操作:出口退税需要提交的单证、外贸企业出口退税出口明细申报表的填制

(1)出口收汇批次核销信息登记表。

(2)外贸企业出口退税出口明细申报表。

① 表头填写规则参照外贸企业出口退税进货明细申报表。

② 表体项目的填写规则如下。

序号、关联号、商品代码、商品名称及计量单位的填写规则参照外贸企业出口退税进货明细申报表。

出口发票号:企业外销货物出口发票号码。

报关单号:一般填写海关出口货物报关单右上角的海关统一编号+0+项号,共 12 位;特殊退税业务可以按税务机关的要求填写。

出口日期:出口货物报关单右上角的出口日期,退税率由此判定。

核销单号:国家外汇管理局统一出口收汇核销单编号,应录入 9 位。

出口数量:按实际出口数量或申报出口退税的数量填写,和出口货物报关单上第一计量单位的数量一致。

外贸企业出口退税出口明细申报表

企业代码：
企业名称（章）：　　　　　　　　　　　　　　　　　　　　　　　　　　　　　　　金额单位：元至角分、美元
纳税人识别号：　　　　　　　　　申报批次：　　　　　　　　所属期：

序号	关联号	出口发票号	报关单号	出口日期	核销单号	商品代码	商品名称	计量单位	美元离岸价	出口数量	出口进货金额	退税率(%)	应退增值税税额	应退消费税税额	代理证明号	进料加工手册号	备注
合计																	

企业填表人：　　　　　　　财务负责人：　　　　　　　企业负责人：　　　　　　　制表日期：　年　月　日

美元离岸价格：美元离岸价格为FOB价格，如果成交方式为CIF或其他，应折成FOB，是换汇成本监测的重要参考数据。

出口进货金额：此项目由申报系统自动计算。按进货表中同一关联号、同一商品代码下加权平均计算出该商品的平均单价，再用出口数量乘以该平均单价得出该出口进货金额，可能和每一笔进货凭证号对应的计税金额不一致，但是总计税金额是一致的。

退税率：此项目申报系统自动计算。同一关联号、同一商品代码下加权平均计算出的退税率，可能和每一笔进货凭证号对应的退税率都不一致；如属于特准退税范围的，按照现行政策规定的退税税率填写。

应退增值税税额：此项目申报系统自动计算。同一关联号、同一商品代码下加权平均计算出的应退增值税，可能和每一笔进货凭证号对应的退税额都不一致，但是总退税额是一致的。

应退消费税税额：此项目申报系统自动计算。同一关联号、同一商品代码下加权平均计算出的应退消费税，可能和每一笔进货凭证号对应的退税额都不一致，但是总退税额是一致的。

代理证明号：委托出口时取得的受托方开具的《代理出口货物证明》编号。

进料加工手册号：与出口货物报关单的"备案登记号"一致。

备注：按税务机关的要求录入。

 常见问题

1. 生产企业与出口企业出口货物的增值税政策是否一致

生产企业与出口企业出口货物的增值税退（免）税的计算方法不一样。

（1）生产企业自营或委托出口企业代理出口自产货物，除另有规定外，增值税一律实行免、抵、退税管理办法。实行免、抵、退税办法的"免"税，是指对生产企业出口的自产货物，免征本企业生产销售环节增值税；"抵"税，是指生产企业出口的自产货物所耗用的原材料、零部件、燃料、动力等所含应予退还的进项税额，抵顶内销货物的应纳税额；"退"税，是指生产企业出口的自产货物在当月内应抵顶的进项税额大于应纳税额时，对未抵顶完的部分予以退税。

（2）出口企业出口货物实行"免、退"税管理办法，即对本出口销售环节增值部分免税，进项税额退税。

2. 出口企业如何办理出口货物退（免）税认定，是否有时间规定

根据《国家税务总局关于印发〈出口货物退（免）税管理办法（试行）〉的通知》（国税发〔2005〕51号）的规定，出口企业在取得进出口经营权或签订代理出口协议之日起30日内到

主管税务机关退税部门办理出口货物退（免）税认定手续。

案例思考

某制衣公司（以下简称 A 企业）是一家以服装生产销售为主业的中外合资经营企业，主要产品为衬衣，增值税一般纳税人，从业人员 500 余人，具有出口经营权资格，出口货物退（免）增值税采用免、抵、退办法。A 企业 2008 年度增值税申报资料如下：应税货物销售额 1578 万元，免、抵、退出口货物销售额 1674 万元，销项税额 268 万元，进项税额 495 万元，进项税额转出 70 万元，已纳税额 32 万元，已收出口退税款 148 万元，其余正在审批中。稽查人员在翻阅凭证时，一张汇款单引起了他们的警觉，这是一笔由 A 企业汇往广东省另一服装厂（以下简称 B 企业）的款项，金额为 30 万元，汇款的用途注明为：出口退税款。A 企业的生产经营方式为国内销售和自营出口，为何将出口退税款汇出呢？询问 A 企业的财务负责人周某，其解释是上述账务处理为波兰单（即出口客户为波兰一公司）业务，所有的波兰单产品——灯芯绒棉裤均为委托加工，受托加工单位为 B 企业。波兰单之所以委托 B 企业加工，是由于 A 企业受设备限制不具备加工灯芯绒棉裤的能力。稽查人员要求其提供委托加工合同，周某说双方都是老客户，未曾签订合同，并说账务处理是公司负责人的授意，其余情况概不清楚。稽查人员找到公司负责人，其说法与周某的说法基本相同。稽查人员分析，委托加工收回的产品必须是与本企业生产的产品名称、性能相同，且委托方与受托方必须签订委托加工协议，显然，即使是作为委托加工产品视同自产产品办理退税，A 企业也存在违规行为。

国税局对 A 企业作出如下处理：(1) 对 A 企业波兰单业务中已申报的免、抵税额 116 万元予以追征，对骗取的出口退税 308 万元予以追缴入库，并处所骗取出口税款一倍的罚款；(2) 对 A 企业收取的手续费 28 万元依法没收；(3) 报上级税务机关批准在一年内停止为其办理出口退税；(4) 将此案移送公安机关，依法追究其当事人的刑事责任。

【案例提示】本案例涉及骗取出口退税的法律后果。

请问：骗取出口退税的法律后果有哪些？

拓展提高

1. 外贸流通型企业

企业销售后，必须按会计准则将收入入销售账，然后再出口退税。在口岸电子系统进入出口退税子系统进行出口业务的确认并点击。

出口业务的原始凭证收回后（出口报关单、外汇核销单、进货发票），首先将其出口信息录入申报系统进行出口退税的网上预审，即对碰海关报关和增值税发票信息。预审成功后，作出口退税的正式申报。正式申报必须在自海关报关单出口日期计算 90 日内进行。如无信息应将原始凭证送到办税大厅进行无信息备案。正式申报实行数据网上传输,待数据传输后,需将纸质出口凭证(报关单、核销单、进货发票、出口发票)装订成册报送至办税大厅申报,并取得退税部门签字受理单后正式申报即告完毕。

正式申报后 20 个工作日左右,可进入出口退税网上申报系统审批通知单模块查询审批结果。

2. 自营出口生产性企业

企业销售后,必须按会计准则将收入入销售账,然后再出口退税。在口岸电子系统进入出口退税子系统进行出口业务的确认并点击。

出口业务发生的次月在增值税申报期内必须进行免税、抵税、退税的申报。该申报也通过网上传输。未进行免税、抵税、退税的申报,不得享受退(免)税政策。

如果该业务属进料加工业务,首先应将加工手册到办税大厅进行备案,待料件进口后,应及时办理进料加工免税证明。该程序也是通过网上传输,然后将加工手册、进口报关单、进料加工免税证明及明细一并送至办税大厅进行审批。审批完后可进行免、抵、退税申报。

出口业务的原始凭证收回后(出口报关单、外汇核销单),首先进行出口退税的网上预审,即对碰海关信息。预审成功后,在增值税申报期内作免、抵、退税的正式申报(正式申报必须在自海关报关单出口日期计算 90 日内进行。如到期日在该月的 15 日后,则该单证可于次月的 15 日前作正式申报,过期应作内销处理)。然后将原始纸质出口凭证(即报关单、核销单、出口发票)装订成册在每月 15 日前报送至办税大厅,并取得退税部门签字受理单后正式申报即告完毕。

每月月底前,进入出口退税网上申报系统审批通知单模块查询审批结果,根据退税机关的审批退税数额,进行进项税额转入应收出口退税账户处理程序。

凡自营出口申报退(免)税的,必须按国税发有关文件的要求,在出口退税申报日起 15 日内将购货合同、出口货物明细单、出口货物装货单、出口货物运输单据按规定装订备案,并将备案目录于退税申报时一并报送。

> **注意:** 一般规定是,投资企业应在货物报关出口并在财务上作销售后,按月填报外商投资企业出口货物退税申报表,并提供海关签发的出口退税专用报关单、外汇结汇水单、购进货物的增值税专用发票(税款抵扣联)、外销发票、其他有关账册等到当地涉外税收管理机关申请办理免税抵扣和退税手续。

出口企业提出的退税申请手续必须齐备、内容真实,当地涉外税收管理机关必须自接到申请之日起 15 日内审核完毕;上一级涉外税收管理机关必须自接到有关材料后 15 日内审批完毕;进出口税收管理机关必须在接到有关材料后 30 日内办完有关退税手续。

小 结

本部分任务主要介绍了出口核销与出口退税所需审核和填制的单证,其中以业务操作为重点。在拓展提高部分,主要介绍了外汇核销与出口退税的有关规章及法规。此任务不仅提高了学生的操作技能,也提供了相关的法律知识,开阔了学生的视野,丰富了学生的核销和退税理论知识,为学生今后参与外贸工作奠定了一定的理论基础和实践基础。

项目五
一般贸易实务之进口流程

📋 任务简介

本任务是项目四"一般贸易实务之出口流程"的对应内容,即以买方日本 B 公司为主体来展示该笔业务的进口流程。整个流程从双方进行交易磋商开始,到买方收到货物为止。

📋 任务分解

本任务可以具体分解为以下 4 个小任务,分别是:

任务 1:交易磋商与合同签订;

任务 2:申请开立信用证;

任务 3:办理货运保险;

任务 4:审单付汇、报关接货和商检拨交。

其中,任务 2"申请开立信用证"与任务 3"办理货运保险"为重点,具体的业务流程如图 5-1 所示。

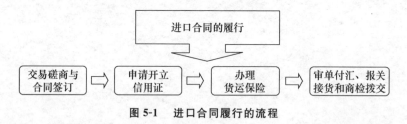

图 5-1 进口合同履行的流程

一、交易磋商与合同签订

在国际贸易业务中,交易双方常常需要就某些共同关心的问题进行磋商,通过消除分歧,谋求一致的努力,以期在某一点上取得妥协,达成协议,这就是所谓的贸易谈判或交易磋商。交易磋商是国际贸易合同订立的基础,交易磋商工作得好坏关系交易能否达成、合同能否顺利执行以及经济效益如何等问题,与交易双方的利益关系重大,因此必须认真对待。

2013 年 9 月 28 日,买方日本 B 公司的客户代表 Johnny 收到了卖方威海 A 贸易有限公司业务员王先生的一封电子邮件,获悉威海 A 贸易有限公司欲与其建立业务关系(卖方询盘)。

随后,日本 B 公司着手展开进口前的准备工作。首先,日本 B 公司利用网络等多种渠道对威海 A 贸易有限公司进行市场调研,包括考察卖方的运营情况、资信情况、产品情况等;其次,根据产品特点和客户特点制订进口方案。一切准备就绪后,日本 B 公司于 2013 年 10 月 5 日向威海 A 贸易有限公司复电,表示有意与其合作,并想获知更为详细的商品信息(买方询盘)。

2013 年 10 月 10 日,威海 A 贸易有限公司将日本 B 公司所需的资料及交易的一些细节内容复电告知对方(卖方发盘)。

日本 B 公司于 2013 年 10 月 11 日复电称,商品的价格有些偏高,希望能够降价,并对支付方式以及装运时间提出了新的要求(买方还盘)。

对于日本 B 公司于 2013 年 10 月 11 日的还盘,威海 A 贸易有限公司于 2013 年 10 月 15 日及时给予了回复(卖方再次发盘)。

经过双方的深度磋商,最终日本 B 公司于 2013 年 10 月底接受了威海 A 贸易有限公司的贸易条件,并表示愿意与卖方签订国际贸易合同(接受)。

交易磋商的内容详见项目四"一般贸易实务之出口流程 任务一——国际交易磋商"。

威海 A 贸易有限公司同日本 B 公司经过交易磋商达成一致后,2013 年 11 月 2 日威海 A 贸易有限公司草拟了一份销售合同,日本 B 公司收到后进行了仔细的审查,经审查无误后签字以示确认。一份合同由日本 B 公司存档,一份合同寄回威海 A 贸易有限公司供卖方存档。至此,经由双方共同签字生效的国际贸易合同正式成立并开始生效。

签订国际贸易合同的内容详见项目四"一般贸易实务之出口流程 任务二——国际贸易合同签订"。

二、申请开立信用证

2013 年 11 月 2 日,日本 B 公司同威海 A 贸易有限公司签订的 No. KNK-71112 合同正式成立,作为进口商的日本 B 公司随即根据合同向其开证行——THE NISHI-NIPPON CITY BANK,LTD.(西日本城市银行股份有限公司)申请开立信用证。

开证申请书
IRREVOCABLE DOCUMENTARY CREDIT APPLICATION

TO: THE NISHI-NIPPON CITY BANK, LTD.
DATE: Nov 2, 2013

Beneficiary: WEIHAI A CO., LTD. 28. Haibin(N)Rd. Weihai City, Shandong, China	L/C No.: Ex-card No.: Contract No.: KNK-71112
Partial Shipments ☑ Allowed ☐ Not allowed	Transshipment ☑ Allowed ☐ Not allowed	Date and place of expiry for the credit ☐ Issue by airmail ☐ With brief advice by teletransmission ☐ Issue by express delivery ☑ Issue by teletransmission(which shall be the operative instrument)

Loading on board/dispatch/taking in charge at/from not later than for transportation to	Amount(both in figures and words) USD12096.00 The United States Dollars Twenty Thousand and Ninty Six Only.
Description for goods： JACQUARD HOME MAT 200CM×200CM 420PCS AT USD11.20 USD4704.00 200CM×250CM 240PCS AT USD14.00 USD8360.00 200CM×300CM 240PCS AT USD16.80 USD4092.00 Packing： Packed in PP Bags	Credit available with ☐ By sight payment ☐ By acceptance ☒ By negotiation ☐ By deferred payment against the documents herein ☐ And beneficiary's draft for % of the invoice value at on ☐ FOB ☐ CFR ☐ CIF ☐ Or other terms

Documents required(marked with ×)
1. (×)Signed commercial invoice in　2　copies indicating L/C No. and Contract No.
2. (×)Full set of clean on board ocean bills of lading made out to order and blank endorsed, marked "freight [×] to collect/[　] prepaid [　] showing freight amount" notifying.
3. (　)Air waybills showing "freight[　]to collect/[　]prepaid[　]showing freight amount" and consigned to
4. (×)Memorandum issued by：THE NISHI-NIPPON CITY BANK, LTD.　consigned to.
5. (×)Insurance policy/certificate in　2　copies for　110　% of the invoice value showing claims payable in Japan in currency of the draft, blank endorsed, covering [×]ocean marine transportation /[　] air transportation /[　] overland transportation all risks, war risk.
6. (×)Packing List/Weight Memo in　2　copies indicating quantity/gross and net weights of each package and packing conditions as called for by the L/C.
7. (　)Certificate of quantity/weight in copies issued by an independent surveyor at the loading port, indicating the actual surveyed quantity/weight of shipped goods as well as the packing condition.
8. (×)Certificate of quality in 2 copies issued by[　]manufacturer/[　]public recognized surveyor/[×]
9. (×)Beneficiary's certified copy of cable/telex dispatched to the applicant within _____ hours after shipment advising [　]name of vessel/[　]flight No. /[×]wagon No., date, quantity, weight and value of shipment.
10. (　)Beneficiary's certificate certifying that extra copies of the documents have been dispatched according to the contract terms.
11. (　)Shipping Co.'s certificate attesting that the carrying vessel is chartered or booked by accountee or their shipping agents.
12. (　)Other documents, if any：
Additional instructions：
1. (×)All banking charges outside the opening bank are for beneficiary's account.
2. (×)Documents must be presented within 15 days after date of issuance of the transport documents but within the validity of this credit.
3. (　)Third party as shipper is not acceptable, Short form/blank back B/L is not acceptable.
4. (×)Both quantity and credit amount　5　% more or less are allowed.
5. (×)Prepaid freight drawn in excess of L/C amount is acceptable against presentation of original charges voucher issued by shipping Co. / air line /or it's agent.
6. (　)All documents must be forwarded in one cover, unless otherwise stated above.
7. (　)Other terms, if any：

Account No.：	9910015635425425979	with THE NISHI-NIPPON CITY BANK, LTD.
Transacted by：	B Corporation	KATSUNOBU MISUMI
Telephone No.：	0081 93 5333975	

日本 B 公司在西日本城市银行股份有限公司有 100 万美金的授信额度,且该公司是银行的优秀信用企业,因此,开证时只需要支付信用证金额的 15%做保证金,其余的 85%可以占用额度。日本 B 公司于 2013 年 11 月 8 日将 1814.4 美元转到开证行的账户上。

西日本城市银行股份有限公司在收到日本 B 公司的开证押金后,经审核申请无误后按照开证申请书的要求于 2013 年 11 月 12 日向其开出信用证。

信用证的内容详见项目四"一般贸易实务之出口流程 任务三国际贸易合同履行——子任务 2 落实信用证"。

开证行将信用证副本转交日本 B 公司审核复查(一般限期为 2 天),经开证申请人审查没有问题,随后开证行通过电子方式将信用证传递通知行。

日本 B 公司也于 2013 年 11 月 13 日将开证副本传真给威海 A 贸易有限公司,告知信用证已开出,请尽快按信用证的要求备货装运。

三、办理货运保险

在威海 A 贸易有限公司同日本 B 公司成交的这笔业务中,按照合同的规定,货物将于 2013 年 11 月 17 日装船出运。由于双方是以 CFR 术语成交的,货物的风险转移界限在装运港的船舷,日本 B 公司需要承担货物越过装运港船舷后的一切损失或灭失的风险,所以,作为买方需要及时办理货物的保险事宜。

本次业务中船公司 SUNGLOW CORPORATION 确认订舱单后,发出装货单,根据装货单的内容,货代公司向威海 A 贸易有限公司发出入货通知,威海 A 贸易有限公司按时组织货物装船。货物装船后,威海 A 贸易有限公司还需向收货人日本 B 公司发出装船通知书,一方面是提醒收货人及时办理货运保险,另一方面也是提醒收货人按时收货。

1. 选择保险险别

被保险人投保的险别不同,保险公司的责任也不同,收取的保险费也不同。合同相关当事人(买方日本 B 公司)根据货物本身的特点以及货物包装的要求、运输路线和船舶停靠的港口积极运输季节等实际情况确定投保的险别。在本次业务中买方日本 B 公司于 2013 年 11 月 17 在日本三井住友保险公司给货物投保基本险中最低的险别——平安险(保险费率为 0.2%)。

2. 确定保险金额并支付保险费

保险金额也称投保金额,是指被保险人向保险公司投保的金额,也是保险公司承担的最高赔偿金额,还是计算保险费的基础。

根据 No. KNK-71112 合同中的规定,投保金额按照 CIF 总值加成 10%计算。

$$保险金额 = CIF 总值 \times (1 + 投保加成率)$$
$$= CFR/1 - 投保加成 \times 保险费率$$
$$= 12096/(1 - 1.1 \times 0.2\%)$$
$$= 12123(美元)$$

$$保险费 = 投保金额 \times 保险费率$$
$$= 12123 \times 0.2\%$$
$$= 24.246(美元)$$

3. 填写投保单

Mitsui Sumitomo Insurance INSURANCE POLICY POLICY NO.: JP-LESWD87			
THIS POLICY OF INSURANCE WITNESSES THAT THE MITSUI SUMITOMO INSURANCE (HEREINAFTER CALLED "THE COMPANY") AT THE REQUEST OF B CORPORATION (HEREINAFTER CALLED "THE INSURED") AND IN CONSIDERATION OF THE AGREED PREMIUM PAID TO THE COMPANY BY THE INSURED UNDERTAKES TO INSURE THE UNDERMENTIONED GOODS IN TRANSPORTATION SUBJECT TO THE CONDITIONS OF THIS POLICY AS PER THE CLAUSES PRINTED OVERLEAF AND OTHER SPECIAL CLAUSES ATTACHED HEREON			
MARKS & NOs.	**QUANTITY**	**DESCRIPTION OF GOODS**	**AMOUNT INSURED**
AS PER INVOICE N/M INV. NO.: WK070047	900PCS	JACQUARD HOME MAT	USD 12123.00
TOTAL AMOUNT INSURED: SAY US DOLLARS TWELVE THOUSAND ONE HUNDRED AND TWENTY-THREE ONLY			
PREMIUM: AS ARRANGED **RATE**: AS ARRANGED **PER CONVEYANCE SS.**: ACACIA/729			
SLG. ON OR ABT.: NOV. 17, 2013 **FROM** QINGDAO **TO** MOJI, JAPAN			
CONDITIONS: FPA **L/C NO.**: 255-512-04704			
CLAIMS, IF ANY, PAYABLE ON SURRENDER OF THIS POLICY TOGETHER WITH OTHER RELEVANT DOCUMENTSIN THE EVENT OF ACCIDENT WHEREBY LOSS OR DAMAGE MAY RESULT IN A CLAIM UNDER THIS POLICY IMMEDIATE NOTICEAPPLYING FOR SURVEY MUST BE GIVEN TO THE COMPANY'S AGENT AS MENTIONED HEREUNDER **CLAIM PAYABLE AT/IN**: JAPAN IN USD **DATE**: NOV. 17, 2013 **ENDORSEMENT**: A CORPORATION Address: Vero Centre, 48 Shortland Street, Private Bag 92120, Auckland ×××			

四、审单付汇、报关接货和商检拨交

1. 审单付汇

根据《跟单信用证统一管理》(UCP 600)的规定,开证行(保兑行或其他指定银行)收到国外寄来的单据后,对照信用证的规定进行审核,并仅基于单据本身确定其是否在表面上构成相符交单。当开证行确定交单相符时必须承付。如果发现单据与信用证的规定不符,开证行(保兑行或其他指定银行)可以拒绝承付或议付,同时可以自行联系开证申请人放弃不符点。如果开证行或其他指定银行决定拒绝接受单据,则必须在收到单据次日起的 5 个银行工作日以内给予交单人一份单独的拒付通知,该通知必须以电讯方式发出。在通知发出后,如不可能,则以其他的快捷方式,在不迟于自交单之翌日起第 5 个银行工作日结束前发出。在通知发出后,可以在任何时候将单据退还交单人,并有权要求返还偿付的款项及利息。如果开证行(保兑行或其他指定银行)未能按照上述形式发出通知,则无权宣称交单不符。

如果开证行认为单据与信用证的规定相符,在向受益人付款前也要交进口企业复审按照我国的习惯,如果进口商在 3 个工作日内没有提出异议,开证行即按信用证的规定履行付款义务。

在本笔业务中,开证行西日本城市银行股份有限公司在 2013 年 11 月 22 日收到出口商威海 A 贸易有限公司寄来的全套议付单据,经审核无误后转交进口商——日本 B 公司复审。进口商复审无误后,开证行履行了付款义务。

2. 报关接货

进口商付款赎单后即可着手准备接货。进口货物到货后,由进口商或委托货运公司,根据进口单据填写进口货物报关单,连同发票、提单、装箱单、保险单、商检证书向海关申报进口,经海关查验货、证无误后,在交纳了相应的进口关税后就可以放行。

海关放行后即可从港口提运。进口货物卸货时,一般港务局也要其进行核对。如果发现货物短少,应填制短卸报告书交船方签认,并向船公司提出保留索赔声明;如果发现货物残损,应将货物存放于海关指定的仓库,由保险公司会同商检机构及有关单位进行检验,以便向责任方索赔。

在本笔业务中,进口商——日本 B 公司在付款赎单后顺利完成了报关接货等工作。

3. 商检拨交

根据我国的规定,一般进口商品都必须在规定期限内进行检验,否则不得安装、投产、销售或使用。为避免超过对外索赔期限,凡合同规定在卸货港检验,或合同规定货到检验后付款,或属于法定检验范围的商品,或合同规定的索赔期限较短的,或卸货时已发现残损,或有异状,或提货不着等情况者,一般应在卸货港进行检验。进口货物办完报关、报检等手续后,

由出口商委托货运公司提货并拨交给订货部门。货运公司以进口物资代运发货通知书通知订货部门在目的地办理收货手续,同时通知出口商代运手续已办理完毕。货运公司所支付的关税、运往内地的费用,均由进口商结算。

当进口方日本 B 公司接到货时,这次同威海 A 贸易有限公司的交易就算全部完成了。

 技能要求

一、基本理论:熟悉信用证的开立

1. 开证的申请

进出口双方同意用跟单信用证支付后,进口商便有责任开证。第一件事是填写开证申请表,这张表为开证申请人与开证行之间建立了法律关系,因此,开证申请表是开证的最重要的文件。

2. 开证的要求

信用证申请的要求在统一惯例中有明确的规定,进口商必须确切地将其告之银行。信用证开立的指示必须完整和明确。申请人必须时刻记住跟单信用证交易是一种单据交易,而不是货物交易。银行家不是商人,因此申请人不能希望银行工作人员能充分了解每一笔交易中的技术术语。即使申请人将国际贸易合同中的所有条款都写入信用证中,如果受益人真的想进行欺骗,他也无法得到完全保护。这就需要银行与申请人共同努力,运用常识来避免开列对各方均显累赘的信用证。银行也应该劝阻在开立信用证时其内容套用过去已开立的信用证(套证)。

3. 开证的安全性

银行接到开证申请人完整的指示后,必须立即按该指示开立信用证。另外,银行也有权要求申请人交出一定数额的资金或以其财产的其他形式作为银行执行其指示的保证。

按照现行规定,中国地方、部门及企业所拥有的外汇通常必须存入中国的银行。如果某些单位需要跟单信用证进口货物或技术,中国的银行将冻结其账户中相当于信用证金额的资金作为开证保证金。

如果申请人在开证行没有账号,开证行在开立信用证之前很可能要求申请人在银行存入一笔相当于全部信用证金额的资金。这种担保可以通过抵押或典押来实现(如股票),但银行也有可能通过用于交易的货物作为担保提供融资。银行首先要对该笔货物的适销性进行调查,如果货物易销,银行凭信用证给客户提供的融资额度比滞销商品的融资额度要高得多。

4. 申请人与开证行的义务和责任

申请人对开证行承担以下三项主要义务。

(1) 申请人必须偿付开证行为取得单据代向受益人支付的贷款。在开证行付款前,作为物权凭证的单据仍属于银行;

(2) 如果单据与信用证条款相一致而申请人拒绝"赎单",则其作为担保的存款或账户上已被冻结的资金将归银行所有;

(3) 申请人有向开证行提供开证所需的全部费用的责任。

开证行对申请人所承担的责任有以下两点:

(1) 开证行一旦收到开证的详尽指示有责任尽快开证;

(2) 开证行一旦接受开证申请,就必须严格按照申请人的指示行事。

二、业务操作:掌握申请开立信用证过程中涉及的开证申请书的填制

进口商与出口商签订国际贸易合同并确认以信用证为结算方式后,即由进口商向有关银行申请开立信用证。开证申请是整个进口信用证处理实务的第一个环节,进口商应根据合同规定的时间或在规定的装船前一定时间内申请开证,并填制开证申请书,开证行根据有关规定收取开证押金和开证费用后开出信用证。

开证申请人(进口商)在向开证行申请开证时必须填制开证申请书。开证申请书是开证申请人对开证行的付款指示,也是开证申请人与开证行之间的一种书面契约,它规定了开证申请人与开证行的责任。在这一契约中,开证行只是开证申请人的付款代理人。

开证申请书主要依据国际贸易合同中的有关主要条款填制,申请人填制后附合同副本一并提交银行,供银行参考、核对。但信用证一经开立则独立于合同,因而在填写开证申请书时应审慎查核合同的主要条款,并将其列入开证申请书中。

一般情况下,开证申请书都由开证行事先印就,以便申请人直接填制。开证申请书通常为一式两联,申请人除填写正面内容外,还需签具背面的开证申请人承诺书,样本如下。

IRREVOCABLE DOCUMENTARY CREDIT APPLICATION

TO: **BANK OF CHINA** Date:

☐ Issue by airmail ☐ With brief advice by teletransmission ☐ Issue by express delivery ☐ Issue by teletransmission (which shall be the operative instrument)	Irrevocable Documentary Credit	Credit No.
Applicant	Date and place of expiry	
	Beneficiary	
	Amount	

续

Advising Bank	Ref. nr	Credit available with ☐ by sight payment
Partial shipments ☐ Allowed ☐ Not Allowed	Transhipment ☐ Allowed ☐ Not Allowed	☐ by acceptance

Loading on board/dispatch/taking in charge at/from

not later than

for transportation to:

☐ FOB   ☐ CFR   ☐ CIF
☐ or other terms

☐ by negotiation
☐ by deferred payment at
against the documents detailed herein
☐ and beneficiary's draft for ___% of invoice value
at sight
drawn on

Documents required: (marked with ×)

1. (　) Manually Signed Commercial Invoice in　copies indicating this L/C No. and Contract No. (Photo copy and carbon copy not acceptable as original)

2. (　) Full set (included　original and　non-negotiable copies) of Clean On Board Ocean Bills of Lading made out to order and blank endorsed, marked "freight"
   [ ] prepaid/[ ] to collect "[ ] showing freight amount and notifying _____."

3. (　) Air Waybills showing "Freight　" and consigned to

4. (　) RailWay Bills showing "Freight　" and consigned to

5. (　) Memorandum issued by
   consigned to

6. (　) Full set (included　original and　copies) of Insurance Policy/Certificate for 110% of the invoice value, showing claims payable in China, in currency of the draft blank endorsed, covering ([ ] ocean marine transportation\[ ] air transportation\[ ] over, land transportation) All Risks and war Risks.

7. (　) Weight Memo/Packing List in　copies issued by
   indicating quantity/gross and net weights of each package and packing conditions as called for by the L/C.

8. (　) Certificate of Quantity/Weight in　copies issued by
   indicating the actual surveyed quantity/Weight of shipped goods as well as the packing condition.

9. (　) Certificate of Quality in　copies issued by

10. (　) Beneficiary's certified copy of cable/telex dispatched to the applicant within ____ hours after shipment advising [ ] name of vessel/[ ] flight No./[ ] wagon No., date, quantity, weight and value of shipment.

11. (　) Beneficiary's Certificate certifying that extra copies of documents have been dispatched according to the contract terms.

12. (　) Shipping Co's Certificate attesting that the carrying vessel is chartered or booked by applicant or their shipping agents:

13. (　) Other documents, if any:
Covering:

续

Additional instructions:
1. (　) All banking charges outside the opening bank are for beneficiary's account. 2. (　) Documents must be presented within ＿＿ days after the date of issuance of the transport documents but within the validity of this credit. 3. (　) Third party as shipper is not acceptable. Short Form/bank Back B/L is not acceptable. 4. (　) Both quantity and amount ＿＿ % more or less are allowed. 5. (　) Prepaid freight drawn in excess of L/C amount is acceptable against presentation of original charges voucher issued by shipping Co./Air Line/or it's agent. 6. (　) All documents to be forwarded in one cover, unless otherwise stated above. 7. (　) Other terms, if any:

Account No.:		with		(name of bank)
Transacted by:		(Applicant: name, signature of authorized person)		
Telephone No.:		(with seal)		

"开证申请人承诺书"填写要求如下:
TO 致＿＿＿＿＿＿＿＿银行,填写开证行的名称。
Date 申请开证日期,如130428。
Issue by airmail 以信开的形式开立信用证。
选择此种方式,开证行以航邮将信用证寄给通知行。
With brief advice by teletransmission 以简电后随寄电报证实书的形式开立信用证。
选择此种方式,开证行将信用证的主要内容发电预先通知受益人,银行承担必须使其生效的责任,但简电本身并非信用证的有效文本,不能凭此议付或付款,银行随后寄出的"证实书"才是正式的信用证。
Issue by express delivery 以信开的形式开立信用证。
选择此种方式,开证行以快递(如DHL)将信用证寄给通知行。
Issue by teletransmission (which shall be the operative instrument) 以全电开的形式开立信用证。
选择此种方式,开证行将信用证的全部内容加注密押后发出,该电讯文本为有效的信用证正本。如今大多用"全电开证"的方式开立信用证。
Credit No. 信用证的号码,由银行填写。
Date and place of expiry 信用证有效期及地点,地点填受益人所在国家。
如130815 IN THE BENEFICIARY'S COUNTRY。
Applicant 填写开证申请人的名称及地址。
开证申请人(Applicant)又称开证人(Opener),系指向银行提出申请开立信用证的人,一般为进口商,就是买卖合同的买方。开证申请人为信用证交易的发起人。
Beneficiary(Full name and address) 填写受益人的全称和详细地址。
受益人是指信用证上所指定的有权使用该信用证的人,一般为出口商,也就是国际贸易合同的卖方。
Advising Bank 填写通知行的名称。
如果该信用证需要通过收报行以外的另一家银行转递、通知或加具保兑后给受益人,该项目内填写该银行。
Amount 填写信用证的金额,分别用数字小写和文字大写,以小写输入时需包括币种与金额。
如:
USD89600
U. S. DOLLARS EIGHTY NINE THOUSAND SIX HUNDRED ONLY。
Parital Shipments 分批装运条款,填写跟单信用证项下是否允许分批装运。
Transhipment 转运条款,填写跟单信用证项下是否允许货物转运。
Loading on board/dispatch/taking in charge at/from 填写装运港。

not later than　　填写最后装运期,如 130610。
for transportation to　　填写目的港。
Price Terms 价格条款,根据合同内容选择或填写价格条款。
Credit available with
填写此信用证可由_____银行即期付款、承兑、议付、延期付款,即押汇银行(出口地银行)的名称。
如果信用证为自由议付信用证,银行可用"ANY BANK IN...(地名/国名)"表示。
如果该信用证为自由议付信用证,而且对议付地点也无限制时,可用"ANY BANK"表示。
by sight payment　　勾选此项,表示开具即期付款信用证。
即期付款信用证,是指受益人根据信用证的规定,可凭即期跟单汇票或仅凭单据收取货款的信用证。
by acceptance　　勾选此项,表示开具承兑信用证。
承兑信用证,是指信用证规定开证行对于受益人开立以开证行为付款人或以其他银行为付款人的远期汇票,在审单无误后,应承担承兑汇票并于到期日付款的信用证。
by negotiation　　勾选此项,表示开具议付信用证。
议付信用证,是指开证行承诺延伸至第三当事人,即议付行,其拥有议付或购买受益人提交信用证规定的汇票/单据权利行为的信用证。如果信用证不限制某银行议付,可由受益人(出口商)选择任何愿意议付的银行,提交汇票、单据给所选银行请求议付的信用证称为自由议付信用证,反之为限制性议付信用证。
by deferred payment at　　勾选此项,表示开具延期付款信用证。
如果开具这类信用证,需要写明延期多少天付款,如 at 60 days from payment confirmation(60 天承兑付款)、at 60 days from B/L date(提单日期后 60 天付款)等。
延期付款信用证,是指不需汇票,仅凭受益人交来单据,审核相符,指定银行承担延期付款责任起,延长直至到期日付款。该信用证能够为欧洲地区的进口商避免向政府交纳印花税而免开具汇票外,其他都类似于远期信用证。
against the documents detailed herein and beneficiary's draft(s)for　% of invoice value at　sight drawn on
连同下列单据:
受益人按发票金额____%,作成限制为_____天,付款人为_____的汇票。注意延期付款信用证不需要选择连同此单据。
"at　sight"为付款期限。如果是即期,需要在"at　sight"之间填"＊＊＊＊"或"----",不能留空。远期有几种情况:at ×× days after date(出票后××天),at ×× days after sight(见票后××天)或 at ×× days after date of B/L(提单日后××天)等。如果是远期,要注意两种表达方式的不同:一种是出票后××天(at ×× days after sight);一种是提单日后××天(at ×× days after B/L date)。这两种表达方式在付款时间上是不同的,"出单后××天"是指从银行见到申请人提示的单据时间算起,而"提单日后××天"是指从提单上的出具日开始计算的××天,所以如果能尽量争取到以"出单后××天"的条件成交,等于又争取了几天迟付款的时间。
"drawn on"为指定付款人。注意汇票的付款人应为开证行或指定的付款行。
如:
against the documents detailed herein
and beneficiary's draft(s)for　100　% of invoice value
at　＊＊＊＊　sight
drawn on　THE CHARTERED BANK
Other documents, if any　其他单据。
如:
01005 CANNED SWEET CORN, 3060G×6TINS/CTN
QUANTITY:800 CARTON
PRICE:USD14/CTN
Additional instructions　　附加条款,是对以上各条款未述的情况的补充和说明,且包括对银行的要求等。
(1) 开证行以外的所有银行费用由受益人担保。
(2) 所需单据需在运输单据出具日后_____天内提交,但不得超过信用证有效期。
(3) 第三方为托运人不可接受,简式/背面空白提单不可接受。
(4) 数量及信用证金额允许有____%的增减。
(5) 所有单据需指定_____船公司。
Other terms, if any　其他条款。

根据 UCP 600 的规定，信用证业务是纯单据业务，与实际的货物无关，所以信用证申请书上应按合同要求明确写出所应出具的单据，包括单据的种类，每种单据所表示的内容，正本、副本的份数，出单人等。一般要求提示的单据有提单（或空运单、收货单）、发票、箱单、重量证明、保险单、数量证明、质量证明、产地证、装船通知、商检证明等以及其他申请人要求的证明等。

> **注意**：如果是以 CFR 或 CIF 成交，就要要求对方出具的提单为"运费已付"（Freight Prepaid）；如果是以 FOB 成交，就要要求对方出具的提单为"运费到付"（Freight Collect）。如果按 CIF 成交，申请人应要求受益人提供保险单，且注意保险险别，赔付地应要求在到货港，以便一旦出现问题，方便解决。汇票的付款人应为开证行或指定的付款行，不可规定为开证申请人，否则会被视作额外单据。

(1) 经签字的商业发票一式____份，标明信用证号_____和合同号_____。

(2) 全套清洁已装船海运提单，作成空白抬头、空白背书，注明"运费[ ]待付/[ ]已付"，[ ]标明运费金额，并通知_____。

空运提单的收货人为_____，注明"运费[ ]待付/[ ]已付"，[ ]标明运费金额，并通知_____。

(3) 保险单/保险凭证一式____份，按发票金额的_____%投保，注明赔付地在_____，以汇票同种货币支付，空白背书，投保_____。

(4) 装箱单/重量证明一式____份，注明每一包装的数量、毛重和净重。

(5) 数量/重量证一式____份，由_____出具。

(6) 品质证一式____份，由[ ]制造商/[ ]公众认可的检验机构_____出具。

(7) 产地证一式____份，由_____出具。

(8) 受益人以传真/电传方式通知申请人装船证明副本，该证明需在装船后_____日内发出，并通知该信用证号、船名、装运日以及货物的名称、数量、重量和金额。

常见问题

一、进口索赔

进口索赔，是指货物自出口方到进口方的过程中，由于人为、天灾或其他各种原因，使进口方收到的货物不符合合同规定或货物有其他的损害，进口方依责任归属向有关方面提出索赔要求,以弥补其所受的损失。

1. 索赔对象的确定

进出口双方常常会因为货物的品质、数量、包装等不符合合同的约定而需要向有关方面提出索赔。根据造成损失原因的不同,索赔的对象也不同(参见表 5-1)。

表 5-1 进出口索赔的主要对象

由卖方赔偿	货物的品质、规格等不符合合同规定 交货数量不足,重量短少 掺杂使假,以次充好,以旧顶新 包装不良或不符合合同的要求造成货物残损 凭样品成交的商品,所交商品与样品不符 未按合同规定的交货期限交货或不交货
承运人赔偿	因短卸或误卸造成货物短少 托运货物在运输途中遗失 托运货物由于承运人配载不当、积载不良或装卸作业疏忽造成货物损毁 船舶不适合航行条件、设备不良造成所装货物损毁 (发生上述情况时,进口方应毫不迟延地将损害事实用书面通知承运人,让承运人了解货物灭失或残损、短缺的状况,以便确定其赔偿责任)
保险公司赔偿	凡属于承运人的过失造成的货物残损、遗失,而承运人不予赔偿或赔偿金额不足以抵补损失的,只要属于保险公司承保范围之内的,当事人可向保险公司提出索赔

2. 在进口业务中办理对外索赔时的注意事项

(1) 索赔证据

进口索赔时需要提供充足的证据。如果证据不足、责任不明或与合同索赔条款不符,都有可能遭到理赔方的拒绝。对外提出索赔通常需要提供的证件,首先包括索赔清单,随附商检局签发的检验证书、发票、装箱单、提单副本;其次,对不同的索赔对象还要另附有关证件。

(2) 索赔金额

索赔金额的高低与索赔的内容有直接关系。受损商品的实际价值是索赔金额的主要组成部分,此外,有关的费用(如商品检验费、装卸费、货物运费差价、银行手续费、仓库租赁费、利息及市价差额等)都可以包括在索赔金额内。至于应包括哪几项索赔金额,还需实事求是地根据具体的情况来确定。

如果合同约定了损害赔偿的金额或计算方法,通常应按约定的金额或计算方法计算出的赔偿金额提出索赔。

如果合同未作具体规定,确定损害赔偿金额的基本原则为有以下三项:

① 赔偿金额应与违约而遭受的包括利润在内的损失额相等;

② 赔偿金额应以违约方在订立合同同时可预料到的合理损失为限;

③ 由于受损害的一方未采取合理措施导致的有可能减轻而未减轻的损失,应在赔偿金

额中扣除。

（3）索赔期限

索赔期限是进口索赔时应注意的重要问题。对外索赔必须在合同规定的索赔有效期限内提出，过期则无效。商检工作如果需要较长的时间，可向对方要求延长索赔期限。

（4）关于卖方的理赔责任

进口货物发生了损失，除由船公司及保险公司负赔偿责任之外，如属卖方必须承担直接责任的，则应根据国际贸易惯例与规则，直接向卖方要求赔偿，并提出相应的补救措施，做到以理服人，防止卖方制造借口来推卸理赔责任，以使理赔工作顺利进行。

二、货运保险

1. 险别的选择

货物从出口方到进口方运输的过程中要面对各种风险，主要运输为海运，有海上风险（包括自然灾害和意外事故）、海上损失与费用（全部损失或共同海损的分摊和救助费用分摊）及外来风险（如偷窃、受热受潮、生锈、破碎）等一般外来风险与战争、罢工等特殊外来风险。

因为国内的保险费费率较国外的保险费费率低，保险费所占贸易总成比例较低，所以，如果我方投保且以国内保险条款为准的话，常选择保障较全面的一切险（基本包括了保险公司能承保的除特殊风险外的全部风险）并附加常见特殊外来风险条款（如战争险与罢工险）。如果以国外的保险条款为准，业内比较认可的为伦敦保险协会制定的"协会货物条款"（*Institute Cargo Clauses*，ICC），其最新修定版为 1982 年版，对应条款为协会货物条款（A）[*Institute Cargo Clauses*（A），ICC（A）]、协会战争险条款（货物）（*Institute War Clauses Cargo*，IWCC）、协会罢工险条款（货物）（*Institute Strikes Clauses Cargo*，ISCC）。

2. 关于保险费率的问题

保险费率主要取决于被保险标的的风险状况、市场竞争与服务。目前，我国国内的保险公司进出口货运保险费率较国外的保险公司的保险费率要低得多，且国内各保险公司自身保险产品的服务内容和市场竞争费率也不一。在选择最终在哪家保险公司投保时不要一味地追求低费率，如中国人民保险集团股份有限公司、中国太平洋保险（集团）股份有限公司等具有多年的经营经验和健全的国外代理赔付机构等网络，有能力提供方便、快捷、附加值高的全面理赔保全等服务，所以不会单纯地追求价格竞争。

3. 如何办理进出口货运保险

出口商可以通过保险经纪公司办理，其既可以协助投保人分析风险，设计投保方案，选择最佳的保险方案，代表投保人进行保全、索赔，及时通融赔付；还可以直接向保险公司的代理机构及业务员购买或由货运公司代办投保。

以上三种方式适合不同的情况。为了业务稳定,最大地保障进出口贸易的安全,投保人可以选择精通保险专业的保险经纪公司协助,主要是因为:(1)保险经纪公司是法定为客户的代表的归属中国保险监督管理委员会监督管理的保险金融机构;(2)保险经纪公司同时代表多个客户安排保险,拥有大量的保单,具有规模效益,能为客户争取较优厚的保险费率和优质的服务;(3)保险经纪公司因其精通保险能为广大的投保人和被保险人提供专业和全面的服务,最大限度地保障消费者的利益,有利市场竞争。如果投保人本身精通保险及如果出险后有足够的精力和熟悉的渠道应付理赔等条件可自行直接找保险公司投保。如果投保人不注重保险或货值低等原因直接用货代公司或银行兼业代理保险公司代办也可。

4. 制作保险单应注意的问题

(1)保险单的抬头。如来证无其他的规定,保险单的被保险人应是信用证的受益人,并由其空白背书办理转让。

(2)保险险别和保险金额要与来证规定相符。

(3)保险单上的签发日期应早于或者与提单日期是同一天,而不得迟于提单日期。

◆ 案例思考

1. 2012年10月,澳大利亚汇通贸易有限公司向我国华东吉发有限责任公司订购饲料用玉米10000公吨。货船在厦门装船以后直接驶向达尔文港。途中船舶的货舱起火,大火蔓延到机舱。船长为了船货的共同安全,命令采取紧急措施,往舱中灌水灭火。火虽然被扑灭,但由于主机受损,无法继续航行。为使货轮继续航行,船长发出求救信号,船被拖至就近的维佳港口修理,检修后重新将货物运往达尔文港。事后经过统计,事故总共造成如下损失:(1)2500吨玉米被火烧毁;(2)1300吨玉米由于灌水不能食用;(3)主机和部分甲板被火烧坏;(4)雇用拖船支付费用若干;(5)因为船舶维修,延误船期,额外增加了船员的工资以及船舶的燃料。

【案例提示】本案例涉及共同海损的赔偿。

请问:在上述各项损失中,哪些属于单独海损?哪些属于共同海损?在投保了平安险的情况下,被保险人有权向保险公司提出哪些赔偿要求?

2. 2013年8月,中国出口信用保险公司深圳分公司承担了深圳出口商A公司向土耳其买家B公司出口电池的风险,买卖双方以FOB术语签订合同。在运输途中,运输船舶发生火灾,致使货物全损。B公司获悉事故后函告A公司,由于货物已经全损,且未收到正本提单,货物的所有权未发生移转,自己无付款义务,要求解除合同,一切损失由出口商A公司自行承担。B公司认为货物的所有权没有发生移转,自己也没有必要支付货款。

【案例提示】本案例涉及不同的贸易术语货物的风险转移界限以及所有权转移界限的问题。

请问：该批货物的损失应由谁承担？

3. 中国某公司与欧洲某进口商签订一份皮具合同，以 CIF 鹿特丹成交，向保险公司投保一切险，用信用证支付。货到鹿特丹后，检验结果表明：全部的货物潮湿、发霉、变色，损失价值 10 万美元。据分析，货物损失的主要原因是由于生产厂家在生产的最后一道工序中未将皮具的湿度降到合理程度。

【案例提示】本案例涉及货物交货品质的问题。

请问：进口商对受损货物是否要支付货款？进口商应向谁进行索赔？

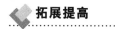
拓展提高

信用证的 SWIFT 电文格式

SWIFT 又称环球同业银行金融电讯协会，是国际银行同业间的国际合作组织，成立于 1973 年，目前全球大多数国家、大多数银行已使用 SWIFT 系统。SWIFT 的使用使银行的结算提供了安全、可靠、快捷、标准化、自动化的通信业务，从而大大提高了银行的结算速度。由于 SWIFT 的格式具有标准化，目前信用证的格式主要都是用 SWIFT 电文，因此我们有必要对 SWIFT 进行了解。

1. SWIFT 的特点

(1) SWIFT 需要会员资格，我国的大多数专业银行都是 SWIFT 的成员。

(2) SWIFT 的费用较低。同样多的内容，SWIFT 的费用只有 TELEX(电传)的费用的 18% 左右，只有 CABLE(电报)的费用的 2.5% 左右。

(3) SWIFT 的安全性较高。SWIFT 的密押比电传的密押可靠性强、保密性高，且具有较高的自动化。

(4) SWIFT 的格式具有标准化，对于 SWIFT 电文，SWIFT 组织有着统一的要求和格式。

2. SWIFT 电文表示方式

(1) 项目表示方式

SWIFT 由项目(FIELD)组成，如 59 BENEFICIARY(受益人)就是一个项目，59 是项目的代号，可以用两位数字表示，也可以用两位数字加上字母来表示，如 51a APPLICANT(申请人)。不同的代号，表示不同的含义。项目还规定了一定的格式，各种 SWIFT 电文都必须按照这种格式表示。

在 SWIFT 电文中，一些项目是必选项目(MANDATORY FIELD)，一些项目是可选项目(OPTIONAL FIELD)。必选项目是必须要具备的,如 31D DATE AND PLACE OF EXPIRY(信用证有效期),可选项目是另外增加的项目,并不是每个信用证都有的,如 39B MAXIMUM CREDIT AMOUNT(信用证最大限制金额)。

(2) 日期表示方式

SWIFT 电文的日期表示为:YYMMDD(年、月、日)。

例如:1999 年 5 月 12 日,表示为 990512;2000 年 3 月 15 日,表示为 000315;2013 年 12 月 9 日,表示为 131209。

(3) 数字表示方式

在 SWIFT 电文中,数字不使用分格号,小数点用逗号","来表示。

例如:5152286.36 表示为 5152286,36;4/5 表示为 0,8;5% 表示为 5 PERCENT。

(4) 货币表示方式

澳大利亚元:AUD	奥地利先令:ATS	比利时法郎:BEF	加拿大元:CAD
人民币:RMB	丹麦克朗:DKK	德国马克:DEM	荷兰盾:NLG
芬兰马克:FIM	法国法郎:FRF	港币:HKD	意大利里拉:ITL
日元:JPY	挪威克朗:NOK	英镑:GBP	瑞典克朗:SEK
美元:USD			

3. 信用证中常见项目表示方式——跟单信用证开证(MT700)

必选　20 DOCUMENTARY CREDIT NUMBER(信用证号码)

可选　23 REFERENCE TO PRE-ADVICE(预先通知号码)

如果信用证是采取预先通知的方式,该项目内应该填入"PREADV/",再加上预先通知的编号或日期。

必选　27 SEQUENCE OF TOTAL(电文页次)

可选　31C DATE OF ISSUE(开证日期)

如果这项没有填,则开证日期为电文的发送日期。

必选　31D DATE AND PLACE OF EXPIRY(信用证有效期和有效地点)

该日期为最后交单的日期。

必选　32B CURRENCY CODE,AMOUNT(信用证结算的货币和金额)

可选　39A PERCENTAGE CREDIT AMOUNT TOLERANCE(信用证金额上下浮动允许的最大范围)

该项目的表示方法较为特殊,数值表示百分比的数值,如 5/5,表示上下浮动最大为 5%。39B 与 39A 不能同时出现。

可选　39B MAXIMUM CREDIT AMOUNT(信用证最大限制金额)

39B 与 39A 不能同时出现。

可选 39C ADDITIONAL AMOUNTS COVERED(额外金额)

表示信用证所涉及的保险费、利息、运费等金额。

必选 40A FORM OF DOCUMENTARY CREDIT(跟单信用证形式)

跟单信用证有以下六种形式：

(1) IRREVOCABLE(不可撤销跟单信用证)；

(2) REVOCABLE(可撤销跟单信用证)；

(3) IRREVOCABLE TRANSFERABLE(不可撤销可转让跟单信用证)；

(4) REVOCABLE TRANSFERABLE(可撤销可转让跟单信用证)；

(5) IRREVOCABLE STANDBY(不可撤销备用信用证)；

(6) REVOCABLE STANDBY(可撤销备用信用证)。

必选 41a AVAILABLE WITH...BY...(指定的有关银行及信用证兑付的方式)

兑付的方式有五种：BY PAYMENT(即期付款)；BY ACCEPTANCE(远期承兑)；BY NEGOTIATION(议付)；BY DEF PAYMENT(迟期付款)；BY MIXED PAYMENT(混合付款)。

如果是自由议付信用证，对该信用证的议付地点不做限制，该项目代号为 41D，内容为 ANY BANK IN...

可选 42a DRAWEE(汇票付款人)

必须与 42C 同时出现。

可选 42C DRAFTS AT...(汇票付款日期)

必须与 42a 同时出现。

可选 42M MIXED PAYMENT DETAILS(混合付款条款)

可选 42P DEFERRED PAYMENT DETAILS(迟期付款条款)

可选 43P PARTIAL SHIPMENTS(分装条款)

表示该信用证的货物是否可以分批装运。

可选 43T TRANSSHIPMENT(转运条款)

表示该信用证是直接到达，还是通过转运到达。

可选 44A LOADING ON BOARD/DISPATCH/TAKING IN CHARGE AT/FORM(装船、发运和接收监管的地点)

可选 44B FOR TRANSPORTATION TO...(货物发运的最终地)

可选 44C LATEST DATE OF SHIPMENT(最后装船期)

装船的最迟的日期。44C 与 44D 不能同时出现。

可选　44D SHIPMENT PERIOD（船期）

44C 与 44D 不能同时出现。

可选　45A DESCRIPTION OF GOODS AND/OR SERVICES（货物描述）

货物的情况、价格条款。

可选　46A DOCUMENTS REQUIRED（单据要求）

各种单据的要求。

可选　47A ADDITIONAL CONDITIONS（特别条款）

可选　48 PERIOD FOR PRESENTATION（交单期限）

表明开立运输单据后多少天内交单。

必选　49 CONFIRMATION INSTRUCTIONS（保兑指示）

其中，CONFIRM：要求保兑行保兑该信用证。

MAY ADD：收报行可以对该信用证加具保兑。

WITHOUT：不要求收报行保兑该信用证。

必选　50 APPLICANT（信用证开证申请人）

一般为进口商。

可选　51a APPLICANT BANK（信用证开证的银行）

可选　53A REIMBURSEMENT BANK（偿付行）

可选　57a "ADVISE THROUGH" BANK（通知行）

必选　59 BENEFICIARY（信用证的受益人）

一般为出口商。

可选　71B CHARGES（费用情况）

表明费用是否由受益人（出口商）出，如果没有这一条，表示除了议付费、转让费以外，其他各种费用由开出信用证的申请人（进口商）出。

可选　72 SENDER TO RECEIVER INFORMATION（附言）

可选　78 INSTRUCTION TO THE PAYING/ACCEPTING/NEGOTIATING BANK（给付款行、承兑行、议付行的指示）

4. 信用证修改（MT707）

必选　20 SENDER'S REFERENCE（信用证号码）

必选　21 RECEIVER'S REFERENCE（收报行编号）

发电文的银行不知道收报行的编号，填写"NONREF"。

可选　23 ISSUING BANK'S REFERENCE（开证行的号码）

可选　26E NUMBER OF AMENDMENT（修改次数）

该信用证修改的次数,要求按顺序排列。

可选　30 DATE OF AMENDMENT(修改日期)

如果信用证修改没填这项,修改日期就是发报日期。

可选　31C DATE OF ISSUE(开证日期)

如果这项没有填,则开证日期为电文的发送日期。

可选　31E NEW DATE OF EXPIRY(信用证新的有效期)

信用证修改的有效期。

可选　32B INCREASE OF DOCUMENTARY CREDIT AMOUNT(信用证金额的增加)

可选　33B DECREASE OF DOCUMENTARY CREDIT AMOUNT(信用证金额的减少)

可选　34B NEW DOCUMENTARY CREDIT AMOUNT AFTER AMENDMENT(信用证修改后的金额)

可选　39A PERCENTAGE CREDIT AMOUNT TOLERANCE(信用证金额上下浮动允许的最大范围的修改)

该项目的表示方法较为特殊,数值表示百分比的数值,如 5/5,表示上下浮动最大为 5%。39B 与 39A 不能同时出现。

可选　39B MAXIMUM CREDIT AMOUNT(信用证最大限制金额的修改)

39B 与 39A 不能同时出现。

可选　39C ADDITIONAL AMOUNTS COVERED(额外金额的修改)

表示信用证所涉及的保险费、利息、运费等金额的修改。

可选　44A LOADING ON BOARD/DISPATCH/TAKING IN CHARGE AT/FORM(装船、发运和接收监管的地点的修改)

可选　44B FOR TRANSPORTATION TO…(货物发运的最终地的修改)

可选　44C LATEST DATE OF SHIPMENT(最后装船期的修改)

修改装船的最迟的日期。44C 与 44D 不能同时出现。

可选　44D SHIPMENT PERIOD(装船期的修改)

44C 与 44D 不能同时出现。

可选　52a APPLICANT BANK(信用证开证的银行)

必选　59 BENEFICIARY(BEFORE THIS AMENDMENT)(信用证的受益人)

该项目为原信用证的受益人,如果要修改信用证的受益人,则需要在 79 NARRATIVE(修改详述)中写明。

可选　72 SENDER TO RECEIVER INFORMATION（附言）

/BENCON/：要求收报行通知发报行受益人是否接受该信用证的修改。

/PHONBEN/：请电话通知受益人（列出受益人的电话号码）。

/TELEBEN/：用快捷有效的电讯方式通知受益人。

可选　78 NARRATIVE（修改详述）

详细的修改内容。

小　　结

本任务仍然以威海 A 贸易有限公司的一笔实际出口业务为背景，介绍了国际贸易合同履行过程中的基本环节和注意事项。其具体过程可以简化为进口商申请开立信用证，开证行开立信用证，在不同的贸易术语下由进口商或者出口商安排运输与投保事宜；开证行收到国外寄来的单据后进行审单和付款业务，进口商或其代理人要进行报关和对商品进行检验。当然，国际贸易合同是一个动态而复杂的过程，在履行的过程中会出现各种问题和摩擦，双方要根据国际惯例进行磋商和索赔。

项目六
加工贸易实务之进出口流程

任务一　进口料件业务

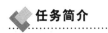
任务简介

加工贸易是一国通过各种不同的方式进口原料、材料或零件,利用本国的生产能力和技术加工成成品后再出口,从而获得以外汇体现的附加价值。加工贸易是以加工为特征的再出口业务,其方式多种多样,常见的加工贸易有进料加工、来料加工、装配业务、协作生产。其中,最为常见的进口料件业务是从国外进口的免交关税增值税的料件,该料件受国家海关的监管,须按规定生产成成品后复出口,同时进行报核。

威海 D 电子有限公司与韩国 E 电子有限公司通过交易磋商达成来料加工贸易合同,威海 D 电子有限公司从韩国 E 电子有限公司进口免税的进口料件,为货物办理租船订舱、保险事宜,做好报检、报关工作,办理好进口料件业务的交接工作。

任务分解

本任务具体分解为以下 4 个小任务,分别是:

任务 1:交易磋商和来料加工贸易合同的签订;

任务 2:租船或订舱、办理货物运输保险;

任务 3:商检、报关;

任务 4:拨交货物。

其中,任务 1"交易磋商和来料加工贸易合同的签订"和任务 2"租船或订舱、办理货物运输保险"是重点,具体的业务流程如图 6-1 所示。

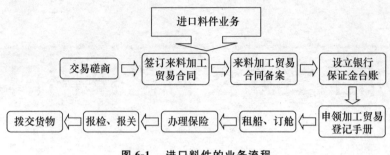

图 6-1　进口料件的业务流程

一、交易磋商和来料加工贸易合同的签订

贸易磋商通常称为谈判,是买卖双方为了买卖商品,对交易的各项条件进行协商以达成交易的过程。在国际贸易中,贸易磋商是一个十分重要的环节。

威海 D 电子有限公司与韩国软性线路板生产厂商 E 电子有限公司之间为了达成一笔来料加工交易,从 2013 年 7 月开始进行交易磋商,经过询盘、发盘、还盘、接受几个环节的谈判,直至 2013 年 8 月双方最终达成一致意见,签订了来料加工贸易进出口合同。

根据公司经营的产品的特点,威海 D 电子有限公司的业务员张先生通过贸易网络平台找到韩国软性线路板生产厂商 E 电子有限公司的相关资料,其主要生产手机、数码相机、电脑外设、车载 DVD 等电子设备上使用的软性线路板。

2013 年 7 月 3 日,业务员张先生就其生产的线路板向韩国 E 电子有限公司发送了一封电子邮件,表达了欲与其建立业务关系的愿望。

2013 年 7 月 10 日,威海 D 电子有限公司将韩国 E 电子有限公司所需资料及交易的一些细节内容复电告知对方。

2013 年 7 月 15 日,韩国 E 电子有限公司复电称,商品的价格有些偏高,希望能够降价,并对贸易方式以及付款方式提出了新的要求。

对于韩国 E 电子有限公司 2013 年 7 月 15 日的还盘,威海 D 电子有限公司于 2013 年 7 月 20 日及时给予了回复。

经过双方的深度磋商,最终韩国 E 电子有限公司接受了威海 D 电子有限公司的贸易条件,并表示愿意与威海 D 电子有限公司签订来料加工贸易合同。

这部分内容涉及的是来料加工贸易的交易磋商,重点指导学生注意加工贸易方式的特点以及在加工贸易的磋商中所需要注意的细节问题。

本任务内容详见项目四"一般贸易实务之出口流程　任务一——国际交易磋商"。

威海 D 电子有限公司同韩国 E 电子有限公司经过交易磋商后达成一致后,2013 年 8 月 8 日威海 D 电子有限公司草拟了一份来料加工贸易合同,经韩国 E 电子有限公司确认签字后合同正式成立。

威海 D 电子有限公司的业务员张先生收到韩国 E 电子有限公司 2013 年 8 月 2 日的接受函后,草拟来料加工贸易合同一式三份,签字后于 2013 年 8 月 8 日寄送韩国 E 电子有限公司,并要求对方签退一份供我方存档。来料加工贸易合同的样本如下。

来料加工贸易合同

E 电子工业有限公司(以下简称甲方)

D 电子有限公司(以下简称乙方)

兹经双方同意甲方委托乙方在＿＿＿＿＿＿＿＿＿＿加工标准磁罗经,一切所需零件与原料由甲方提供,其条款如下。

1. 来料加工和来件装配商品和数量:
(1) 商品名称——软性线路板;
(2) 数量——共计＿＿＿＿＿＿件。

2. 一切所需用零件和原料由甲方提供或由乙方在＿＿＿＿＿＿或＿＿＿＿＿＿购买清单附于本合同内。

3. 每种型号加工费如下:
(1) GL-1 型线路板:＿＿＿＿＿＿＿U.S.D.(大写:＿＿＿＿＿＿＿美元);
(2) GL-2 型线路板:＿＿＿＿＿＿＿U.S.D.(大写:＿＿＿＿＿＿＿美元);
(3) GL-3 型线路板:＿＿＿＿＿＿＿U.S.D.(大写:＿＿＿＿＿＿＿美元)。

4. 加工所需主要零件、消耗品及原料由甲方运至(某地)＿＿＿＿＿＿若有短少或破损甲方应负责补充供应。

5. 甲方应于成品交运前 1 个月开立信用证或电汇全部加工费用及由乙方在＿＿＿＿＿＿或＿＿＿＿＿＿购买零配件、消耗品及原料费用。

6. 乙方应在双方同意的时间内完成 GL-1 型线路板经加工和交运不得延迟,凡发生无法控制和不可预见情况例外。

7. 零件及原料损耗率:

加工时零件及原料损耗率为＿＿＿％,其损耗率由甲方免费供应,如损耗率超过＿＿＿％应由乙方补充加工所需之零件和原料。

8. 若甲方误运原料及零件或因大意而将原料及零件超运,乙方应将超运部分退回,其费用由甲方承担,若遇有短缺应由甲方补充。

9. 甲方提供加工 GL-1 型标准磁罗经零件和原料,乙方应严格按规定设计加工不得变更。

10. 技术服务:

甲方同意乙方随时提出派遣技术人员到＿＿＿＿＿＿＿要求协助培训乙方技术人员并允许所派技术人员留在乙方检验成品,为此乙方同意支付每人月薪＿＿＿＿＿＿美元,其一切费用(包括来回旅费)概由甲方负责。

续

11. 与本合同有关一切进出口手续应由乙方予以办理。

12. 加工后标准磁罗经乙方应运交给甲方随时指定的国外买主。

13. 其他条件：

(1) 软性线路板商标应由甲方提供，若出现法律纠纷甲方应负完全责任。

(2) 若必要时乙方在_____或_____购买加工线路板零件及原料，其品质必须符合标准并事先需经甲方核准。

(3) 为促进出口业务，乙方应储备线路板经样品随时可寄往甲方所指定的国外买主，所需零件和原料由甲方所运来零件及原料中报销。

14. 本合同一式三份，甲方与乙方在签字后各执一份，另一份呈送_____有关部门备案。

E 电子工业有限公司　　　　　　　　D 电子有限公司

_____　　　　　　　　_____

经理　　　　　　　　　　　　　　　经理

注：来料加工（Processing With Customer's Material）是指一个工厂按双方签订的合同接受外商提供的原材料，按生产图纸和生产程序进行加工，将合格产品交外商后加工方收取加工费用。

CONTRACT FOR PROCESSINGWITH SUPPLIED MATERIALS AND ASSEMBLING WITH SUPPLIED PARTS

Messrs,

INDUSTRY LTD. (hereinafter called Party A) and INDUSTRY LTD. (hereinafter called Party B) have agreed that Party B shall manufacture Standard Magnetic Compasses in _____ with all necessary parts and materials supplied by Party A under the following terms and conditions：

1. Commodity and quantities for processing with supplied materials and assembling with supplied parts：

(1) Commodity-Standard Magnetic Compass；

(2) Quantity-_____ sets in total.

2. All necessary parts and materials listed in the contract shall either be supplied by Party A or purchased in _____ or by Party B；

3. The processing charge for each model is as follows:

(1) Standard Magnetic Compass of Type GL-1 at U. S. $ _____ (SAY: _____ U. S. D)each;

(2) Standard Magnetic Compass of Type GL-2 at U. S. $ _____ (SAY: _____ U. S. D)each;

(3) Standard Magnetic Compass of Type GL-3 at U. S. $ _____ (SAY: _____ U. S. D)each.

4. The main parts, consumables and materials required for processing will be sent to(place)by Party A and if there is any shortage or damage, Party A should be held responsible for supplying replacements;

5. Party A should pay Party B by L/C or T/T covering the full amount of processing charges and costs of parts, consumables and materials purchased in _____ or _____ by Party B one month before shipment of the finished products;

6. Party B must complete the manufacturing of all Standard Magnetic Compasses of type GL-1 and effect shipment within the agreed date without delay except in the occurrence of uncontrollable and unforeseeable events ;

7. The damage rate of parts and materials:

The damage rate of parts and materials in processing is ____% and such a damage rate of parts and materials shall be supplied free by Party A, should the damage rate exceed ____%, Party B shall supply additional materials and necessary parts;

8. Should shipment of materials and parts sent by Party A be wrong or in excess, Party B shall return the excessive portion at the expense of Party A, in case of short shipment, Party A shall make up the shortage;

9. All parts and materials supplied by Party A for Standard Magnetic Compasses shall be processed by Party B strictly in accordance with the design without any modification;

10. Technical Service:

Party A agrees to send technicians to _____ to help training Party B's technicians at the request of the latter at any time and allows the technicians to remain with Party B for inspection of the finished products. In such case, Party B agrees to pay a monthly salary of U. S. $_____ for each person, all other expenses(including round trip tickets)will be borne by Party A;

11. All import and export formalities in connection with this contract should be handled by Party B;

续

> 12. All Standard Magnetic Compasses processed by Party B shall be shipped to the foreign buyers appointed by Party A at any time;
>
> 13. Other terms and conditions:
>
> (1) The trade marks of Standard Magnetic Compass shall be supplied by Party A, should there be any legal dispute, Party A shall be held fully responsible;
>
> (2) The quality of parts and materials, if necessary, purchased in _____ or _____ by Party B for Standard Magnetic Compasses must measure up to standard and be approved by Party A beforehand;
>
> (3) For promotional purposes, Party B shall prepare samples of Standard Magnetic Compass at any time and send them to foreign Buyers appointed by Party A, all parts and materials required would be supplied out of the stock supplied by Party A;
>
> 14. This contract shall be made in triplicate, Party A and Party B shall, both signing all copies, retain one copy and submit one to authorities concerned in (place) for registration.
>
> INDUSTRY LTD.　　　　INDUSTRY LTD.
>
> _____
>
> 　　　　Manager　　　　Manager

韩国 E 电子有限公司收到威海 D 电子有限公司的来料加工贸易合同后，经审查无误签字，一份存档，一份寄回威海 D 电子有限公司，由威海 D 电子有限公司存档，至此，经由双方共同签字生效的来料加工贸易合同正式生效，具有法律效力，对买卖双方均有约束力。来料、来样加工业务在签订合同的过程中需要充分重视工业产权问题。

由于国家对来料加工贸易的进口料件和来料加工复出口货物的加工费实行免税政策，海关的监管力度较大，相对来说国家相关部门的审批制度就比较严格，操作手续如下。

（1）来料加工的手续一定要掌握好时间的界限，在原材料进口通关以前首先要到威海市商务局办理开展加工贸易的申请、加工能力证明。《加工贸易企业经营状况及生产能力证明》的有效期为 1 年。

在电子商务加工贸易的网上申报系统作合同审批。

如果是首次开展加工贸易业务的企业，应向海关办理企业备案手续。办理企业备案手续的流程如下：企业提交备案资料—海关验核—建立企业档案。

（2）企业备案后，在符合海关监管要求的情况下，可向加工生产企业所在地的主管海关申请办理来料加工贸易合同登记备案手续。如果企业的备案情况发生变更，企业应向原外商务审批部门办理变更手续,并在 7 日内将变更内容书面报告主管海关。

威海 D 电子有限公司需要将来料加工贸易合同进行登记备案。

企业办理合同备案海关手续流程如下:合同预录入—向海关申报—海关审核—海关签发《银行保证金台账开设联系单》—企业到指定银行办理台账登记手续—海关登记《银行保证金台账登记通知单》—核发《登记手册》。

本任务内容详见项目四"一般贸易实务之出口流程 任务二——国际贸易合同的签订"。

二、租船或订舱、办理货物运输保险

在威海 D 电子有限公司同韩国 E 电子有限公司成交的这笔来料加工业务中,按照合同的规定,货物将于 2013 年 9 月 2 日装船出运。由于双方是以 FOB 术语成交的,货物的风险转移界限在装运港的船舷,威海 D 电子有限公司作为买方需要承担货物越过装运港船舷后的一切损失或灭失的风险,所以需要其及时租船或订舱,并办理货物的保险事宜。

租船或订舱是在合同的履行阶段,出口商备好货之后进行的。根据货物的数量,选择不同的运输形式。如果货物的数量大需整船载运的,要提前办好租船手续;如果货物的数量不大,但时间紧迫,也可以选择空运,但一定要注意需要按照合同或者信用证要求的日期装船出运。

在本次业务中,货物将于 2013 年 9 月 2 日装船出运,一般在货物发运 7 个工作日前填制订舱单,并交给货代公司。货代公司中国外运确认订舱单后,发出装货单,根据装货单的内容,货代公司向韩国 E 电子有限公司发出入货通知,韩国 E 电子有限公司按时组织料件装船。货物装船后,韩国 E 电子有限公司还需向收货人威海 D 电子有限公司发出装船通知书,使威海 D 电子有限公司能够及时为货物购买运输保险,并提醒其按时收货。

在选择保险险别方面,投保人投保的险别不同,保险公司的责任也不同,收取的保险费也不同。合同相关当事人根据货物本身的特点以及货物包装的要求、运输路线和船舶停靠的港口积极运输季节等实际情况确定投保的险别。在本次业务中,威海 D 电子有限公司于 2013 年 9 月 2 在中国人民保险公司给货物投保基本险中的险别——一切险(保险费率为 0.05%)。

本任务内容详见项目四"一般贸易实务之出口流程 任务三国际贸易合同履行——子任务 3 租船订舱"。

三、商检、报关

1. 商检的流程

我国规定,一般进口商品都必须在规定期限内进行检验,否则不得安装、投产、销售或使用。为了避免超过对外索赔期限,凡合同规定在卸货港检验,或合同规定货到检验后付款,或属于法定检验范围的商品,或合同规定的索赔期限较短的,或卸货时已发现残损,或有异状,或提货不着等情况者,一般应在卸货港进行检验。货运公司以进口物资代运发货通知书通知订货部门在目的地办理收货手续,同时通知进口方代运手续已办理完毕。货运公司所支付的关税、运往内地的费用,均由进口方结算。

该笔业务于2013年9月4日在出口地威海进行了报检,威海出入境检验检疫局进行了检验检疫,向报检人——威海D电子有限公司签发了检验检疫证书。

2. 报关的流程

威海D电子有限公司于2013年9月4日根据进口单据填写进口货物报关单,连同发票、提单、装箱单、加工贸易登记手册、商检证书向威海海关申报进口,经海关查验货、证无误后,作为保税货物,无须纳税即可放行,但在进口料件的加工的整个过程中,海关实行监管。

具体的办理报关手续如下。

(1) 来料加工项下货物进口时应向海关提交以下单证。

① 基本单证:入境货物报关单;商业发票;提单;装箱单。

② 特殊单证:来料加工进出口货物登记手册;入境货物通关单。

③ 预备单证:来料加工贸易合同以及海关认为必要的其他单证。

(2) 接受查验。

根据《海关法》的规定,海关在查验货物时,报关员应到场并负责搬移货物、分拆和重封货物包装。

(3) 办理缴纳税费手续。

遇下列情形之一的,免征进口税:

① 加工装配合同项下进口用于加工成品复出口的料件;

② 加工装配合同项下进口,直接用于企业加工生产出口产品,而在生产的过程中消耗掉的燃料油,以及加工企业生产自用发电油;

③ 进口合理数量的用于安装、加固机器设备的材料;

④ 为了加强工业生产管理,由外商提供进口的微型计算机、闭路电视监视系统、电话机等管理设备。

(4) 接受放行。

企业申报、接受查验并领取了海关签章的报关单核销联后,可将货物运离海关监管现场。

(5) 到有关退税分局办理来料加工免税证明。

出口企业必须先到有关退税分局领取来料加工免税证明,再按照实际进出口数据正式填写,盖企业的公章后,带海关来料加工登记手册、外经贸委加工贸易批准证、进口料件报关单、来料加工合同、来料加工贸易免税证明一式四联一起交由退税分局办理。在办理来料加工登记之前,货物必须先到海关办理出口报关,由海关在登记手册上登记出口数量并盖有验讫章。

四、拨交货物

威海 D 电子有限公司即刻着手准备接货事宜。进口料件到货后,海关放行后即可从港口提运。进口货物卸货时,一般港务局也要进行核对。如果发现货物短少,应填制短卸报告书交船方签认,并向船方提出保留索赔声明;如发现货物残损,应将货物存放于海关指定的仓库,由保险公司会同商检机构及有关单位进行检验,以便向责任方进行索赔。

任务二　出口制成品业务

任务简介

出口制成品业务是来料加工的承接方将进口料件加工成成品后返销国外委托方的业务。

威海 D 电子有限公司将进口料件加工成成品后,将成品出口到韩国 E 电子有限公司,为货物办理报检、报关,制单结汇。

任务分解

本任务具体分解为以下 3 个小任务,分别是:

任务 1:备货;

任务 2:商检、报关、装运货物;

任务 3:制单结汇;

其中,任务 3"制单结汇"是重点,具体的业务流程如图 6-2 所示。

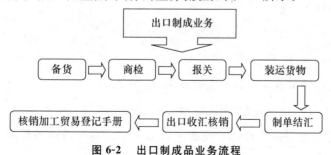

图 6-2　出口制成品业务流程

一、备货

在承接方收到加工方所提供的进口料件后,需要按照来料加工贸易合同的规定生产加工成制成品,货物得好坏直接决定了日后其他环节工作的质量,在生产的过程中不能有任何的疏忽,否则会为日后的工作留下隐患。

威海 D 电子有限公司根据来料加工贸易合同的内容于 2013 年 9 月 10 日开始投入生产,在 2013 年 10 月 20 日准备交货,并缮制了商业发票和装箱单,对应交的货物进行清点、加工整理、刷制运输标志、办理报检和领证等工作。

本任务内容详见项目四"一般贸易实务之出口流程 任务三国际贸易合同履行——子任务 1 备货"。

二、商检、报关、装运货物

本任务与"任务一 进口料件业务"中的"任务 3 商检、报关"的程序相似,只是在完成制成品出口报关后还需要做核销加工贸易手册的工作。

1. 来料加工海关核销手续

按照《中华人民共和国海关关于对外加工装配业务的管理规定》第 6 条的规定,加工装配合同必须在合同到期或最后一批加工成品出口后的 1 个月内,凭当地税务部门在海关《对外加工装配进出口货物登记手册》内签章的核销表,连同有关进出口货物报关单,以及有关单证向主管海关办理核销手续。

2. 来料加工免税核销

企业在货物出口后,在规定的期限内,必须在《海关手册》到期 3 个月之内向国税局办理来料加工免税核销手续,单证要求为(以下均为复印件):

(1) 进出口报关单;

(2) 外经贸委加工贸易批准证;

(3) 来料加工贸易合同;

(4) 海关来料加工手册;

(5) 外销发票;

(6) 结汇水单;

(7) 海关手册结案单或保证金台账联系单(结案联);

(8)《来料加工贸易免税证明》单第二联、第三联(正本)。

如果出口企业要办理逾期核销手续或来料加工进口料件转内销手续,除携带上述单证外,还须携带《来料加工贸易免税证明》第一联(正本)。

出口货物通关后,根据合同中的条款,采用 FOB 术语,由韩国 E 电子有限公司租船订舱,威海 D 电子有限公司在收到韩国 E 电子有限公司的通知后,安排拖车、确定装柜日期,给仓库发装柜通知,监装柜子(登记柜号、装柜的详细信息、拍装柜照片或其他需要的手续),将货物装运到韩国 E 电子有限公司指定的船上,与货代公司威海外运确认样单,取得提单(开船当天或者第二天),向韩国 E 电子有限公司发出已装船通知(包括船名、航次、开船日、预计抵港日、唛头、货物及数量、金额、包装件数、目的港代理人等)。

三、制单结汇

本笔业务是来料加工贸易,作为承接方获取的是货物的加工费用,所以,在合同中双方约定采取 T/T(电汇汇付)的方式结算货款。

威海 D 电子有限公司出口的该批货物已于 2013 年 10 月 21 日装船完毕并开始发运。根据合同的要求,为了能顺利结汇,威海 D 电子有限公司需要缮制各种结汇单据。

在本笔业务中,韩国 E 电子有限公司在 2013 年 11 月 7 日收到出口方威海 D 电子有限公司寄来的全套单据。韩国 E 电子有限公司审核无误后,在 2013 年 11 月 10 日指示汇出行韩国友利银行股份有限公司电汇加工费用给汇入行中国银行威海分行,用电报电传通知中国银行威海分行,向指定收款人威海 D 电子有限公司解付加工费用。

本任务内容详见项目四"一般贸易实务之出口流程 任务三国际贸易合同履行——子任务 6 制单结汇"。

技能要求

1. 在来料加工贸易中,企业需要根据自身的加工能力选择适当的样品,如果由对方提供样品,则需要企业注意对等样品的重要性,以免在备货时处于被动局面。

2. 在来料加工贸易中,加工费的计价要参照国际、国内的各种做法,需要确定合理的计算标准。加工费的支付应明确交付方式、结算货币,应附有必要的保值条款,同时要对委托方的资信和经营能力加强调查。

3. 进料加工贸易履行过程中应注意的问题与来料加工贸易过程中应注意的问题的不同点。

常见问题

1. 如何确定原材料、产成品的定额、质量、规格、交货期等问题。

2. 注意产品市场与本国出口产品市场研究(不能相互争市场、争客户),加强成本核算。

3. 注意知识产权的问题,在合同中需要明确责任的归属问题。

案例思考

1. 上海 A 制衣有限公司(以下简称 A 公司)与台湾 B 企业股份有限公司(以下简称 B 公司)于 2009 年 9 月 4 日在上海签订了《0701 来料加工服装售货确认书》,同年 10 月 5 日,又订立了《0701 契约书的补充协议》(以下简称协议)。协议规定,A 公司为 B 公司来料加工沙滩裤 18804.6 打,休闲装 2806 打,加工费为 151569.72 美元,后双方在协议中修改为加工沙滩裤 19364 打,休闲装 2800 打,加工费 153180 美元。协议特别指出:2009 年 10 月 31 日交货的来料必须在 9 月 15 日到上海,其余的来料必须 11 月 10 日到上海;来料加工的交货地点为上海港码头。而协议对整个交货期的安排则为:分批于 2009 年 10 月 20 日、10 月 30 日、11 月 15 日、12 月 15 日交货;全部于 2009 年 12 月 15 日前交付完毕。付款方式:电汇汇付(T/T)。付款:全部交货经验收合格后,由 A 公司出具结算表交背书人核对后予以支付结账,如 A 公司不出具结算表,则 B 公司不予结账。

订立协议时,A 公司已将 2 只集装箱的原料、辅料运交 B 公司。协议订立后,B 公司在 2009 年 10 月 13 日、11 月 1 日将另 2 只集装箱加工所需的原料、辅料运抵上海港,至此,B 公司已履行了绝大部分原料、辅料的交料数量。A 公司收料后,将 B 公司委托其加工的服装转发江苏南通 C 羽绒皮件厂和句容 D 工艺绣品厂加工。B 公司虽然对 A 公司转发加工不满,但未提出异议,并派员工到生产加工厂督促生产。

A 公司自 2009 年 11 月 12 日起至 2010 年 4 月 17 日止先后分 10 批交货,B 公司因 A 公司未出具结算表,加之逾期交货等原因,未支付加工费,为此双方遂起争议。

【案例提示】本案例涉及加工贸易的利润分配问题和合同履行问题。

请问:A 公司与 B 公司应该怎样解决双方的争议?

2. 浙江经协国际经贸有限公司(以下简称经协)于 2011 年 1—8 月期间,在未向对方索取商标权属证明的情况下,擅自接受外商来样订货出口订单,并委托宁波万亚传动带有限公司(以下简称万亚)加工生产标注"GATES"注册商标标识的传动带 27350 根,非法经营额达 260422 元,侵犯了"GATES"商标所有权人美国盖茨公司的合法权益。杭州市工商局责令经协停止侵权行为,并处以 39 万元罚款。

【案例提示】本案例涉及加工贸易中的知识产权侵权问题。

请问:在本案中应如何划分委托方和加工方在侵权中的责任呢?

3. 专营进料加工集成块出口的外商投资企业 A 公司是适用海关 B 类管理的企业。A 公司于 2014 年 3 月对外签订了主料硅片等原材料的进口合同,按企业合同(章程)一部分加工成品内销,另一部分加工成品外销,原料交货期为 4 月底。5 月初,A 公司又对外签订了生产集成块所必需的价值 2 万美元的三氯氧磷进口合同。6 月初,A 公司与境外某商人订立了集成块出口合同,交货期为 10 月底。9 月底,产品全部出运,仅有些边角余料残次品没有处理。

【案例提示】 本案例涉及加工贸易履行过程中的核销问题。

请问:作为 A 公司的报关员,为了完成这个进料加工业务,你需要做些什么工作,报关程序如何解析?

4. 2012 年 9 月至 2013 年 1 月,A 公司以 OA90 天支付方式向广东某深加工买家 B 工厂销售货物,发票总金额为 31 万美元,B 工厂支付 5 万美元的货款后,拖欠余款 26 万美元。2013 年 4 月 16 日,B 工厂向 A 公司出具还款协议,确认将于 2013 年 5—7 月分 3 期偿还所有拖欠的款项,但未能如约付款。由于投保了出口信用保险,A 公司于 2013 年 6 月就其应收账款损失 26 万美元向中国出口信用保险公司提出索赔申请,并委托其进行调查追讨。

【案例提示】 本案例涉及加工贸易中深加工结转的问题。

请问:A 公司应如何追讨货款,有哪些方案?

一、我国对加工贸易实行的基本政策

一是对加工贸易进口料件实行保税政策。

二是对加工贸易进口料件实行宽松的贸易政策,除极少数敏感商品外,对加工贸易进口料件不实行数量限制,即原则上不实行配额许可证管理。

三是除国家规定不予免税的少数商品外,对外商免费提供的加工贸易进口设备,免征关税和进口环节增值税。

四是加工贸易项下进口不受一般贸易进口经营分工管理规定的限制,经营企业可自行组织进口。

二、加工贸易管理

由于加工贸易具有两头在外、方式灵活、受国内外经济环境的变化影响较小等特点,因而越来越受到企业的重视,成为其扩大出口创汇、提高经济效益的重要手段之一。虽然加工贸易对引进国外先进的生产设备、技术和管理经验,提高产品档次,加快商品结构、市场结构和产业结构调整,解决劳动就业以及带动国内相关产业发展,促进经济发展等都发挥了积极作用,但由于加工贸易规模庞大、分布领域广,经营企业众多,致使对加工贸易的管理难度加大,一些不法企业利用加工贸易进口商品和一般贸易进口商品存在很大的税负差异,假借加工贸易名义从事走私违法活动,严重冲击了国内市场和部分产业,造成了国家大量的税收流失,对国有企业改革解困和国民经济健康发展产生了不良影响。为了促进加工贸易健康发展,国家自1996年7月开始对该制度作了进一步的完善,主要为:

(1) 对加工贸易的商品实行分类管理(禁止类、限制类、允许类);

(2) 对加工贸易企业实行分类管理(分A、B、C、D四类);

(3) 银行保证金台账"实转"管理。

三、加工贸易审批管理

1. 审批机关

由各省级外经贸主管部门授权部分地(市)和县(市)级外经贸主管部门和部分国家级经济技术开发区、高新技术开发区、出口加工区(以下简称加工贸易审批机关)审批管理本地区的加工贸易业务。该市根据实际情况,已报请省部批准,授予所有县(市)区及省级开发区加工贸易审批权。

2. 分级审批

经营单位开展加工贸易必须事先报外经贸主管部门审批。除国家禁止开展加工贸易的商品外,按商品类别,实行分级管理,分级审批。

(1) 开展进口原料属于国家对加工贸易进口实行总量平衡管理的棉花、食糖、植物油、羊毛、天然橡胶、原油、成品油等商品的加工贸易业务,各级外商务公司、自营进出口生产企业和外商投资企业均需经各外经贸主管部门转报省级外经贸主管部门审批。如国家另有规定,按新规定执行。

(2) 开展其他商品的加工贸易业务,省直企业报省级外经贸主管部门审批,市地县各企业报注册地的加工贸易审批机关审批。

3. 申报文件和材料

经营单位申请开展加工贸易业务时必须提供以下材料。

(1) 经营单位进出口经营权批准文件或外商投资企业批准证书及工商营业执照(复印件),加工贸易企业经营情况及生产能力证明的正本。

(2) 加工企业注册地县级以上外经贸主管部门出具的加工贸易企业经营情况及生产能力证明正本、当年或经过最新年检的工商营业执照副本复印件。但如果加工企业属外商投资企业或生产型企业,除提交加工贸易企业经营情况及生产能力证明,外商投资企业还需提供外商投资企业批准证书和验资报告。

(3) 加工贸易业务批准证申请表、进口料件申请备案清单、出口制成品及对应进口料件消耗备案清单(均为正本,需从济南电子商务中心办理CA电子安全证书后方可操作)。

(4) 经营单位对外签订的进出口合同正本(进料加工)或来料加工合同正本(来料加工)。

(5) 经营单位与加工企业签订的加工协议正本(需加盖双方单位的公章),但如果经营单位属自营进出口生产企业,该项无须提供。

此外,开展下列特定商品的加工贸易业务,除提供上述文件和材料外,还需相应提供有关批准文件。

(1) 开展进出口料件属于废旧金属或物品的加工贸易,需按有关规定提供环境保护部出具的料件进口批准文件。

(2) 开展进口料件或出口制成品属于军民通用化学品的加工贸易,需按有关规定提供有关部门出具的料件进口或制成品出口的批准文件。

(3) 开展出口产品涉及地图制品、地球仪和其他附有地图的加工贸易业务,需按规定提供国家测绘地理信息局的批准文件。

(4) 出口产品属于音像制品、印刷品的加工贸易业务,需提供省级新闻出版行政机关的批准文件。

4. 合同审批和注意事项

加工贸易审批机关在审批加工贸易合同时,应严格按照商务部有关文件规定,认真审核经营单位提交的各项材料,对符合规定且材料齐备无误的,签发《加工贸易业务批准证》,并在《加工贸易业务批准证》《进口料件申请备案清单》《出口制成品及对应进口料件消耗备案清单》上加盖加工贸易业务审批专用章,交经营单位凭此向海关办理合同登记备案手续。

加工贸易审批机关在办理加工贸易审批时需注意以下问题。

(1) 商品分类和企业分类

加工贸易审批机关在审批时应认真审核加工贸易进口商品和企业的类别,如属于B类企业开展限制类商品的加工贸易或C类企业开展的加工贸易,应在《加工贸易业务批准证》备注栏内加注"实转"字样。

加工贸易审批机关均不得批准D类加工贸易企业(包括经营单位和加工企业)开展加工贸易业务,不得批准任何经营单位开展进口料件属于禁止类商品的加工贸易业务。

A类企业开展加工贸易虽不实行银行保证金台账制度,但其加工贸易合同仍需报加工贸易审批机关审批。

(2) 加工企业生产能力审查

这里所称"加工企业"是指接受经营单位的委托,负责对进口料件进行加工或装配,且具有法人资格的生产企业,以及由经营单位设立的虽不具有法人资格,但实行相对独立核算并已办理工商营业执照的工厂。加工企业注册地县级以上外经贸主管部门,应在严格查验加工企业生产能力和经营状况的基础上签发《加工贸易加工企业生产能力证明》,必要时,可征求生产行业主管部门的意见。

加工贸易审批机关在审批合同时,必须认真审核《加工贸易加工企业生产能力证明》,严禁无工厂、无工人、无加工设备的"三无"企业开展加工贸易,防止不法企业以加工贸易名义从事走私违法活动。《加工贸易加工企业生产能力证明》的有效期为1年。

(3) 单耗

加工贸易审批机关需严格按照海关总署、国家经贸委会同有关国家相关部门制定并分批公布的全国统一的单耗标准进行审批。对尚没有全国统一单耗标准的,加工贸易审批机关要严格审核企业所申报的单耗,征求行业主管部门和主管海关的意见后予以审批。

(4) 返销期限

经营单位开展进料加工业务应签订进出口合同,没有进出口合同的,要根据出口产品的加工周期确定合理的出口期限。

《加工贸易业务批准证》上规定的出口制成品返销期限原则上按企业出口合同有效期审批,一般不得超过1年,其中,棉花、羊毛、食糖、植物油以及天然橡胶加工贸易的制成品返销期限原则上不得超过6个月。

(5) 加工贸易项下外商提供不作价进口设备

加工贸易项下外商提供的不作价进口设备是指与加工贸易经营单位开展加工贸易(包括进料加工和来料加工)的外商,以免费即不需经营单位付汇进口、也不需用加工费或差价偿还方式,向经营单位提供的加工生产所需设备。

经营单位进口不作价设备,需在加工贸易合同中列明进口不作价设备的条款。根据国家有关规定,加工贸易外商提供的不作价进口设备除《外商投资项目不予免税的进口商品目录》所列商品外,免征关税和进口环节增值税。如涉及进口配额、特定或登记的产品,免予办理配额、许可证、登记或进口证明,由外商务主管部门在审批加工贸易合同时,一并办理进口不作价设备审批。

免税不作价设备监管期限为5年,经营单位因故中止或解除合同,需经原审批机关和海关批准,方可将设备退运出境或按设备使用年限折旧后,缴纳关税和进口环节增值税并按有关规定补证。

(6) 加工贸易结转深加工

加工贸易结转深加工,是指加工贸易企业将保税料件加工的成品或半成品结转至另一家加工贸易企业深加工后复出口的经营活动。未经加工的保税进口料件不得直接结转。加工贸易企业以结转的保税产品开展深加工复出口业务,需按商品分类管理的有关规定报外经贸主管部门审批,并凭《加工贸易业务批准证》到海关办理结转手续后,方可开展货物的实际结转。转入企业在办理合同审批时除通常的申报文件和材料外,还需提供转出企业《加工贸易业务批准证》的复印件。转厂深加工上下游企业之间也就是转出企业和转入企业之间,可比照进出口贸易以外汇结算,并按规定办理进口付汇和出口收汇核销手续。

5. 合同的变更、延期及撤销

(1) 经营单位必须按《加工贸易业务批准证》规定的内容进料,按规定的期限加工返销制成品并办理出口核销手续。如因客观原因确需变更部分内容,延长制成品返销期限或者撤销合同的,需在《加工贸易批准证》规定的期限内报原审批机关批准,并凭审批机关出具的变更证明到海关办理有关变更、延期及撤销手续。

合同延期一般不得超过2次,每次延长期限一般不超过6个月。

(2) 经营单位在办理合同变更、延期及撤销手续时,需提供原《加工贸易业务批准证》、变更申请表,如涉及进口料件申请备案清单、出口制成品及对应进口料件消耗备案清单以及加工企业变更的,还需相应提供针对原合同的变更合同或变更协议、备案清单以及生产加工协议等。原审批机关对上述材料审核无误后,予以出具加工贸易业务批准证变更证明。

6. 内销

加工贸易保税进口料件内销,是指经营单位因故不能按规定加工复出口而需将保税进口料件或其制成品在国内销售,或转用于生产内销产品。

加工贸易保税进口料件应全部加工复出口,如确有特殊原因需内销的,需经原市(或已授权)外经贸主管部门转报省级外经贸主管部门批准。

经营单位申请内销时需提供以下材料。

(1) 详细陈述已核销情况和转内销原因的申请报告(原件)。

如转内销原因属下列情况之一的,还需相应随附有关证明材料。

外商因故要求中止执行原已签订的出口合同,并且从价格等方面考虑,经营单位很难再签订新的出口合同或因国际市场价格下跌,继续执行原已签订的开价出口合同将遭受严重的经济损失,经营单位在申请内销时需随附与外商达成的中止执行合同的协议。

进口料件已投入生产加工,但加工的制成品质量不符合已签订的出口合同规定的标准,经营单位需随附出口商品质量检验部门或国内质量监督部门出具的相应证明。

因改进加工工艺,降低单耗而产生一部分余料,或由于加工工艺的技术要求而不可避免地产生了数量合理的边角料,经营单位应随附生产行业主管部门的有关证明。

(2) 《加工贸易业务批准证》(正本)。

(3) 加工贸易进出口合同(复印件)。

(4) 《海关加工贸易登记手册》(正本)。

(5) 《进口料件申请备案清单》和《出口制成品及对应进口料件消耗备案清单》(正本)。

(6) 申请内销的加工贸易保税进口料件清单(需注明商品名称、代码、规格、数量、金额)。

对提交材料齐全且符合外经贸主管部门《加工贸易保税进口料件内销审批管理暂行办法》的经营单位,省外经贸主管部门颁发《加工贸易保税进口料件内销批准证》,并在批准证上注明批准内销的进口料件的商品名称、代码、规格、数量和金额,同时加盖"加工贸易业务审批专用章"。由海关根据省外经贸主管部门的批件,依照国家有关规定,对进口料件征收税款并补征税款利息。

◆ 小　结

本任务是以威海 D 电子有限公司的一笔实际来料加工贸易为背景,介绍了来料加工贸易合同履行过程中的基本环节。由于加工贸易的特殊性,在履行的过程中会出现很多的问题,所以需要注意客户提供原材料、生产资料、工程图、品质检验标准,以及与加工过程相关的全部资料。如果在加工过程中有任何问题与客户有争议的话,有书面资料可查,以便区分责任,避免一定的赔偿损失。合同的履行过程是一个动态而复杂的过程,当履行过程中出现各种问题和摩擦时,交易双方要加强联系和沟通,从而能建立长期、稳定的贸易关系,以达到双赢的目的。

附录1 专业英语

项 目 四

More useful expressions for Enquiries, Offers, Counter-offers and Acceptance will be accordingly available by students during the training period.

贸易术语　trade term（price term）　　　　运费　freight
期货价格　forward price　　　　　　　　　　码头费　wharfage
总值　total value　　　　　　　　　　　　　卸货费　landing charges
金额　amount　　　　　　　　　　　　　　　关税　customs duty
净价　net price　　　　　　　　　　　　　　印花税　stamp duty
含佣价　price including commission　　　　　港口税　port dues
回佣　return commission　　　　　　　　　　装运港　port of shipment
折扣　discount, allowance　　　　　　　　　卸货港　port of discharge
批发价　wholesale price　　　　　　　　　　目的港　port of destination
零售价　retail price　　　　　　　　　　　进口许口证　import licence
现货价格　spot price　　　　　　　　　　　出口许口证　export licence
现行价格（时价）　current price; prevailing price
国际市场价格　world (international) marketprice
离岸价（船上交货价）　FOB-free on board
成本加运费价（离岸加运费价）　C&F-cost and freight
到岸价（成本加运费、保险费价）　CIF-cost, insurance and freight
合同条款　contract terms(and conditions)　　条　article
节/项　section　　　　　　　　　　　　　　规定　stipulation
必备（主要）条款　essential terms　　　　　修改　revision
更改　alteration　　　　　　　　　　　　　签约方　merchant
合同签署方（人）　contract signatory　　　　总承包商　head-contractor
分包商　sub-contractor　　　　　　　　　　制造（厂）商　manufacturer
中间人/掮客（跑街先生）　broker　　　　　转口贸易　entrepot trade

对外贸易　foreign trade

内贸　home(domestic) trade

边境贸易　cross-border trade

销售确认书　sales confirmation

共用舱位协议　vessel sharing agreement

箱位互换协议　slot exchange agreement

附录　appendix

共用箱位协议　slot-sharing agreement

多边贸易　multilateral trade

补偿(互补)贸易　compensation trade

合同(协议签约)有关各方　parties to the contract

双边贸易(中美)　bilateral trade(between China and the US)

贸易公司　trading house/corporation/firm/company

集装箱班轮运输　container liner transportation

在备有效服务合同　Active service contracts on file

交货　delivery

装运、装船　shipment

交货时间　time of delivery

舱位　shipping space

装运期限　time of shipment

托运人(一般指出口商)　shipper; consignor

班轮　regular shipping liner

陆运收据　cargo receipt

空运提单　airway bill

选择港(任意港)　optional port

选港费　optional charges

沿海贸易　coastal trade

易货贸易　barter trade

合同　contract

协议　agreement

销售合同　sales contract

修正合同　amendment

配额　quota

轮船　steamship(S.S)

租船　charter the vessel

驳船　lighter

定程租船　voyage charter

定期租船　time charter

收货人　consignee

油轮　tanker

报关　clearance of goods

提货　to take delivery of goods

正本提单　original B/L

选港费由买方负担　optional charges to be borne by the Buyer's 或 optional charges for Buyer's account

一月份装船　shipment during January 或 January shipment

开证人　opener; accountee

开证人(委托开证人)　principal; accreditor

受益人　beneficiary

开证人(申请开证人)　applicant

付(某人)账　for account of Messrs

代表某人　on behalf of Messrs

通知行　advising bank　　　　　　　　　通知行　the notifying bank
信用证金额　amount of the L/C　　　　　开证行　opening bank;issuing bank
保兑行　the confirming bank　　　　　　开证行　establishing bank
议付行　negotiation bank　　　　　　　付款行　paying bank
偿付行　reimbursing bank　　　　　　　以(某人)为受益人　in favor of
以……为受益人　in one's favor　　　　　以你本人为受益人　favoring yourselves
付款人(或称受票人,指汇票)　drawee
以(某人)为付款人　to drawn on(upon);to value on;to issued on
出票人　drawer　　　　　　　　　　　　应(某人)请求　at the request of Messrs
奉(某人)之命　by order of Messrs
奉(某人)之命并付其账户　by order of and for account of Messrs
应(某人)的要求并付其账户　at the request of and for account of Messrs
根据已收到的委托开证人的指示　in accordance with instruction received from accreditors
通过……银行航空信/电通知　advised by airmail/cable through…bank
通过……银行通知　advised through…bank
可撤销信用证/不可撤销信用证　revocable L/C/irrevocable L/C
保兑信用证/不保兑信用证　confirmed L/C/unconfirmed L/C
即期信用证/远期信用证　sight L/C/ usance L/C
可转让信用证/不可转让信用证　transferable L/C(or)assignable L/C(or)transmissible/untransferable L/C
可分割信用证/不可分割信用证　divisible L/C/ undivisible L/C
循环信用证　revolving L/C
带电汇条款信用证　L/C with T/T reimbursement clause
无追索权信用证/有追索权信用证　without recourse L/C/with recourse L/C
跟单信用证/光票信用证　documentary L/C/clean L/C
延付信用证/预支信用证　deferred payment L/C/anticipatory L/C
对背信用证/对开信用证　back to back L/C/reciprocal L/C
旅行信用证　traveller's L/C or circular L/C
中间人(商)　middleman
远洋运输中介公司　OTI
无船承运人　Non-Vessel Operating Common Carrier(NCOCC)
无船承运人提供的服务包括但不局限于　NVOCC Services may include but are not limited to

支付港到港或全程多式联运费用　payment of port to port or multi-model

负责租用(集装箱)货柜　leasing containers

远洋揽货代理(船东订舱/营销代理)　Ocean Freight Broker

远洋揽货代理系　Ocean Freight Broker is an entity

由船东经营,专事为本公司揽货提供远洋运输服务的机构　which is engaged by a carrier to secure cargo for such carrier and/or offer for sale ocean transportation services

执照　perform those services

货运代理　cargo forwarding agent/cargo forwarder

货运代理　freight forwarding/forwarder

船务代理　shipping agency/agent

远洋货运代理人　Ocean Freight Forwarder

供方　Supplier/Provider

安排订舱,确认舱位　booking, arranging for or confirming cargo space

安排装货单证(场站收据)　preparing or processing delivery orders or dock receipts

安排海运提单　preparing and/or processing ocean bills of lading

安排出口单证及货物出口相关证书　preparing or processing consular documents or arranging for their certification

安排仓库储放　arranging for warehouse storage

安排货运保险　arranging for cargo insurance

根据政府有关出口规定办理货物出口清关手续　clearing shipments in accordance with Government export regulations

缮制货运通知单及相关单证　preparing and/or sending advance notifications of

海运费及运输相关费用　in connection with the dispatching of shipments

全套装船(公司的)洁净已装船提单应注明"运费付讫",作为以装船人指示为抬头、背书给……银行,通知买方　full set shipping (company's) clean on board bill(s) of lading marked "Freight Prepaid" to order of shipper endorsed to... Bank, notifying buyers

作成可议付形式的提单　bills of lading made out in negotiable form

洁净已装船的提单空白抬头并空白背书,注明"运费付讫",通知进口人(开证人)　clean shipped on board ocean bills of lading to order and endorsed in blank marked "Freight Prepaid" notify: importer (openers, accountee)

全套洁净"已装船"提单/货运收据作成以我(行)为抬头/空白抬头,空白背书,通知买方……公司,要求货物自中国运往汉堡,注明"运费付讫"/"运费在目的港付"　full set of clean "on board" bills of lading/cargo receipt made out to our order/to order and endorsed in blank notify buyers M/S... Co. calling for shipment from China to Hamburg marked "Freight prepaid"/"Freight Payable at Destination"

提单以……为抬头　bills of lading issued in the name of...

提单日期不得早于本证的日期,也不得迟于 1977 年 8 月 15 日　bills of lading must be dated not before the date of this credit and not later than Aug. 15, 1977

提单注明通知买方,"运费预付"按"班轮条件""备运提单"不接受　bill of lading marked notify：buyer,"Freight Prepaid""Liner terms""received for shipment"B/L not acceptable

不可议付的提单副本　non-negotiable copy of bills of lading

中国原产地证明书　certificate of origin of China showing

证明　stating　　　　　　　　　　　列明　evidencing

说明　specifying　　　　　　　　　表明　indicating

中国产地证明书　certificate of Chinese origin

不允许装运……的产品　certificate of origin shipment of goods of... origin prohibited

产地证明书(产地声明)　declaration of origin

单独出具的产地证　certificate of origin separated

"格式 A"原产地证明书　certificate of origin "form A"

普惠制格式"A"原产地证明书　generalised system of preference certificate of origin form "A"

载明每件货物之内部包装的规格和内容的装箱单　packing list detailing the complete inner packing specification and contents of each package

详注……的装箱单　packing list detailing...

注明……细节的装箱单　packing list showing in detail...

重量单　weight list　　　　　　　　磅码单(重量单)　weight notes

明细重量单　detailed weight list

重量和尺码单　weight and measurement list

重量证明书　certificate of weight

由中国商品检验局出具的品质和数量检验证明书一式三份　certificate of inspection certifying quality & quantity in triplicate issued by C. I. B. C.

植物检疫证明书　phytosanitary certificate

植物检疫证明书　plant quarantine certificate

熏蒸证明书　fumigation certificate

无活虫证明书(熏蒸除虫证明书)　certificate stating that the goods are free from live weevil

卫生证书　sanitary certificate　　卫生(健康)证书　health certificate

分析(化验)证书　analysis certificate　　油仓检验证明书　tank inspection certificate

空距及油温记录单　record of ullage and oil temperature

黄曲霉素检验证书　certificate of aflatoxin negative

无黄曲霉素证明书　non-aflatoxin certificate

中国商品检验局签发之重量检验证明书　survey report on weight issued by C. I. B. C.

中国商品检验局签发之检验证明书　inspection and testing certificate issued by C. I. B. C.

净重　net weight　　毛重　gross weight

尺码　measurement　　包装　packing

售货合同编号　sales contract No.　　装箱单　packing list

包装箱号码　package No.　　包装总数　total packages

箱号　case No.　　规格　specification

生产国别,原产国　country of origin　　订购合同　contract of purchase

单独海损　P. A. (Particular Average)　　共同海损　G. A. (General Average)

平安险　F. P. A. (Free from Particular Average)

水渍险　W. P. A. (With Average or With Particular Average)

我们的对外贸易政策是一贯的。

We stick to a consistent policy in our foreign trade work.

我们在外贸工作中采用了国际上的通用做法。

We have adopted the usual international practices in our foreign trade work.

我们是根据世界市场的行情来调整价格的。

We readjust our price according to the international markets.

你们这次来主要想谈哪方面的生意呀?

May I know what particular line you are interested in this time?

我们对你们的小五金很感兴趣。

We are very much interested in your hardware.

这是询价单,请您看一下。

This is our inquiry, would you like to have a look?

我们希望能在这方面和你们大量成交。

We hope that we can do substantial business with you in this line.

我们想了解一下你们在这方面的供货能力和销售条件。
We'd like to know the availability and the conditions of sale of this line.

我们的商品销售说明书您看了吧?
Have you read our leaflet?

请您把品号告诉我。
Could you tell me the article number of the product?

我们可以接受特殊订单。
We are in a position to accept a special order.

请您介绍一下您方的价格,好吗?
Will you please let us have an idea of your price?

伦敦银行同业拆放利率　LIBOR(London Inter Bank Offered Fate)

现金付款　payment by cash　　　　　以汇票支付　payment by bill

以物品支付　payment in kind　　　　付清/支付全部货款　payment in full

定期付款　payment on term　　　　　年分期付款　annual payment

延滞付款　payment in arrear　　　　预付货/先付　payment in advance

延付货款　deferred payment　　　　 立即付款　prompt payment

暂付款　suspense payment　　　　　 延期付款　delay in payment

月分期付款　monthly payment

支付部分货款/分批付款　payment in part/part payment

以支票支付　payment by cheque

记账付款/会计账目内付款　payment on account

点　pip or points　　　　　　　　　政治风险　political risk

回购　repurchase or repo　　　　　　汇率　rate

再估价汇率　revaluation rates　　　　风险　risk

风险管理　risk management　　　　　续期　rollover

空头头寸　short position　　　　　　即期　spot

头寸　position　　　　　　　　　　　升水　premium

价格透明度　price transparency

已实现利得和亏损、未实现利得和亏损　realized and unrealized profit and loss

阻力　resistance　　　　　　　　　　结算　settlement

空头　short
即期价格　spot price
支撑水准　support levels

停止损失订单　stop order
价差　spread
英磅　sterling

项　目　五

拍卖　auction
招标　tender
一般代理人　agent
代理协议　agency agreement
补偿贸易　compensation trade
来料装配　assembling on provided parts
独家经营/包销/代理协议　exclusivity agreement
独家代理　sole agency;sole agent;exclusive agency;exclusive agent
品质　quality
规格　specifications
说明　description
标准　standard type
商品目录　catalogue
宣传小册　pamphlets
货号　article No.
样品　sample
代表性样品　representative sample

寄售　consignment
投标　submission of bid
总代理人　general agent
累计佣金　accumulative commission
来料加工　processing on giving materials
独家经营/专营权　exclusive right

原样　original sample
复样　duplicate sample
对等样品　counter sample
参考样品　reference sample
封样　sealed sample
公差　tolerance
花色（搭配）　assortment
增减　plus or minus

项　目　六

外贸词汇缩写大全　（a-e）

担保全险，一切险　A.A.R＝Against All Risks

进口到单编号　A.B.No.＝Accepted Bill Number

账号　A/C＝Account

承兑　AC.＝Acceptance

承兑，承诺　acc＝acceptance，accepted

账,账户　a/c. A/C＝account

承认,收条　ackmt＝acknowledgement

出票后限期付款(票据)　a/d＝after date

广告　ad. advt.＝advertisement

通知(书)　adv.＝advice

从价税　ad val.＝Ad valorem(according to value)

航空提单　A.F.B.＝Air Freight Bill

代理商　Agt.＝Agent

一级　AI＝first class

修改书　AM＝Amendment

信汇　A.M.T.＝Air Mail Transfer

额,金额　Amt.＝Amount

到货通知　A.N.＝Arrival Notice

应付账款　A.P.＝Account Payable

委托购买　A/P＝Authority to Purchase

附加保险费　a.p.＝additional premium

应收款　A.R.＝Account Receivable

条款,项　Art.＝Article

销货清单　A/S＝Account Sales

见票后限期付款　a/s＝after sight

各色俱备的　asstd.＝Assorted

注意　att,. attn.＝attention

平均,海损　av., a/v＝average

见票即付　a/v＝a vista(at sight)

包,装　B/-,b/-＝bale, bag

余额　bal., balce.＝balance

桶,樽　brl.＝barrel

托收票据　B/C＝Bill for Collection

贴现票据　B.D.＝Bills Discounted

银行汇票　B/D＝Bank Draft

承前页　b/d＝brought down

束,把　bdl＝bundle

汇票　B/E＝Bill of Exchange

承前页　B/F＝Brought Forward

银行业务　Bkg.＝Banking

国际清算银行　BIS＝Bank for International Settlement

提单　B/L＝Bill of Lading

银行纸币　B/N＝Bank Note

分支行　B.O.＝Branch Office

承前　b/o＝brought over

买入票据,出口押汇　B/P＝Bill Purchased

应付票据　B/P＝Bills Payable

应收票据　B/R＝Bills Peceivable

收款报单　C.A.＝Credit Advice

箱,通货,息票　C＝case, currency, coupon

分(美),分(法),百分度(寒暑表)　c.＝cent, centimes, centigrade

货到后凭单付款　C.A.D.＝Cash against Documents on arrival of Good

凭单证付现金　c.a.d.＝cash against documents

货品目录　cat.＝catalogue

光票　C.B.＝Clean Bill

付现金后交货　C.B.D.＝Cash before Delivery

副本,立方公分　c.c.＝carbon copy, cubic centimeter

商会　C/C, C.C＝Chamber of Commerce

过次页　c/f＝carried forward

凭单据付款　C/D＝cash against document

托交　C.D.＝Collection and Delivery

证明书　Cert.＝Certificate

集装箱集散场　C.F.S.＝Container Freight Station

票据交换所　C.H.＝Clearing House

保险单　C.I.＝Certificate of Insurance

预付现金　c.i.a.＝cash in advance

支票　CK＝Check

托收　CL＝Collection

产地证明书　C.O.＝certificate of origin

佣金　CM＝Commission

货方通知,保险承保单,发货通知书　C/N. C. N.＝credit note, covering note, consignment note

烦转,过次页　c/o＝care of carried over

集装箱堆场　C. Y.＝Container Yard

货到付款　c. o. d.＝cash on delivery

货方,债权人　cr.＝creditor

领事发票　Con. Inv.＝Concular Invoice

租船契约　C/P＝charter party

订货时付款　C. W. O.＝cash with order

衡量名　cwt.＝hundred weight

承兑后交付单　DD/A＝documents against acceptance

承兑后……日付款　d/a＝days after acceptance

付款报单　D. A.＝Debit Advice

即期汇票,跟单汇票　D/D, D.＝Demand Draft, Documentary Draft

出票后……日付款　d/d＝day's date(days after date)

空载运费(船)　d. f., d. fet.＝dead freight

贴现;折扣　Disc.＝Discount

书信电　DLT＝Day Letter Telegram

借方通知　D/N＝debit Note

卸货通知书　D/O＝Delivery Order

付款后交付单据　D/P＝Documents against Payment

借方,债务人　Dr.＝debit debter

见票后……日付款　d/s.＝days' sight　　股利　DV＝Dividends

错误除外　e. e. E. E.＝error excepted

进出口银行(美国)　E/B＝Export-Import Bank

附件　enc., encl.＝enclosure

错误或遗漏不在此限　E. & O. E.＝errors and omissions excepted

预定到达日期　ETA＝estimated time of arrival

例子,执行官,外汇交换,摘要　ex.＝example, executive, exchange, extract

良好平均品质　f. a. q＝fair average quality

国外汇票　F. B. E.＝Foreign Bill of Exchange

整个集装箱装满　f. c. l. ＝full container load

卸货船方不负责　f. d. ＝free discharge

运费及延装费　F. & D. ＝Freight and Demurrage

规定时限的报价　f. o. , f/o＝firm offer

免费　f. o. c. ＝free of charge

免息　F. O. I. ＝Free of Interest

火车上交货价　f. o. r. ＝free on rail, free on road

轮船上交货价　f. o. s. ＝free on steamer

卡车上交货价　f. o. t. ＝free on truck

法郎,从,自由　fr. f＝franc, from, free

外汇　FX＝Foreign Exchange

佳,货物,一克　Gg＝good, goods, gramme

一克　gm. ＝gramme

关税贸易总协定　GATT＝General Agreement on Tariffs and Trade

品质良好适合买卖之货品　g. m. d. ＝good merchantable brand

良好可售品质　g. m. q. ＝good merchantable quality

承诺保证　G/N＝Guarantee of Notes

运输总重量　g. s. w. ＝gross shipping weight

毛重　gr. wt. ＝gross weight

时,港,高度　h. ＝hour, harbour, height

总公司　H. O. ＝Head Office

马力　h. p. ＝horse power

时　hr. ＝hour

国际航空运输协会　IATA＝International Air Transport Association

国际复兴开发银行　IBRD＝International Bank Reconstruction and Development

进口托收　I/C＝Inward Collection

国际商会　ICC＝International Chamber of Commerce

国际汇票　IMO＝International Money Orders

利息　IN＝Interest

国际货币基金　IMF＝International Monetary Fund

本月　inst. ＝instant(this month)

借据　IOU＝I owe you

保险单　I/P＝Insurance Policy

汇入汇款　I/R＝Inward Remittance

国际行业标准分类　ISIC＝International Standard Industrial Classification

卡拉(纯金含有度)　Kk.＝karat(carat)

公斤　kg.＝keg，kilogramme

千瓦　K.W.＝Kilo Watt

授权书　L/A＝Letter of Authorization

磅　lbs.＝pounds

信用证　L/C＝Letter of Credit

质押权利总股定书　L/H＝General Letter of Hypothecation

赔偿保证书　L/I＝Letter of Indemnity

保证函　L/G＝Letter of Guarantee

长吨(2240磅)　l.t.＝long ton

书信电报　L/T＝Letter Telegram

有限责任　Ltd.＝Limited

承诺书　L/U＝Letter of Undertaking

哩,公尺,记号,月,分,中午　Mm.＝mile, metre, mark, month, minute, meridian(noon)

出票后……月付款　m/d＝month after date

备忘录　memo.＝memorandum

海上保险单　M.I.P.＝Marine Insurance Policy

杂项　misc.＝miscellaneous

增或减　M/L＝more or less

最低额　M/N＝Minimum

拨款单,汇款单,汇票　MO＝Money Order

见票后……月付款　m/s＝months after sight

油船,轮船　m.s.＝mail steamer, mail transfer

公吨,信汇　M.T.＝metric ton, mail transfer

信汇　M/T＝Mail Transfer

轮船　m.v.＝motor vesse

跨国公司　MNC＝multi-national corporation

注意　NN.B.＝Nota Bene(take notice)

拒付　n/p＝non-payment

净重　Nt. Wt＝Net Weight

指示式提单　O. B/L＝Order Bill of Lading

通常陆上运输可到达地点　O. C. P. ＝Overland Common Point

出口托收　O/C＝Outward Collection

透支　OD. ＝Overdraft

透支,要求即付款(票据)　O/d＝overdraft, on demand

订单编号　O/No. ＝Order Number

预约保单　o. p. ＝open policy

汇出汇款　O/R＝Outward Remittance

寻常电报　ORT＝Ordinary Telegram

廉售,无存货　o/s＝on sale, out of stock

老式　O/S＝Old Style

旧条件　o. t. ＝old term

盎斯　oz＝ounce

单独海损　PP/A, p/a＝particular average

委任状　pa＝power of attorney

私人账户　＝private account

每年　p. a. ＝per annum(by the year)

百分比,零用金　p. c. ＝per cent, petty cash

分损　p. l. ＝partial loss

意外险　P. & I. ＝Protection and Indemnity

益损　P. & L. ＝Profit and Loss

邮政汇票　P. M. O. ＝Postal Money Order

本票　P/N＝Promissory Note

邮政信箱　P. O. B. ＝Postal Office Box

再启　PS. ＝Postscript

发货付款　P. O. D. ＝Pay on Delivery

支付命令　P/O＝Payment Order

邮包收据　P/R＝Parcel Receipt

下月　prox. ＝proximo(next month)

交货时付款　p. o. d. ＝payment on delivery

品脱　pt. ＝pint

请看里面　P.T.O.＝please turn over

品质　Qqlty＝quality

四分之一　qr＝quarter

数量　qty＝quantity

报价单　quotn＝quotation

收讫　recd＝received

收据　recpt＝receipt

参考,关于　ref.＝reference

汇款　remit.＝remittance

备用金,现成的　r.m.＝ready money, readymade

电报专线业务　PTL＝private tieline service

汇款委托书　R.O.＝Remittance Order

汇款　RM＝Remittance

邮下或电费预付,请即会示　R.P.＝reply paid, return of post

以承认(赞成,批准)为条件　s.a.＝subject to approval

售货合同　S/C＝Sale Contract

即期汇票　S/D＝Sight Draft

海水损害　S/D＝Sea Damage

杂项　SD.＝Sundries

抵押品　SE.＝Securities

装运通知　S/N＝Shipping Note

账单　SS.A.＝Statement of Account

装船通知书,卖方有权选择　S.O. s.o.＝shipping order, seller's option

轮船　S/S, s/s, ss, s.s＝steamship

短吨　s.t.＝short ton

电报挂号　T/A＝Telegraphic Address

电报　tgm＝telegram

只担保全损(分损不赔)　T.L.O.＝Total Loss Only

电报汇款　T.M.O.＝Telegraphic Money Order

信托收据　T.R.＝Trust Receipt

电汇　T.T.＝Telegraphic Transfer

盗窃遗失条款　TPND＝theft, pilferage and nondelivery

上月　Uult.＝ultimo(last month)

保险业者　u/w＝underwriter

反之亦然　V.V.＝Vice Versa

重量　wgt＝weight

货运单,仓库簿　W/B＝way bill warehouse book

码头　whf＝wharf

重量或容量　W/M＝weight or measurement

仓单　W.R.＝Warehouse Receipt

除息　x.d.＝ex dividend

良好品质　××＝good quality

甚佳品质　×××＝very good quality

最佳品质　××××＝best quality

码　yd.＝yard

你的,年　yr.＝your, year

地区,地带　Z＝Zone

附录2 出口流程图

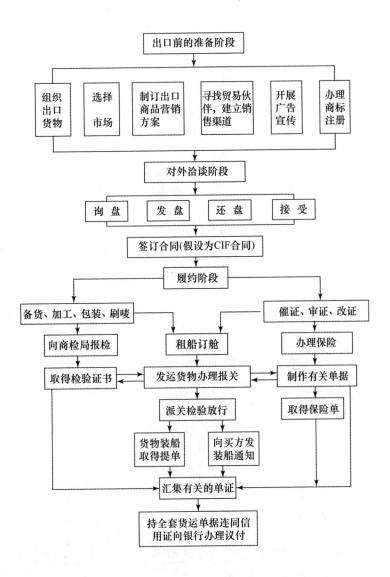

附录3 进口流程图

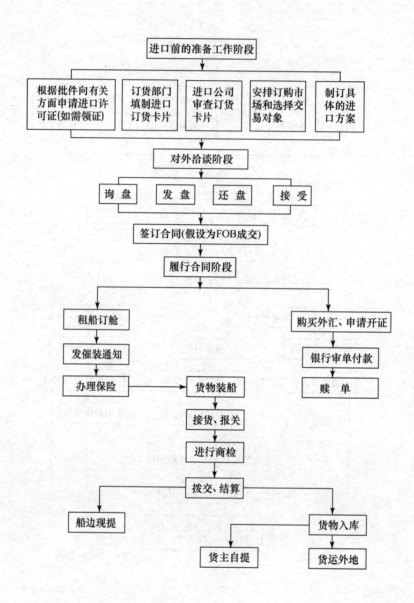

参 考 文 献

[1] 黎孝先,王健. 国际贸易实务[M]. 北京:对外经济贸易大学出版社,2011.

[2] 黎孝先,石玉川. 国际贸易实务[M]. 北京:对外经济贸易大学出版社,2012.

[3] 邓晶. 国际贸易实务[M]. 南京:东南大学出版社,2012.

[4] 舟丹. 欧盟对华光伏反倾销案事件回顾[J]. 中外能源,2013,(8).

[5] 许斌. 国际贸易[M]. 北京:北京大学出版社,2013.

[6] 田运银. 国际贸易单证精讲[M]. 北京:中国海关出版社,2008.

[7] 汉嵩. 国际贸易:业务流程、案例分析、模拟实训[M]. 广州:暨南大学出版社,2009.

[8] 杨频,仇荣国. 国际贸易实务[M]. 北京:北京大学出版社,2006.

[9] 赵轶. 国际贸易实务[M]. 北京:清华大学出版社,2010.